方音传异域，与析有同声
——第七届海外汉语方言国际学术研讨会论文集

FANGYIN CHUAN YIYU YUXI YOU TONGSHENG

黄高飞　陈晓锦　主编

中山大学出版社
·广州·

版权所有　翻印必究

图书在版编目（CIP）数据

方音传异域，与析有同声：第七届海外汉语方言国际学术研讨会论文集/黄高飞，陈晓锦主编．—广州：中山大学出版社，2021.11
ISBN 978 – 7 – 306 – 07118 – 7

Ⅰ.①方…　Ⅱ.①黄…②陈…　Ⅲ.①汉语方言—方言研究—国际学术会议—文集　Ⅳ.①H17 – 53

中国版本图书馆 CIP 数据核字（2021）第 215045 号

出版人：	王天琪
策划编辑：	高　洵
责任编辑：	高　洵
封面设计：	曾　斌
责任校对：	邱紫妍
责任技编：	靳晓虹
出版发行：	中山大学出版社
电　　话：	编辑部 020 – 84110779，84110283，84111997，84110771
	发行部 020 – 84111998，84111981，84111160
地　　址：	广州市新港西路 135 号
邮　　编：	510275　传　真：020 – 84036565
网　　址：	http://www.zsup.com.cn　E-mail: zdcbs@mail.sysu.edu.cn
印刷者：	广州市友盛彩印有限公司
规　　格：	787mm×1092mm　1/16　17 印张　321 千字
版次印次：	2021 年 11 月第 1 版　2021 年 11 月第 1 次印刷
定　　价：	62.00 元

如发现本书因印装质量影响阅读，请与出版社发行部联系调换

目　　录

记录和保护海外汉语方言资源是我们的责任 …………………… 张振兴　（ 1 ）
东南亚、北美华人社区汉语方言比较与思考 …………………… 陈晓锦　（ 9 ）
《英汉商务货品辞语汇编》所见外来词研究 …………………… 游汝杰　（ 22 ）
泰国潮州话"个"用作介词的启发
　　——谈"个"的判断词、介词、动词等用法 ………… 张惠英　（ 32 ）
台北新同安腔及厦门城内腔之异同 ……………………………… 陈淑娟　（ 42 ）
闽台闽南方言最高级相对程度副词研究
　　………………………… 陈曼君　胡炎炎　卢罗兰　（ 60 ）
马来西亚砂拉越的古田话概况 …………………… 洪　英　林文芳　（ 75 ）
20世纪90年代以来东南亚汉语方言本体研究综述
　　………………………………………………… 黄晓婷　吴　婷　（ 81 ）
马来西亚亚庇新安客家话创新词举例分析 ……………………… 李颖慧　（ 92 ）
马来西亚诗巫的闽清话 …………………………… 林文芳　洪　英　（ 99 ）
马来西亚亚庇客家华人语言生活调查报告 ……………………… 陈嘉乐　（107）
印度尼西亚棉兰市闽南方言的音系特点 ……………… William（蔡汶桦）（122）
越南广宁省归侨粤语的语言接触问题 …………………………… 黄高飞　（135）
中高级阶段泰国学生汉语语篇复现手段偏误研究 ……………… 陈虹羽　（159）
厦门大学马来西亚分校华族生本族语与方言习得评测及族群认知
　　……………………………………………………………… 金　美　（167）

日本华裔汉语认同情况调查报告
　　——以暨南大学日本华裔留学生为例
　　…………………………………… 孙玉卿　（日本）黄俊豪　（195）
海外汉语方言中的东干语 …………………………………… 林　涛　（206）
东干语的一些特殊语词和语序
　　——以十四儿·依斯哈尔·苏瓦佐维奇的诗集《夏天就快飞过了》为例
　　………………………………………………………… 莫　超　（213）
河州八坊话与东干语音系比较 ……………………… 张建军　任丽花　（221）
童谣的语言与地域特征 ……………………………………… 张盛开　（228）

后　记 ……………………………………………………………………（263）

记录和保护海外汉语方言资源是我们的责任*

张振兴

（中国社会科学院语言研究所）

一、关于华人

《现代汉语词典》注释"华人"就是"中国人"。更准确地说，应该是"居住在中国境外的中国人"。海外到底有多少华人？我们看不到确切的统计数字，不过我们还是可以看到一些参考数字。

《方言》杂志1989年第3期第168～170页刊登《海外华人人口资料三份》：①《参考消息》1986年12月6、7日转载香港《华人》月刊11月号所登，该刊特约记者文星所作《五洲华人分布简况》；②《人民日报》（海外版）1989年3月11日所登忠民所作小资料《海外华人多，足迹遍世界》；③《人民政协报》1989年3月7日所登本报消息《海外华人二千七百万左右》。

其中，《参考消息》说华侨华人分布于世界100多个国家和地区，总人数为2218多万人。《人民日报》（海外版）说其分布于110个国家和地区，总人数是2900多万人。《参考消息》的报道还给出了各洲华侨华人分布最集中的国家和地区，可以参考：

亚洲：其中，前7位是，印度尼西亚600万，马来西亚453万，泰国450万，新加坡192万，菲律宾100万，缅甸和越南各70万。

美洲：其中，前8位是，美国100万，加拿大45万，中美洲12国5.34万，巴西10万，秘鲁4.8万，厄瓜多尔1.6万，委内瑞拉1.2万，阿根廷0.7万。

欧洲：其中，英国15万，法国11万。人数1万～5万的有比利时、德国、荷兰。

大洋洲：其中，澳大利亚12万，新西兰1.6万，法属波利尼西亚（大溪地）1.5万。

---

* 本文根据张振兴先生发言稿整理。

非洲：其中，毛里求斯3万，（法属）留尼汪2万，马达加斯加和南非都是1万。而定居埃及的华人只有77人，这是一般人所料想不到的。

《人民政协报》根据美国康奈尔大学人口学家鲍斯顿的研究，在分析了132个国家和地区的华人人口数量之后，认为到20世纪80年代初，华人的人口数在2680万到2750万之间。鲍斯顿还指出，90%以上的华人居住在亚洲，特别是东南亚国家。华人人口在6位数以上的国家为印度尼西亚、泰国、马来西亚、新加坡、菲律宾、美国、越南、缅甸、加拿大、英国、法国、苏联、澳大利亚、印度。

2012年11月26日新华网有消息报道，可以进一步提供一个海外华人分布的最新参考数字。这个网络消息根据世界各国人口统计数字资料，提供最新的华人华侨分布最多的15个国家及其人口数：

1. 印度尼西亚 767万   2. 泰国 706万   3. 马来西亚 639万
4. 美国 346万   5. 新加坡 279万 6. 加拿大 136.4万
7. 秘鲁 130万   8. 越南 126万   9. 菲律宾 115万
10. 缅甸 110万   11. 俄罗斯 100万 12. 韩国 70万
13. 澳大利亚 69万   14. 日本 52万   15. 柬埔寨 34万

最近20多年来，大量新移民、留学生促使海外华人的人数迅速增长，其中大量集中在欧美等发达国家。2008年4月新闻网上的《海外华人新移民现状分析》一文估计美国现有华侨华人300多万，其中，内地新移民有30多万。1978年至1998年，中国向外派遣留学生达30万人，主要分布在美国、加拿大、澳大利亚、日本、西欧等经济发达国家，美国是接受中国留学生最多的国家，占中国内地留学生总数的40%。

根据以上资料中海外华侨华人的人数，主要根据20世纪80年代后期的统计，估计应该不会少于2500万。最近20多年，海外华侨华人虽然增加得很快，但回归人数也比以往任何一个时期都多。这是事实。所以，我们可以大致估计目前海外华侨华人的人数应该在3000万左右。

中国国内的人口总数是13亿多，接近14亿。相比之下，海外华侨华人3000万的人口数并不多。可是，拿来跟国内省区的人口数相比较，这个数字却超过好几个省区的人口总数！要是拿到世界各国去比较，这个数字几乎相当或接近于一个中等国家的总人口数！所以，无论如何我们也不能小看了。

二、关于华语

《现代汉语词典》注释"华语"就是"指汉语"。更准确地说,"华语"是"华人所说的汉语"。从最近几年的发展趋势来看,"华语"有狭义和广义之分。狭义的"华语"指"华人所说的,与中国普通话相同或相近的汉语",广义的"华语"指"华人所说的所有汉语方言,包括普通话"。有人说过,旅行者行囊里最重要的行李是随身携带的母语。华人漂洋过海所携带的最大财富便是在老家所说的话,它可以让人终生不忘,还可以流传后世。凡是有华人的地方,就有华语,就有汉语的方言。

很多关于汉语的语言学著作,都提及汉语方言在海外的分布。例如,王力先生早年在《现代汉语》教材里把汉语方言分为5类,其中特别提到后3类方言在海外的分布:

三闽音系,……其在国外最占势力的地方是马来半岛,新加坡,苏门答腊,暹罗,菲力滨等处。

四粤音系,……其在国外最占势力的地方是美洲(尤其是旧金山)。

五客家话,……其在国外最占势力的地方是南洋印度尼西亚(尤其是邦加)。

1987年《中国语言地图集》认为,海外以汉语为母语者总数在865万到1320万之间,平均数是1100万。但海外能够使用汉语的人数比这个数字多,有2000万之多。例如,使用粤语的人数为1100万,使用闽语的人数为850万,使用客家话的人数为75万。

2001年江苏教育出版社出版的钱乃荣主编的《现代汉语》,还有更具体的一些数字:

世界上现有汉语社团的地方超过100个,它们分布在6个洲,而大半社团成立于过去的100年内,只有少数超过200年的,如在印度与南非。(第43页)

粤语社团遍及世界90多个地方,有60多个的粤语社团势力较大,占首位。估计目前在中国境外能说粤语的华人约1100万,比较结果显示,约20%操粤语的粤籍人士住在中国境外。这些海外华人社团里,平均每两个能用粤方言的人大概就有一个是经由后来学得的。(第45页)

闽语系的海外华人总数为600万到1000万。能说闽语的（不一定限于闽语系人）500万到600万人。其中每3个人就可能有一个人是后来学的。海外说闽语的华人占所有闽语系人士的1/8到1/10。（第46页）

客家社团总人数是50万到100万之间，一般来说外人学会客家话的为数很少。（第46页）

海外华人社团里以普通话（包括其他官话方言）为母语的总人数估计在15万到20万之间，但使用普通话的海外华人为300万到400万。这等于说每20个会说普通话的海外华人中大概只有1个是以普通话为母语的。（第47页）

以上这些资料可能有点儿过时了。2008年4月新闻网报道，亚、美、欧、澳、非各大洲均有分布，有150个以上海外方言社区，总人口达2400万。海外使用汉语方言的人口超过100万的国家有7个，即印度尼西亚、马来西亚、泰国、新加坡、菲律宾、越南、美国。

2013年出版的《中国语言地图集》（第2版）也涉及海外的汉语方言。例如：

粤语图："全国使用粤语的人数大约为5958万人。中国境外的东南亚各地、美洲、大洋洲、欧洲、非洲，很多华侨也使用粤语。国内外使用粤语的人数估计高达6800多万。"就是说，海外使用粤语的人数将近900万。

福建省的汉语方言图："福建又是很多华侨华人的祖籍地，估计祖籍福建的华侨华人有1000万人。"那么，除了一部分讲客家话的人以外，海外能够说闽语的华侨华人至少也有好几百万人。

客家话图：（境内）说客家话总人口大约4400万，"在海外，马来西亚、新加坡、印度尼西亚、菲律宾、泰国、婆罗洲、南太平洋诸岛国，以及欧洲、美洲、非洲等地的华侨、华裔，也有不少是说客家话的"。

非常遗憾，以上所有材料都没有说到吴语。不过，属于吴语的上海话在美国备受尊崇却是事实，因此，有人说："上海话是赚钱的方言。"以上的材料也没有提到官话。不过，我们下面将会说到，西北地区的官话方言随着大批回民走向中亚地区，不但有了赫赫有名的东干族，还有了让我们梦萦魂牵的东干语。

说到这里，我们应该向几千万华人华侨致敬，因为有了他们，我们的汉语方言走向了全世界！

三、华语方言之调查与研究

在历史上，闽语、粤语流行的东南沿海地区曾出现过盛极一时的"走西洋"和"过番"的居民迁移活动。有的过海迁往南洋菲律宾、印度尼西亚、新加坡、越南各国，有的漂洋远赴美洲、非洲、欧洲各地。随之，闽语与粤语也跟着漂洋过海，在世界各国的"唐城""华人街"扎下根来，并与所在国的其他语言方言进行了接触和交流。吴语和客家话也有大致相似的历程。除了西北地区与中亚各国的陆上通道以外，海洋成为汉语和汉语方言走向世界最主要的通道。这就是语言方言交流的"一带一路"，与经济文化交流的"一带一路"完全重合。试举几个例子。

粤语的传播和交流，在粤语里留下了所谓"广州外语"或"外来广州话"的印记。这就是早期广州话的英语借词，例如：

shirt 恤（衫）　　　　　tie 呔（领带）
bus 巴士（公共汽车）　　film 菲林（胶片）

闽语的传播和交流，在厦门话、潮汕话和印尼语、马来语中都留下了深刻的印记。厦门话、潮汕话中留下了印尼语的借词，例如：

saboen 雪文（肥皂）　　kapok 加布棉（木棉）

印尼语中留下了厦门话、潮汕话的借词，例如：

tauke 头家（老板）　　　hokhie 福气
sinshe 先生（医生）　　　tauhu 豆腐

厦门话、潮汕话中留下了马来语的借词，例如：

mata 吗淡（警察）　　　suka 舒甲（合意、合适）
pasak 巴萨（市场）　　　roti 罗的（饼干）

马来语中留下了厦门话、潮汕话的借词，例如：

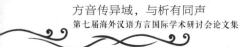

| chakiak 柴屐（木屐） | botan 牡丹 |
| sampan 舢板（小木船） | yonghue 烟火（烟花） |

汉语方言工作者很早就关注了海外华人的汉语方言。1987年的《中国语言地图集》专门绘制了"海外汉语方言图"。在此前后，《方言》杂志曾专门发文刊登新加坡的华语方言词汇。其他一些华语方言论著也相继发表。

但成规模的华语汉语方言调查研究，始于21世纪初的海外汉语方言研究。2007—2018年这10多年来，已经召开了六届"海外汉语方言国际学术研讨会"，第五届的研讨会还是在美国举行的。与此同时，汉语方言工作者几十人次相继走出国门，田野调查研究足迹几乎遍及世界各大洲。据不完全统计，最近十来年的时间里，海外汉语方言研究领域出版专著18部，发表调查报告、研究论文134篇，涉及18个国家27个各类华语汉语方言点，为汉语方言研究提供了大量新鲜的语料。同时，承接一个国家重大课题、两个国家重点课题。一个具有独立风格的海外汉语方言学科初步形成。

这里尤其应该提到"北林南陈"。"北林"指的是北方民族大学的林涛教授。他为了调查现存于中亚地区的东干语，曾在中亚生活了一年，足迹遍及哈萨克斯坦、吉尔吉斯斯坦、乌兹别克斯坦等中亚五国，并从零开始自学俄语，于2012年出版洋洋大著《东干语调查研究》。《东干语调查研究》成为东干语研究的标志性著作。该书包含了大量的语言事实、人文历史论证。单纯从语言源流和语言比较的观点来看，东干语只是汉语的一种方言，它来源于我国西北地区的回民汉语。但是这种方言今天分布于中国境外，为中亚地区东干族所使用，成为一种独立的民族语言。"南陈"指的是暨南大学的陈晓锦教授。她在10多年的时间里，为了海外汉语方言的调查研究，足迹遍布五大洲，工作极其艰苦，成果非常丰硕，只要看看她的3部重要著作——《马来西亚的三个汉语方言》（2003）、《泰国的三个方言》（2010）、《东南亚华人社区汉语方言概要》（2014）就知道了。只要把洋洋洒洒三卷本100多万字的《东南亚华人社区汉语方言概要》读完，我们就一定会尊敬陈晓锦教授。陈晓锦教授调查了东南亚10个国家20多个华人社区的粤语、闽语、客家话方言点，比较了它们之间的共性和个性，比较了它们与当地其他民族语言的关系。书中都是新鲜的材料，让人耳目一新。

在海外华人汉语方言的调查研究中，新鲜的材料、新鲜的发现、新鲜的论点，跟国内的汉语方言互相比照、相得益彰，当然非常重要。但更重要的是，这个调查研究让中国语言学、中国汉语方言学走出了国门，走向了世界，终于实现了中国汉语方言学工作者多少年来梦寐以求的事情！

四、呼 吁

在华人汉语方言调查研究领域，听到的不全是好消息。在第六届海外汉语方言国际学术研讨会上（2017年9月，兰州），也经常听到让人不安的信息。例如，东干语处于急剧变化之中，大量俄语词汇和所在国其他民族语言的词语进入东干语。能完全使用东干语的东干人越来越少，东干语受到被边缘化的严重威胁。在一个研究东干语的学术会议上，一位东干语语言学家，竟然不能全程用东干语发言，中途不得不改用俄语。

马来西亚砂拉越州泗里街是华人聚居的县城，这里的华人分别使用福州话、闽南话、四邑话、客家话。老一代华人可以通用这几种方言，现在第三代只能在家里勉强说说自己的方言，在公用场合基本说华语（狭义上的华语，即普通话）。绝对多数的华人最喜欢的语言也是华语。原来的方言出现了明显衰弱的趋势。

在新加坡，华语挤占了原来属于汉语方言的空间。"在新加坡，使用汉语方言的公共空间大概只限于菜市场等场合。"在马来西亚，当地汉语方言的传承都不太乐观，50岁以下的华人都不会说祖籍地的家乡话。

在新加坡或马来西亚，有雷州会馆同乡会。第一代华人经常到会馆聚会，说雷州话；第二代华人也会去会馆参加同乡会，说雷州话，也说华语；第三代华人偶尔会去会馆，但很多人已经不参加同乡会；第四代华人既不去会馆，也不参加同乡会，当然也不会再说雷州话。在新加坡和马来西亚，雷州话的消失是必然的。

在意大利普拉托，20世纪80年代开始出现温州人小镇，有温州人的学校。调查这里温州人的语言态度，其选择语言的顺序是华语—意大利语—温州话。第三代人除了在家里说点温州话外，其他场合都说华语或意大利语。在意大利，温州话的衰微是明显的。

类似的信息并非个案。处于复杂语言环境下的汉语方言，发生剧烈的演变本在意料之中，但如此快速的衰变多少让人有点措手不及。海外汉语方言演变的速度、濒危的程度和速度都超出了我们的想象。

世界各地华语地区的汉语方言跟国内的汉语方言一样，也是我们的财富和资源。它反映了"一带一路"的历史过程，见证了华人与各所在国家人民友好往来、共同奋斗的历史事实。因此，记录和保护海外汉语方言资源同样具有重要的价值和意义。

我们呼吁国家有关部门、有关研究机构扩大视野，采取更多措施，进一步扶持海外华人社区汉语方言的调查研究。

我们还呼吁语言资源保护工程进行适当规划，把若干已经处于濒危状态的海外华人汉语方言列入资源保护方言点，列入濒危语言志和方言文化典藏的方言点。

记录和保护海外汉语方言资源是我们共同的责任！

【参考文献】

[1] 海外华人人口资料三份［J］.方言，1989（3）：168－170.

[2] 陈晓锦.东南亚华人社区汉语方言概要［M］.广州：世界图书出版广东有限公司，2014.

[3] 林涛.东干语调查研究［M］.北京：中国社会科学出版社，2012.

[4] 钱乃荣.现代汉语（修订本）［M］.南京：江苏教育出版社，2001.

[5] 王力.现代汉语（重排本）［M］.北京：商务印书馆，1993.

[6] 中国社会科学院，澳大利亚人文社会科学院.中国语言地图集［M］.香港：朗文出版（远东）有限公司，1987.

[7] 中国社会科学院语言研究所，中国社会科学院民族学与人类学研究所，香港城市大学语言资讯科学研究中心.中国语言地图集［M］.2版.北京：商务印书馆，2012.

东南亚、北美华人社区汉语方言比较与思考[*]

陈晓锦

（暨南大学汉语方言研究中心）

【摘　要】 东南亚及北美洲是海外华人社区最集中的两个地区。本文举例比较这两个地区能够显示汉语方言的生气和活力的创新词和借词，得出美、加华人社区的汉语方言比东南亚华人社区汉语方言的现状更脆弱濒危的结论。希冀通过比较，在描写这两个华人社区汉语方言面貌的同时，也为海外汉语方言的比较研究提供理论参考。

【关键词】 东南亚　北美　汉语方言　比较

一、引　言

比较是语言、汉语方言研究的重要手段，语言、方言的很多特点都是通过比较凸显、通过比较获得的。

本文的思考和写作源于对东南亚华人社区与北美洲美国、加拿大两国的华人社区，以及华人社区汉语方言的比较。目前，据我们掌握的信息显示，北美洲历史过百年的老华人社区基本存在于美国和加拿大，故我们也可以说，本文的比较是有关东南亚华人社区和北美洲华人社区汉语方言的比较。

无论从哪个角度去考察，东南亚11个国家和北美洲的美国、加拿大两国，都是两个非常不一样的地方，环境不一、气候不同、人文也不一样。前者在亚洲与大洋洲的连接地带、太平洋与印度洋的交汇口，后者则远在地球的西半球。东南亚有11个国家，即马来西亚、新加坡、文莱、印度尼西亚、东帝汶、菲律宾、泰国、越南、柬埔寨、老挝、缅甸。北美洲的两个最大的国家——美国和加拿大拥有共同的长达8892千米的不设防的疆界，两国都可以说是移民国家。美国是一个面积为9372610平方千米的大国，不仅面积大，而且还是世

---

[*] 本文系国家社科基金重点项目"美国华人社区汉语方言与文化研究"（14AYY005）的阶段性成果、国家社科基金重大项目"海外华人社区汉语方言与文化研究"（14ZDB107）的阶段性成果。

界上唯一的超级大国；加拿大的国土面积为9984670平方千米，居世界第二位，远在国土面积排在世界第四位的美国之前。

从语言的角度来看，除了各国的少数民族语言以外，整个东南亚地区通行马来语（马来西亚、新加坡、印度尼西亚、文莱）、德顿语和葡萄牙语（东帝汶）、他加洛语（菲律宾）、泰语（泰国）、越南语（越南）、柬埔寨语（柬埔寨）、老挝语（老挝）、缅甸语（缅甸）等不同的语言，当然还有世界通用的英语。而美国除了少数地方使用其他语言，如路易斯安那州流行法语、夏威夷州流行夏威夷语，还有新墨西哥州流行西班牙语（也是这3个州的通用语言）以外，整个国家的主流语言就是单一的英语；加拿大全国80%左右的人讲英语，只有20%左右的人讲法语（法语是魁北克省的官方语言）。

但是，从另一个角度来看，这两个地区也有不少相似之处，其中一个我们关注的重要相似点就是，这两个地区都是华人众多的地方，也都是华人移民较早涉足的地方。

本文要比较与思考的，就是这两个地区的华人社区和华人社区的汉语方言。

二、两个地区华人社区的比较

华人的足迹遍布五大洲，东南亚和北美洲都是世界上华人最多的地方。这两个距离遥远的地方的华人社区都是历史过百年的老华人社区。比较这两个地方的华人社区及其汉语方言，我们会发现很多有意思的现象。

东南亚国家的华人众多，但每个国家的华人和华人社区都各有特点。例如，新加坡的华人占国家总人口的70%以上，马来西亚华人约占国家总人口的23.4%；印度尼西亚的华人社区通行闽南方言（包括福建和广东的闽语）、客家方言、粤方言广府话等多种汉语方言，菲律宾的华人社区基本上只通行福建闽南话；文莱使用闽南方言金门话的华人聚居在该国的首都斯里巴加湾，使用客家话的华人聚居在该国南部的产油区马来奕，新加坡由于本国的政策，使用闽南话、客家话、广府话等各种不同汉语方言的华人分散居住在该国各处；泰国曼谷的唐人街很大，终日熙熙攘攘，老挝没有真正意义上的唐人街；等等。

为了在异国他乡生存下去，最初呼朋唤友抵达东南亚各国的华人，大都从移民之始就抱团居住在一起。这样，如同文莱，就产生了一些以不同的汉语方言使用者来区分，利用地缘纽带而组成的聚居点。

再看一些其他例子：马来西亚吉隆坡的华人主要使用粤语广府话，新山的华人主要使用闽语潮州话,槟城的华人主要使用闽语福建闽南话,东马亚庇、古晋的华人主要讲客家话;泰国首都曼谷的华人主要讲闽语潮州话,南部也拉府勿洞的华人讲粤语广西桂南白话,泰北还有西南官话;越南南方胡志明市的华人社区通行粤语广府话,也有闽语福建闽南话、广东闽语潮州话、客家话;缅甸仰光华人使用闽语福建闽南话、粤语台山话、客家话,南部曼德勒的华人除了少量讲粤语台山话,基本上都讲西南官话。

东南亚各国的主流语言,以及东南亚各国华人社区的汉语方言,都各有精彩。(见表1)

表1 东南亚各国华人社区流通的官方语言和主要汉语方言

国家	官方语言	殖民时期宗主国语言	华人社区汉语方言
马来西亚	马来语	英语	福建闽语、广东闽语潮州话、海南闽语、粤语广府话、粤语四邑话、客家话
新加坡	马来语、华语、泰米尔语、英语	英语	福建闽语、广东闽语潮州话、海南闽语、粤语广府话、客家话
印度尼西亚	印尼语	荷兰语	福建闽语、广东闽语潮州话、客家话、粤语广府话
文莱	马来语、英语	英语	福建闽语、客家话
菲律宾	他加洛语、英语	西班牙语、英语	福建闽语、粤语广府话
越南	越南语	法语	粤语广府话、福建闽语、广东闽语潮州话、海南闽语、客家话
老挝	老挝语	法语	广东闽语潮州话、西南官话
柬埔寨	高棉语	法语	广东闽语潮州话、粤语广府话、福建闽语、客家话
泰国	泰语	未受过殖民统治	广东闽语潮州话、粤语广府话和桂南白话、客家话、西南官话
缅甸	缅语	英语	福建闽语、粤语四邑话、西南官话
东帝汶	德顿语、葡萄牙语	葡萄牙语	客家话

表1显示的是在东南亚各国华人社区流通的官方语言和主要汉语方言,细论起来,各国华人社区的汉语方言远不止这些。比如,马来西亚华人社区的闽方言,若要细分,除了福建和广东的闽南话,还有福建的闽东话、闽北话、莆田仙游话,以及海南的闽南话。

从社区的社团组织来看,东南亚华人的社团组织众多,一些大的华人社团不仅拥有自己的企业、物业、学校,甚至医院,每日还有固定坐班的工作人员,且常组织各类的活动,华人与社团间的联系至今都相对密切。

再看北美洲,美国和加拿大两国的主流语言都是英语,两国华人社区的汉语方言也没有东南亚华人社区的那么复杂,在这两个国家华人社区通行的汉语方言都比较单一,虽然这两个国家也都有华人的主要聚居地,如美国的三藩市、洛杉矶、纽约,加拿大的温哥华、多伦多、维多利亚等,但这些地点的华人居住者并不是以其汉语方言背景来划分的。

美、加两国也都各有一些使用其他汉语方言的华人,不过假若不算近二三十年来新增的汉语方言,如在美国纽约增长势头较强的闽东方言福州话,不算美国和加拿大其他新涌入的中国各地的移民所说的话,主要流通的就是汉语粤语中的四邑话、广府话,还有零散的粤语中山话、客家话等。

相对而言,东南亚华人社区则少有类似美、加华人社区,近二三十年来新增的华人社区,以及新增的社区汉语方言。无疑,美、加华人社区流通的汉语方言类别比东南亚华人社区的要简单。而美、加华人社团的活跃度,以及华人对社团活动的参与度和热情,也整体逊色于东南亚华人,美、加两国的很多华人社团都只在特定的时间才会开展活动。

这两个地区可以比较的东西不少,但更值得比较的是生活在这里的华人使用的语言和汉语方言。

三、两个地区华人社区汉语方言特点比较

美、加华人社区的汉语方言比较单一,与东南亚华人社区汉语方言对口的只有粤语广府话和台山话,且主要是广府话,因为台山话在东南亚仅在缅甸流行,在缅甸华人社区还只是弱势方言,而东南亚的广府话则无论在通行范围还是在使用人口等方面都无法与美、加相比,也比不上在东南亚同处一地的闽方言。

要研究比较海外的汉语方言,活跃易变的词汇就是最好的切入点;要比较东南亚华人社区和美、加华人社区的汉语方言也是如此。因为从整体上看,在海外华人社区流行的粤语台山话和广府话,特别是广府话,与祖籍地广东粤语

的语音至今都是同多异少，除了少数祖籍地没有、出现在借词中的声母、韵母等以外，海外广府话的语音几乎可以说就是广东广府话的翻版。

词汇的表现不同，海外汉语方言词汇固然都有国内的汉语方言词汇也拥有的我们称之为"一般特点"的特点，如保留古汉语词、保留方言老词语、造词方式方法与祖籍地方言一致，但最能表现其与祖籍地方言不同的，是海外汉语方言词汇的"典型特点"，即拥有数量可观的创新词和借词。①

方言的创新和借用是词汇变化的两方面。我们的比较就从这两个地区的汉语方言词汇拥有的典型特点展开。

1. 创新词

创新显示活力。创新词的丰富，在一个方面反映了方言的生气和活力。

创新词可以分成两类，一类是"旧词新说"，即用新的说法指代在祖籍地也有的事物，另一类是对祖籍地没有、居住国有的新事物的指称。严格地说，第二类的创新才是真正意义的创新。

与北美洲华人社区的汉语方言相比，东南亚华人社区汉语方言的创新词更多的是指示祖籍地所没有的环境、气候、物产等新鲜事物的。例如：

金塔（金边，柬埔寨潮州话、广府话）
做春（热季，缅甸仰光福建话）
做冬（凉季，缅甸仰光福建话）
安南葱（做配料的香菜，越南胡志明市潮州话、福建话）
老挝菜（老挝人吃的菜，老挝万象潮州话）
长衫（越式旗袍，越南胡志明市广府话、潮州话、客家话、福建话）
组屋（政府建造的安居房，新加坡广府话）
水村（建在水中的村落，文莱斯里巴加湾福建话）
番鬼佬清明（十一月一号菲律宾人扫墓，菲律宾马尼拉广府话）
番人年（宋干节，泰国曼谷半山客话）
新客（新移民，缅甸仰光福建话）
老客（老移民，缅甸仰光福建话）
水客（旧时来往于居住国与祖籍地之间，为华人传递钱物的人，泰国曼谷潮州话、广府话）

---

① 参见陈晓锦《试论词汇研究在海外汉语方言研究中的重要性》，载《暨南学报》（哲学社会科学版）2013年第9期。

东南亚华人社区的汉语方言都有大量在社区内广泛、稳固地流通，被社区内的华人普遍认可、迅速传播的创新词。究其原因，恐怕是华人之间的交流沟通良好，合情合理的创新词往往是整个居住国华人社区的华人都频繁使用的，有的甚至会在整个东南亚的不同国家使用不同汉语方言的华人社区中通行。表示"放在饮料中的冰块"的创新词"雪底"、表示"超车"的创新词"割车"，就是很好的例子。

真正意义的创新在美国、加拿大华人社区也有。例如，美国、加拿大有很多来自墨西哥的非法移民，因为没有合法身份，他们往往只能做一些又苦又累、薪酬很低的粗重工作，华人称他们"墨仔"或"老墨"，这是创新。又如，美国政府有一种发放给低收入人士、供他们购买食物等日常生活用品的票证，纽约广府话、台山话称之为"粮食券"，也有叫"白卡""红蓝卡"的，这些说法都是对中国没有的事物的指称。另外，美国和加拿大多地的广府话和台山话都有的"火鸡节"（感恩节）、"执蛋节"（复活节）、"鬼仔节/鬼王节"（万圣节）等说法，也是属于这一类的创新。

不过，相对而言，美、加华人社区的汉语方言创新词还是旧词新说的多，且其新创的说法很多时候也不是词，而是华人带有随意性、解释性的短语。这种现象从侧面反映了该地区华人汉语方言使用能力的退化。在方言逐渐式微，使用英语或者汉语普通话即可顺畅交流的时代，语码转换的方便使人们对方言词语的创新也不那么在意了，而语言、方言的创新也需要"追风"，需要"追捧"，才能最终在语言、方言中扎稳脚跟，成为语言、方言词汇库中的一员。

关于旧词新说，东南亚和北美洲两个地区的华人都有一些改造的表示中国传统节日的短语。例如，称"中秋节"为"食/喫月饼"，称"端午节"为"裹粽/裹粽球""食/喫粽""扒龙船""龙船节"，美国洛杉矶广府话的发音人甚至称"春节"为"红包攞嚟嗰个节"（红包拿来那个节）。

假如说上面的创新还能勉为其难地与方言旧词的含义挂上钩，北美洲华人以下的创新，若脱离了具体的语言环境，就会令人摸不着头脑：

第一做（预先，美国洛杉矶台山话）
刮啊的〔鱼鳞，美国纽约台山话，直译为"刮（掉）的那些东西"〕
美国度数（华氏温度，美国纽约台山话）
世界度数（摄氏温度，美国纽约台山话）
有料伙计（师傅，美国芝加哥广府话，直译为"有本事的伙计"）
唔识嘢（外行，加拿大维多利亚台山话，直译为"不懂事"）
自己顾自己（AA制，加拿大维多利亚台山话）

水满（水涝，加拿大维多利亚台山话）
唔食嘢（斋戒，美国三藩市广府话，直译为"不吃东西"）
数嘢（盘点，美国三藩市广府话，直译为"数东西"）
好多水（花生潮了，加拿大多伦多广府话，直译为"很多水"）
好出名（内行，加拿大多伦多广府话，直译为"很出名"）
石头佬（泥瓦匠，加拿大多伦多广府话）
切嘢嗰个［砧板，加拿大温哥华广府话，直译为"（用来）切东西的那个（东西）"］①

有的与体育运动有关的创新词也饶有趣味，例如：

走鞋（运动鞋，美国洛杉矶台山话，"走"意为"跑"，保留了古代汉语的意义）
走短（短跑，美国纽约台山话，"走"意为"跑"，保留了古代汉语的意义，但按照粤方言的语序习惯，此词应该是"短走"）
跳长（跳远，美国芝加哥广府话，加拿大多伦多广府话，此词的创造与英语的"long jump"和汉语的"跳高""跳远"不无关系）
浸水（跳水，加拿大多伦多广府话，直译为"泡在水里，淹水"）②

2. 借词

调查显示，两个地区的汉语方言都保留了祖籍地方言原有的老借词，例如：

菲林（胶卷，英语为"film"）
贴士（小费，英语为"tip"）
朱古力（巧克力，英语为"chocolate"）

这些都是在闽粤客方言里使用年限已久、来自英语的借词。

---

① 参见陈晓锦、许婉虹《美加华人社区粤方言的两种词语表达方式》，载《中国语文通讯》2019年第1期。

② 参见陈晓锦、许婉虹《美加华人社区粤方言的两种词语表达方式》，载《中国语文通讯》2019年第1期。

东南亚华人社区各国的主流语言不一，社区内的汉语方言纷繁，除了来自英语的借词，社区内的外语借词还有来源不一、视居住国的官方语言而异的特点。另外，社区内的汉语方言词语也有互借以及借用华语的现象。

下面是一些外语借词的例子（考虑到要与美、加华人社区的粤方言做对比，以下列举的主要是各国粤语点的例子，没有粤语点的才选取其他方言点）。

(1) 马来西亚吉隆坡广府话。例如：

甘榜 [kan^{55}pɔŋ^{55}]（乡下，马来语为"kampun"）
□□ [ja^{55}kuŋ^{33}]（玉米，马来语为"jagung"）
□□ [wa^{33}ja^{55}]（电线，马来语为"wayar"）

(2) 新加坡广府话。例如：

石叻坡 [sek^{2}lak^{3}pɔ^{55}]（新加坡，马来语为"selat"）
□□ [kua^{33}ua^{53}]（番石榴，马来语为"gua"）
纱笼 [sa^{55}lɔŋ^{55}]（马来语为"sarung"）

(3) 印度尼西亚雅加达广府话。例如：

椰加达 [jɛ^{21}ka^{55}tat^2]（雅加达，马来语为"Jakarta"）
□□ [mu^{33}lai^{33}]（起初，马来语为"mukai"）
□□ [laŋ^{33}ka^{33}]（波罗蜜，马来语为"mangka"）

(4) 越南胡志明市广府话。例如：

□□□ [ŋau^{33}pa^{21}pa^{21}]（越式无领衫，越南语为"áo bà ba"）
□□ [pa^{33}ja^{21}]（称呼女长辈，越南语为"bà già"）
□□ [sik^{5}lɔ^{22}]（三轮车，越南语为"xích lô"）

(5) 柬埔寨金边广府话。例如：

□□ [nɤŋ^{21}nu^{33}]（虹，柬埔寨语为"ឥន្ទធនូ"）
□□□ [pai^{33}sɐn^{21}nap^3]（椰浆饭，柬埔寨语为"បាយដំណើបសណ្ដែក"）
□ [ka^{33}]（结婚，柬埔寨语为"រៀបការ"）

(6) 菲律宾马尼拉广府话。例如：

□□ ［pu⁵⁵tik⁵］（烂泥，他加洛语为"putik"）
□□□ ［kɐm⁵⁵a⁵⁵ti⁵⁵］（西红柿，他加洛语为"kamatis"）
□□ ［ku⁵⁵tou²²］（虱子，他加洛语为"kuto"）

(7) 泰国曼谷广府话。例如：

□ ［kɛŋ³³］（咖喱，泰语为"แกง"）
□□ ［nɔ²¹mai⁵⁵］（竹笋，泰语为"หน่อไม้"）
□ ［jit²］（砖，泰语为"อิฐ"）

(8) 缅甸仰光台山话。例如：

□□ ［pʰet⁵laŋ⁴⁴］（捷径，缅甸语为"ဖြတ်လမ်း"）
□□□ ［taŋ²²lak²kʰak²］（树皮粉，缅甸语为"သနပ်ခါး"）
□□ ［ka⁵⁵pia⁵⁵］（混血儿，缅甸语为"ကပြား"）

(9) 老挝万象潮州话。例如：

□□ ［lam³³uŋ³³］（温水，老挝语为"ນ້ຳອຸ່ນ"）
□□ ［taʔ²laʔ⁵］（市场，老挝语为"ตะຫຼາດ"）
□ ［kuʔ⁵］（斗笠，老挝语为"ກຸບ"）

(10) 文莱马来奕河婆客话。例如：

□□ ［sɔ⁴⁴tɔŋ⁴⁴］（鱿鱼，马来语为"sotong"）
□□ ［ti⁴⁴lam⁴⁴］（坐垫，马来语为"tilan"）
罗呐 ［lɔ²¹ti⁴⁴］（面包，马来语为"roti"）

东南亚华人社区汉语方言之间的词语互借也有值得关注的表现，借用常常是连语音一起借的。闽南语在东南亚最强势，因此，我们就以从闽南语输出、被其他方言接受的几个说法为例。

（1）宽米粉条有以下称呼：

炒粿条/贵刁 [tsʰau³⁵kwɛ³⁵tiu⁵⁵]（马来西亚吉隆坡广府话）
粿条 [kwɐi³⁵tiau⁵⁵]（泰国曼谷广府话）
贵刁 [kui⁴²tiau⁴⁴]（马来西亚沙巴亚庇客话）
炒粿条 [tsʰau³¹kui³³tiau³³]（马来西亚柔佛士乃客话）
粿条 [kue²¹tʰiau²⁴]（泰国曼谷半山客话）
炒粿条 [tsʰau³³kue⁵³tʰiau³⁵]（印尼山口洋客话）

闽语的"粿条"，粤语称"沙河粉"，客家话称"粄条""水粄""刀嫲切"。粤语和客家话在借用此词时也借了音。

（2）肉骨头加配料制作的风味食品有以下称呼：

肉骨茶 [juk²kwɐk⁵tɛ⁵⁵]（马来西亚吉隆坡广府话）
肉骨茶 [pak²kut⁵te²¹]（马来西亚柔佛士乃客话）
肉骨茶 [bak²kut²te²¹]（马来西亚沙巴亚庇客话）
肉骨茶 [ba⁴⁴kuk²te²⁴]（文莱马来奕客话）

这些说法借自闽南话的最好证明就是"茶"的发音[te]，闽南话此字保留了"舌上读舌头的特点"，粤语和客家话"茶"的音应是[tsʰa]；另外，把"肉"说成[pak][bak]或[ba]，也是受闽语的影响，客家话应是[iuk]或[zuk]。

（3）糯米粉包馅的红色糕点有以下称呼：

红龟粿 [aŋ²¹ku⁵⁵kue³³]（马来西亚吉隆坡广府话）
红龟粿 [aŋ³³ku³³kwɛ³³]（新加坡广府话）
红龟粿 [aŋ³³ku³³kue⁵³]（印尼雅加达广府话）
红龟 [aŋ²²ku⁴⁴]（缅甸仰光台山话），红龟粿 [aŋ²¹kui³³kue⁴²]（马来西亚柔佛士乃客话）
红龟粿 [aŋ⁴⁴ku⁴⁴kue⁴²]/红龟粄 [fuŋ²⁴kui⁴⁴pan²¹]（文莱马来奕客话）
红龟 [aŋ¹¹ku⁴⁴]（缅甸仰光客话）

"粿"是闽语指称糕点的专用词,"红龟粿"是使用闽语的华人带自祖籍地的食品,粤语和客家话都没有,故除了文莱马来奕客家话还有一个客家话音的说法"红龟粄"[fuŋ²⁴kui⁴⁴pan²¹],使用了客家话中表示糕点的特征词"粄"以外,其余点都是连词带音一起借的。

不同于东南亚华人社区的汉语方言,美国和加拿大华人社区汉语方言的外来借词来源单一,基本上来自居住国的主流语言英语,除此也有国内粤语的一些老英语借词。借词最大的特点就是多、使用频繁,且借用因人因地而异。在有3002个词条的《词汇调查表》中,美国三藩市广府话的借词就差不多有400条。在美、加华人的日常话语中,汉语方言就是夹杂着英语说的。

(1)纽约台山话。例如:

一辘蔗,□辘□□□[jat⁵luk⁵tsɛ⁴⁴,wan⁴⁴luk⁵wan⁴⁴tɔ⁴⁴lə²²](一截甘蔗,一截一美元)

"辘"为台山话量词,相当于普通话的"截"。句子方言与英语混合,反映了英语不娴熟的粤语台山话生意人的语言状况。"□□□"[wan⁴⁴tɔ⁴⁴lə²²]即"一美元",英语为"one dollar"。

(2)芝加哥台山话。例如:

□□□□金山,係苦山[tɛ²jit²si²²nɔt⁵kɐm⁵⁵san⁴⁴,hai³¹fu⁵⁵san⁴⁴](那不是金山,是苦山)

"金山"指美国,最初赴美的华工大都是到金矿淘金的,故从美国回乡的老华人也被称为"金山伯"。"□□□□"[tɛ²jit²si²²nɔt⁵]即"那不是",英语为"that is not"。

(3)三藩市广府话。例如:

□□,□潮州音乐,各玩各[jiu⁵⁵nou³³,lai³³tsʰiu²¹tsɐu⁵⁵jɐm⁵⁵ŋɔk²,kɔk²wan³⁵kɔk²](你知道,像潮州音乐,各玩各的)

"□□,□"[jiu⁵⁵nou³³,lai³³]即"你知道,像",英语为"you know,like"。

还有一个现象,东南亚的强势语言马来语的借词不仅出现在东南亚各国的华人社区不同的汉语方言里,出现在国内的闽粤客方言中,甚至也出现在美、加华人社区里。马来语在东南亚的强势不奇怪,东南亚11个国家就有4个国家的官方语言是马来语,而马来语词汇在中国国内,在美、加华人社区的流传,则与东南亚华人的回归(华人回祖籍地省亲,从海外回归国内,如参加华侨农场的建设等),与东南亚华人的二次移民(从东南亚再迁徙到北美)不无关系。例如:

广东潮州话的"加贝"(棉花),马来语为"kapas";"镭"(钱),马来语为"duit";"五骸砌"(骑楼),马来语为"kaki";"阿铅篐"(篐木桶的铁丝圈),马来语为"ayan";"阿啰"(争吵、口角),马来语为"gado"。

广东梅州、惠阳客家话将"麻雀"叫"禾笔⁼儿""禾毕⁼仔",就掺入了马来语的说法①,马来语的"麻雀"就是"pipit";梅州等地的客家人中流行的顺口溜"食罗哋,系拉西"(吃面包,系领带)中的"罗哋(面包)",马来语为"roti";"拉西"(领带),马来语为"dasi"。

此外,还有美国芝加哥和俄勒冈州波特兰台山话对马来语"交寅"(结婚,马来语为"kawin")的借用,德州圣安东尼奥对马来语"镭"(钱,马来语为"duit")的借用。

方言的创新和借用,可以说是词汇变化的两个方面。创新词从一个方面反映了方言的活力,排除"旧词新说"类的创新,地道的、反映居住国新事物的创新词的丰富更是从一个方面反映了方言的活力;而借词的丰富在反映方言的学习兼容能力的同时,也从另一个方面反映了方言活力的减退。

故从整体来看,显然,美国华人社区汉语粤语的活力远不如东南亚华人社区的汉语方言。

四、由比较引发的思考

仅上文的简略比较,就可从一个方面说明美、加华人社区汉语方言的现状比东南亚华人社区汉语方言的现状更脆弱、更濒危。

东南亚和北美洲两大地区华人社区华人和社区汉语方言的比较,让我们认识到,对语言和方言的维护和传承来说,人口基数很重要,一个稳定的人口使用基数是维护和传承语言和方言的基本保证。

---

① 参见陈晓锦、黄高飞《汉语海洋方言的扩散与回归》,载《暨南学报》(哲学社会科学版)2016年第1期。

例如，汉语方言在马来西亚华人社区的强势度超过汉语方言在美国的华人社区，造成两国华人社区语言方言流通差异的一个原因，就是两国华人的总数。据统计，美国华人目前已超过 500 万，而马来西亚的华人有近 750 万，美国华人只约占全美人口的 1.5%，明显少于马来西亚华人占全马人口的比例（约 23.4%）。马来西亚华人的数量是华人社区汉语方言在这个国家流传的一个支撑。

因此，在海外汉语方言的调查中，了解掌握调查所在国的各方面情况，包括国家人口总数，尽可能地了解调查所在国华人的数量和所调查的汉语方言的使用人口数，对全面预测华人社区汉语方言的走向来说非常重要。虽然我们知道，很多时候，要做到这些并非易事。不过，也有我们通过努力可以做到、能够做到的。

钱曾怡先生说，实地调查是方言研究生命之源泉。① 方言田野调查是方言研究的基础，海外汉语方言的实地调查也是海外汉语方言研究的源泉。戴庆厦先生也自认是"田野派"，主张"要重视田野调查，因为只有做田野调查才能获得真知，才能有真本领"②。海外汉语方言调查研究还有很长的路要走，海外田调的任务还非常繁重，即使是普查，要完成也非常困难，特别是近二三十年来，除了历史超过百年的老华人社区，世界各地又陆续增加了一些闽方言、吴方言等新的华人社区。但是无论如何，我们已经可以一边做新的田野调查，一边做一些相关的研究了。我们认为，这是促使海外汉语方言研究更上一层楼最必要、最基本的举措，其中，比较研究就是一个很好的方向。

海外汉语方言基本的调查研究要继续进行，并且海外汉语方言研究也不能一直停留在只做基本调查的层面上。要充分利用已经获得的调查材料，比较不同国家、不同地区的华人社区、华人的各方面状况。比较同类、不同类汉语方言的情况就是研究的一个方向。比较研究可以进一步促进海外汉语方言调查研究的发展。

东南亚、北美华人社区，华人社区汉语方言的比较，是我们的一个尝试。祈愿这个尝试能够引来更多的回应。

---

① 参见钱曾怡《实地调查是方言研究生命之源泉》，载《语言战略研究》2019 年第 5 期。

② 潘佳：《立足田野，眼观四方——戴庆厦先生访谈录》，载《语言政策研究》2015 年第 1～2 期。

《英汉商务货品辞语汇编》所见外来词研究

游汝杰

（复旦大学）

【摘　要】 本文根据《英汉商务货品辞语汇编》（1940年版）和《上海通俗语及洋泾浜》（1945年版）所见外来词，以及相关的粤语和上海话文献，比较研究经广州话和上海话输入现代汉语的外来词。粤音外来词的历史比上海话译音外来词的历史早，不过，早期普通话更多地采用上海话音译外来词。改革开放之后，则有更多的粤音外来词进入普通话。

【关键词】 外来词　粤语　上海话

本文比较研究《英汉商务货品辞语汇编》（1940年版）和《上海通俗语及洋泾浜》（1945年版）所见外来词。进行比较时，也参考相关粤语和上海话文献。

一、《英汉商务货品辞语汇编》简介

《英汉商务货品辞语汇编》一书由香港先施有限公司编辑，出版于1940年。全书共107页，分为两编，第一编为《商品类列》，又分36类货品，第二编为《商用词语》。另有两个附录，共收约2000种货品的粤语名称。每条先出英文，后出中文，不注音。此书封面的书影见图1，正文第1页书影见图2。

据《序》，此书已多次修订翻印，初版书名为《英汉对照商务货品辞语类编》。初版年代不详。《序》中提道："是书所载商品，虽未敢云大全，但悉是华南市场之最通行，而为各大百货商店所备售者，至于各货名称，因我国尚缺乏标准名词，故多采用粤人之通称，阅者谅之。"可见所收即当地粤语居民所使用的名称，其中外来词，即是用粤语语音翻译的，共30来个。

图1 《英汉商务货品辞语汇编》
封面书影

图2 《英汉商务货品辞语汇编》
第1页书影

二、《上海通俗语及洋泾浜》简介

《上海通俗语及洋泾浜》,《上海通》编辑部编辑,上海龙文书店民国三十四年(1945年)出版。据《序》,本书系《上海通》附录之一。全书分普通话、成语、骂人语、白相人(流氓)语(白相人切口)、浪漫语(淫语,从性的方面发生之语言)、投机市场语、洋泾浜语7类。此书封面书影见图3。

此书所收所谓"洋泾浜",大多相当于用上海话音译的"外来词",只有大约1/10还可以称得上是"洋泾浜",即对应于英语词组的音译词语,如"森克油河"(thank you)。每条先出"洋泾浜"的书面写法(所写的字需用上海话读),再用书面语释义,最后是外语原文。如"吐司,烘焙方形面包片,toast"。

此书所收都是当时在上海流行并用上海话发音的词语,例如"鲍特,车

图3 《上海通俗语及洋泾浜》
封面书影

身，body"，英文原词的两个音节，首音 b、d 都是浊辅音，上海话的"鲍"［bɔ¹³］和"特"［dəʔ¹²］的声母 b、d 也是浊辅音，两者相对应。又如，"cigar"的首音是［s］，所以用当时还读尖音的"雪"来对译。全词译为"雪茄烟"（烟叶卷），用"茄"译"gar"，也符合上海音。

此书所收外来词共有 200 多个，基本来自英语，仅"咖啡馆"（café）、"阿拉卡"（点菜，a la carte）、"恩哥儿"（再来一个，encore）等来自法语，"买司干"（不要紧，maskee）来自印度语。

三、《英汉商务货品辞语汇编》和《上海通俗语及洋泾浜》外来词对比

表 1 列出《英汉商务货品辞语汇编》所见全部外来词、《上海通俗语及洋泾浜》所见与之对应的外来词和普通话的外来词。

表 1 《英汉商务货品辞语汇编》和《上海通俗语及洋泾浜》外来词对比

香港外来词	页码	英文	上海外来词	普通话外来词
梳化椅、安乐椅	1	sofa	沙发	沙发
士的	9	stick	司的克	司的克（旧）、拐杖
佛冷绒	10	flannel	法兰绒	法兰绒
礼士扁	12	lace	兰纱丝	蕾丝
梵奥铃琴	26	violin	梵哑林	梵哑铃、小提琴
布甸	29	pudding	布丁	布丁
芝士	29	cheese	切司	芝士、奶酪
批	29	pie	攀	馅饼
咖啡	30	coffee	咖啡	咖啡
忌廉	30	cream	（冰）淇淋	（冰）淇淋
确梯	30	cocktail	混合酒	鸡尾酒
朱士	30	cheese	切司	芝士、奶酪
哥尔夫球、野球	36	golf ball	高而富球	高尔夫（球）
毕明顿	37	badminton	羽毛球	羽毛球
马达、么打	41	motor	马达	马达
凡士林	47	vaseline	凡士林	凡士林

续上表

香港外来词	页码	英文	上海外来词	普通话外来词
花士苓	51	vaseline	凡士林	凡士林
㗎啡	56	coffee	咖啡	咖啡
谷古	56	cocoa	可可	可可
占、果酱	58	jam	果酱	果酱
沙甸鱼	59	sardine	沙丁鱼	沙丁鱼
三文鱼	59	salmon	三文鱼	三文鱼
遮厘	60	jelly	—	啫喱
他肥	61	toffee	太妃糖	太妃糖
鸟结糖	61	nougat	牛轧糖	鸟结糖
白兰地酒	62	brandy	白兰地酒	白兰地酒
威士忌酒	62	whisky	威司克	威士忌
冧酒	62	rum	—	朗姆酒
士班拿	63	spanner	扳头	扳手

说明："—"表示原书不见此词。

表1第一列"香港外来词"是指见于《英汉商务货品辞语汇编》的外来词，第二列是某词见于此书的某页，第三列是英文原词，第四列"上海外来词"指见于同时代的《上海通俗语及洋泾浜》所见与之对应的外来词，第五列"普通话外来词"是指见于《现代汉语词典》的相应外来词。

表1中的外来词在香港和上海大多数是不相同的，相同的只有6个："咖啡""马达""凡士林""果酱""三文鱼""白兰地酒"。其中，"马达"最初应是用上海话音译的，详下。"果酱"是意译词。香港的外来词进入普通话的只有6个："芝士""咖啡""凡士林""三文鱼""鸟结糖""白兰地酒"。上海的外来词进入普通话的共有11个："沙发""司的克""法兰绒""布丁""冰淇淋""羽毛球""马达""可可""果酱""沙丁鱼""太妃糖"。

与上海外来词比较，香港外来词有三大特点。

一是在常用汉字左边加上口字旁，造成方言字，用来记录粤音外来词。例如"㗎啡"。㗎啡两字不见于古韵书或字书，来自粤语俗字。普通汉字外加口字旁，造成方言俗字，用来记录口语词和外来词，这是粤语的特点。见于

· 25 ·

《广东省土话字汇》(1828)① 的此类外来词有"罢囒地酒"(brandy)、"蠎菓"(mango)、"荷囒荳"(Holland peas；green peas)、"佛囒仁"(Flannel)、"佛囒哂国"(France)、"荷囒国"(Dutcho)等。见于《广东土话文选》(1841)② 的此类外来词有"啤酒"(beer)"㗎啡"(coffee)、"哔叽"[long-ells (beige)]、"荷囒"(Holland)、"嘆咭唎国"(England)、"咪唎加国"(America)、"佛囒西国"(France)等。

"咖啡"最初的字形是"架非",见于《广东省土话字汇》(1828)③,后来两字皆加"口",变为"㗎啡",见于《广东土话文选》(1841)④。

中国的第一家咖啡馆附设于1881年由外国人兴建的上海理查饭店,顾客也以外侨为主。

《清稗类钞·西餐》载:"我国之设肆西餐始于上海福州路之一品香……馆内娱乐设施很齐全,有舞厅、小花园、弹子房、西餐厅,西餐厅中也供应咖啡。"一品香是由中国人约于1883年兴建的。19世纪20年代之后,咖啡馆在上海蓬勃发展,而"coffee"的译名各行其是,多达七八种,如"加非""加啡""咖啡""咖啡茶""高醄""磕肥""珈琲""考非"。除"咖啡"外,其他形式都先后被淘汰。

虽然中国的第一家咖啡馆诞生于上海,但"咖啡"这个外来词最初是在广州产生的。

"咖啡"的前字在早期文献里,声母都是不送气的[k],如《广东省土话字汇》(1828)为"ka fe 架啡 coffee",《广东土话文选》(1841)为"ká fī 㗎啡 coffee",《上海土话功课》(1850)为"ka fi",《宁波方言字语汇解》(1876)⑤ 为"㗎啡[ka-fi]"。今粤语此字声母仍读不送气的[k],但今各地吴语此字声母都变为读送气的[kʰ],原因未明。

"咖啡"的"咖"在普通话里有两读,用于"咖啡"时读送气的[kʰa],用于"咖喱"时,读不送气的[ka],原因未明。各地吴语也是如此。

二是常用中古浊音声母字来对译英语的清辅音。粤语声母不分清浊,故可

---

① Morrison,《广东省土话字汇》,澳门,1928年。

② Elijah Coleman Bridgman,《广东土话文选》(A Chinese chrestomathy in the Canton dialect),1841年,第274页。

③ Morrison,《广东省土话字汇》(A Vocabulary of the Canton Dialect),澳门,1828年。

④ Elijah Coleman Bridgman,《广东土话文选》(A Chinese chrestomathy in the Canton dialect),1841年。

⑤ William T. Morrison. An Anglo-Chinese vocabulary of the Ningbo dialect (《宁波方言字语汇解》). Shanghai Presbyterian Mission Press, 1876.

以常用"士"［ʃi⁶］来对译英语的［s］。例如，表1上的"士的"（stick）、"礼士扁"（lace）、"芝士"（cheese）、"朱士"（cheese）、"凡士林"（vaseline）、"花士苓"（vaseline）、"威士忌酒"（whisky）、"士班拿"（spanner）。上海话声母分清浊，用来对译英语［s］的字都是清声母字，如表1中的"司的克"（stick）、"切司"（cheese）、"威司克"（whisky）。此外，"Disney Land"香港译为"迪士尼乐园"，上海曾译为"迪斯尼乐园"，今已改用香港译法。用字不同的原因也在于此。

"蕾丝"（lace）即女士服装的镂空花边，起源于16世纪的欧洲，此后广泛流行于欧美。此词译名未见于早期文献。《英汉商务货品辞语汇编》（1945）写作"礼士扁"。上海的徐家汇在19世纪末期至20世纪初期曾经是重要的手工蕾丝生产地，当时应有中文译名，但不见文献记载。《宁波方言字语汇解》（1876）译为"珠罗"，此非外来词。《上海通俗语及洋泾浜》（1940）写作"兰纱丝"，也可能是沿用此前的写法，但今上海已不用。《现代汉语词典》写作"蕾丝"，其来源与香港的"礼士扁"或上海的"兰纱丝"无关。

三是用中古鼻尾韵字对译英语的鼻尾音节。例如，"布甸"（pudding）、"沙甸鱼"（sardine）、"士班拿"（spanner）、"忌廉"（cream）。

其中，3个鼻韵尾字的中古音韵地位如下：甸，山摄开口四等去声霰韵定母；班，山摄开口二等平声删韵帮母；廉，咸摄开口三等平声盐韵来母。中古的山摄和咸摄在现代上海话里韵尾都已脱落，故上海话不会用这些字来对译英语里的鼻尾音节。

四、现代汉语外来词的方言来源

现代汉语中通过方言音译的外来词有三大类，一是通过粤语音译，二是通过上海话音译，三是通过闽南话音译，其中尤以前两类为大宗。

有时候，仅根据书面形式很难判断某一个词是在哪一种方言中产生的，如"自助餐""飞碟""自选市场"。也可能一开始就是书面语。比较容易判断的是音译的外来词。因为方言的音系不同，所以可以从外来词的书面形式及其读音，并对照外语原词的有关音节，来判定它是通过哪一种方言吸收的。

例如，"沙发"（sofa），《英汉商务货品辞语汇编》（1940）写作"梳化椅""安乐椅"。"梳化"是粤语［ʃɔ¹fat⁷］的译音。《上海通俗语及洋泾浜》（1945）写作"沙发"，是上海话［so¹fa⁷］的译音。普通话是采用上海话译音。又如"motor"，两书皆写作"马达"。"马"粤语读作［ma⁴］，上海话读作［mo⁶］，显然是上海音较接近英语，故《英汉商务货品辞语汇编》上的

"马达"并非粤音,而是借用上海话的译法。

在改革开放之前,上海话译法的外来词进入普通话的比粤语译法的外来词多得多。再举些例子:

引擎 [ɦiŋ⁶dʑiŋ⁶]　　　　马达 [mo⁶daʔ⁸]　　　　太妃糖 [tʰa⁵fi¹dã⁶]
香槟酒 [ɕiã¹piŋ¹tɕiɤ⁵]　　加拿大 [ka¹na⁶da⁶]　　卡片 [kʰa⁵pʰi⁵]
加伦 [ka¹ləŋ⁶]　　　　　拷贝 [kɔ¹pe⁵]

有的外来词在上海的写法与在广州或香港不同,现代汉语采用的是上海的写法。举例见表2。

表2　普通话采用上海音译外来词举例

上海或普通话写法	广州或香港写法	英文
巧克力	朱古力	chocolate
三明治	三文治	sandwich
白兰地	拔兰地	brandy
车胎	车呔	tire
迪斯科	迪士高	disco
开司米	茄士咩	cashmere
盎司	安司	ounce
马达	摩打	motor
卡片	咭片	card
(冰)淇淋	忌廉	cream
高尔夫球	哥尔夫球	golf

但是近几十年来现代汉语采用的粤语音译外来词比上海话音译外来词多得多。举例见表3。

表3　普通话采用的粤语音译外来词举例

外来词	英文
曲奇饼 [kʰut⁷kei²](小甜饼)	cookie
克力架 [hak⁷lek⁷ka⁵](薄而脆的饼干)	cracker

续上表

外来词	英文
嗜喱［tsɛ¹lei²］（果子冻）	jelly
威士忌［uɐi¹si⁴kei⁵］（洋酒）	whisky
麦当劳［mɐk⁷tɔŋ¹lou²］	McDonald's
肯德基［hɐŋ³tɐk⁷kɐi¹］	Kentucky Fried Chicken
茄哩啡［ka¹le⁴fe¹］（临时演员、跑龙套）	carefree
基民［kɐi¹man²］（同性恋者）	gay

由于政治、经济、文化的原因，20世纪50年代后，英语的竞争力在上海大为减弱，与之相应，外来词也大多渐渐废弃不用。表1所列上海外来词，今上海已不用的有7个，即"司的克""兰纱丝""梵哑林""切司""攀""高而富球""威司克"；其他不再使用的外来词还有"派哀浦"（烟斗，pipe）、"里报单"（报告，report）、"配生"（百分比，percent）、"拉斯卡"（last car）、"那摩温"（工头，number one）。

有些上海已废弃的外来词，香港却沿用至今，见表4。

表4 上海废弃、香港沿用的外来词举例

旧上海外来词	香港外来词	词义	英语原词
普鲁	普罗	平民	proletarian
瓜特	骨	四分之一	quarter
恩哥儿	安歌	再来一个	encore
反身	花臣	式样	fashion
法依儿	快劳	卷宗	file
他哀	呔	领带	tie

五、结　语

粤音外来词的历史比上海话音译外来词早，有些现代汉语中的外来词在上海开埠之前，就已经在广州或香港产生，如"咖啡""啤酒""哔叽""芒果""柠檬"等早见于《广东省土话字汇》（1828）和《广东土话文选》（1839）。

但是上海开埠之后产生的上海话音译外来词更多地被普通话采用。不过，改革开放之后有更多的粤音外来词进入普通话。不同历史时期，粤语和吴语的外来词进入书面语的数量有所不同，这反映了粤语和吴语在不同历史时期竞争力的消长。

与上海话音译外来词比较，粤音外来词的特点有三：一是采用常用汉字外加口字偏旁的方言字，二是可以用中古浊音声母字对译英语的清声母，三是用中古鼻尾韵字对译英语的鼻尾音节。

部分音译外来词近几十年来在上海已渐渐废弃不用，但在香港仍一直使用。

现代汉语外来词的方言来源问题值得进一步深入研究。

附录

《英汉商务货品辞语汇编》《宁波方言字语汇解》和《沪语英汉词典》①
三书所见外来词的对照

香港（1940）	宁波（1876）	上海（1901）
梳化椅、安乐椅	春凳	罗汉拓、弥陀拓、床拓
士的	一根棒	棒、棍子、杖、一根木头
佛冷绒	绒布	法兰绒
礼士扁	珠罗	蕾丝边
梵奥铃琴	琵琶	琵琶
布甸	—	朴定
芝士	牛奶饼、乳饼	欺士、牛奶饼、乳饼
批	phæn（仅注音，无字）	油酥饼
咖啡	嗛啡	咖啡茶
忌廉	奶油、奶皮	奶油、奶皮
确梯	—	—
朱士	牛奶饼、乳饼	欺士、牛奶饼、乳饼

---

① 参见马蒂尔、金多士（上海基督教方言学会）编著《沪语英汉词典》，1901 年序刊，上海译文出版社 2018 年重印。

续上表

香港（1940）	宁波（1876）	上海（1901）
哥尔夫球、野球	—	—
毕明顿	—	—
马达、么打	—	—
凡士林	—	—
花士苓	—	—
㗎啡	㗎啡	咖啡茶
谷古	茄瓢（cocoa nut）	茄瓢（cocoa nut）
占、果酱	果子酱	糖果、果酱
沙甸鱼	—	—
三文鱼	—	马友鱼
遮厘	膏	糖果膏
他肥	—	—
鸟结糖	—	—
白兰地酒	外国烧酒	孛兰提酒
威士忌酒	烧酒	烧酒
冧酒	—	冧酒
士班拿	—	—

说明："—"表示原书不见此词。

【参考文献】

［1］游汝杰.《上海通俗语及洋泾浜》所见外来词研究［J］. 中国语文，2009（3）.
［2］游汝杰.《广东土话文选》所见外来词研究［M］//何大安，姚玉敏，孙景涛，等. 汉语与汉藏语前沿研究：丁邦新八秩寿庆论文集（上卷）. 北京：社会科学文献出版社，2018.

泰国潮州话"个"用作介词的启发

——谈"个"的判断词、介词、动词等用法

张惠英

（海南师范大学）

陈晓锦《泰国的三个汉语方言》（暨南大学出版社2010年版）第117页，说到"个"[kai^{33}]用作介词的情况，说这"个"，相当于普通话的介词"对""跟""替""向"，举了以下例子：

①你个伊呾我这两日唔闲。（你对他说我这两天没空。）
②免惊，我个你做。（别怕，我替你做。）
③阿妈个我呾这个月个钱拢使了了。（妈妈对我说这个月的钱全用完了。）
④个伊借钱，伊正借这点呢物给我。（向他借钱，他才借这么一点给我。）

《汉语方言大词典》也记载了广东潮州"个"[kai^{21}]、揭阳"个"[kai^{55}]的用例：

⑤你去个伊呾。（你去跟他说。）
⑥我个行李你个我知关。（我的行李你替我看守。）（第373页）

例⑥中，第一个"个"（"我个行李"）表示领属，第二个"个"（"个我知关"）是介词，表"替、帮"的意思。

⑦撮饭个伊食去。（把这些饭吃光。）（第375页）

例⑦中，"个伊食去"的"个"是介词，表处置，"把"的意思。

陈晓锦、肖自辉《泰国华人社区的汉语方言》（世界图书出版广东有限公司2019年版）还讲了处置句的"把"：

⑧个门关掉。（把门关了。）（第155页，泰国清迈潮州话）
⑨个盖个伊转起来。（把盖子拧紧。）（第162页，泰国清迈潮州话）

⑩个门个伊关起来。（把门关上。）（第162页，泰国清迈潮州话）
⑪块饭甲伊食落去。（把饭吃了。）（第162页，泰国清迈潮州话）
⑫块饭食落去。（把饭吃了。）（第162页，泰国清迈合艾话）

这个"块"标的音是不送气的[ko²¹³]，和该书第491页表持续体的"坐那块（坐着）吃""门开在块（门开着）"的"块"同音，即[ko²¹³]。笔者怀疑这个"块"是"个"的又读。

由此出发，我们想进一步谈谈"个"的判断词、介词、动词、动态助词的用法。

一、用作判断词

"个"的谓词类用法，首先要从用作判断词说起。

"个"用作判断词，在广东揭阳话（闽语）、湖北大冶话（赣语），还有海南岛的临高话、长流土话、黎语中都能见到。

广东揭阳话"个"可用作判断词。陈恩泉《揭阳话"个"的调值变化及其他》（第219～220页）记载："个"[kai⁵⁵]（阳平调）用作量词、代词（乜个什么）；"个"[kai²²]（阳去调）用作结构助词和语气助词，相当于"的"；"个"[kai³⁵]（阳上调）用作判断词，或表示强调语气的"是"。例如：

⑬只个开车个个我弟。（这个开车的是我弟弟。）（第219页）
⑭个乜个？（是什么？）（第220页）
⑮只本书个我个。（这本书是我的。）（第220页）
⑯个有影阿无？（究竟有这回事儿没有？）（第220页）

例⑯中的"个"相当于"究竟"，就是表示反问，"是不是、是否"的意思。可以说是"是"的反诘语气。

⑰我个勿个哩。（我是不要的啦。）（第220页）

又如：

⑱广东揭阳（kai⁵⁵）：你个伊咀个我叫你去个。（你对他说是我叫你去的。）（《汉语方言大词典》第373页）

这个例句中3个"个"有3种意思、3种作用：第一个是介词"对""跟"；第二个是系词"是"；第三个句末表肯定，对系词"是"的肯定，就是从系词用法发展而来。

又如西南官话中：

⑲于飞《巴歌》："三天不买米，四天不买柴，这个日子你的女儿个过得来？"（《汉语方言大词典》第373页）

笔者以为，"这个日子你的女儿个过得来"的"个"，表示是不是、是否、能不能的意思，跟"是"意思密切相关，也是由系词发展而来的。意思相近的还有"略 kə^{55}"。例如：

⑳清迈麻栗坝话"略 kə^{21}拿得起"、清莱澜沧话"略 kə^{55}拿得起"。（第524页）

㉑清迈麻栗坝话"多给一点点，略 kə^{21}好？"、清莱澜沧话"多给一点点，略 kə^{55}得？"（第535页）

由此进一步，可做副词，意为到底、究竟、难道、并不是。例如：

㉒这新道路，个是怎生？（广东潮州，《汉语方言大词典》第373页）
㉓物件是我个，个是你个。（东西是我的，并不是你的。）（广东揭阳，《汉语方言大词典》第377页）

例㉓中，"我个"的"个"表领属，句末"你个"的"个"也是领属，"个是你个"的"个是"可能由强调反诘语气而实际表示否定意。犹如反诘语气的"是你的？！"的实际意思就是"不是你的"。

湖北大冶话"个"可用作判断词。例如：

㉔他个大队长，我个老百姓，我什抹能跟他比欤？（他是大队长，我是老百姓，我怎么能跟他比呢？）
㉕我个老货了，还穿果好做谜欤？（我是老人了，还穿这么好干什么呢？）
㉖小方个苕，人家把钱他不要。（小方是个傻瓜，人家给钱他不要。）
㉗陈师傅个忠厚人，叫他做谜就做谜。（陈师傅是个忠厚人，叫他干什么就干什么。）（汪国胜《大冶方言语法研究》第129页）

张元生等《海南临高话》第126、第420页指出，临高话、澄迈话的判断词一是"是"［ti⁴］，一是［kɔ²］。这个［kɔ²］就是"个别""个子""个性""个人"的"个"（《临高汉词典》第44页）。

海南长流土话肯定句的判断词用"是"［tə³¹］，但表示否定和疑问时，则用［kiɔ²⁴］。例如（据张惠英《海南长流土话》）：

㉘不是 zaŋ⁵⁵ kiɔ²⁴
㉙是不是 kiɔ²⁴zaŋ⁵⁵ kiɔ²⁴（第210页）

可见，临高话、澄迈话的［kɔ²］，长流话的［kiɔ²⁴］，都是"个"的一种读法。

黎语中也有"个"［kɯ⁵⁵］做判断词表强调的用法。例如（据文明英、文京《黎语长篇话语材料集》）：

㉚fa⁵³ pɯên⁵³ tsʰuên⁵³ muên¹¹ ka¹¹，ɬɯm¹¹ gweɯ⁵³ meɯ⁵³ ta⁵³ guên⁵³ kɯ⁵⁵ tsau⁵⁵
   我们 来 请   糯稻，   不知道 你们 弟、妹是 有
tsʰa¹¹ ʔweŋ¹¹?
或者 无？
（［哥和嫂便说：］"我们来借糯稻，不知道弟、妹有还是没有？"）（第379页）

例㉚中［kɯ⁵⁵］注文就作"是"。

㉛ga⁵³ kɯ¹¹ vuêk⁵⁵ tsʰoêŋ⁵³.
   咱们 要 做 仿。
（咱们模仿着盖。）（第58～59页）

第59页又有：

㉜hou⁵³ kɯ¹¹ vuêk⁵⁵ tsʰoêŋ⁵³.
   我   要 做 模仿。

例㉛、例㉜句中连着3个动词，中心词是"模仿"，所以［kɯ¹¹］在此当是强调语气的"是"。

㉝tsɯ⁵⁵ kaêi¹¹ nei⁵⁵ luêi⁵³ hei⁵³, ŋe⁵³　　kɯ¹¹ ɬaêu⁵⁵ vi⁵³, hou⁵³ ta⁵³ luêi⁵³ hei⁵³.
　一　回　这　下　去,　一定　要　死　的,　我　不　下　去。
（这次下去，一定要死的，我不能下去。）（第184页）

例㉝中，[kɯ¹¹]注为"要"，实际是"会""是"。

㉞hwan⁵³ ke⁵³ kʰuêŋ⁵³ gwêɯ⁵³ kʰun⁵³ kɯ⁵⁵　lɯêŋ⁵⁵ paƫ⁵⁵ aŋ⁵³…
　皇帝　　知道　　他们（将要）正在　砍　山栏……
（皇帝知道他们原来是砍山栏的……）（第370页）

例㉞中，[kɯ⁵⁵]注"将要"，显然不符合例句的意思；译文作"原来是"很对。所以这个[kɯ⁵⁵]当是"是"的意思。又，[lɯêŋ⁵⁵]注为"正在"，也与句意不合。查欧阳觉亚等《黎语调查研究》第146页保定声韵调配合表中，没有"正在"这个词，第260页通什声韵调表也未载。

㉟na⁵³ fan⁵³ gaêm⁵³ ɬau¹¹：de¹¹ nei⁵⁵ kɯ⁵⁵ tsiêŋ⁵³ taƫ⁵⁵ me¹¹ he¹¹ ?
　她　便　问　哥哥　　我　这　要　成　鸟　什么？
（她便问哥哥："我要变成什么鸟呢？"）（第373页）

例㉟中，"要"[kɯ⁵⁵]并非表示自己愿意、"要"的意思，而是"会、是"的意思。如例㊱：

㊱meɯ⁵³ nei⁵⁵ ma¹¹，ɬeŋ⁵³ kɯ⁵⁵ tsiêŋ⁵³ taƫ⁵⁵ kaêŋ⁵⁵ koêŋ⁵³ be¹¹.
　你　这　嘛　好　要　成　冈工鸟　　吧。
（[哥哥便说：]"你这样子嘛，最好成为冈工鸟吧。"）

例㊱中，[kɯ⁵⁵]就是"会、是"的意思。

㊲meɯ⁵³ kɯ⁵⁵ pɯên⁵³ toêŋ¹¹ tsok⁵⁵ de²² vuêk⁵⁵ me¹¹ he¹¹ ?
　你　（要）来　　玩　向　我　干　什么？
（你来我这干什么？）（第378页）

例㊲中，注文是括号的"（要）"，译文也未译，可见这并非"要"，可以理解为或者是动词词头，或者是"会""是"。又如例㊳：

㊳meɯ⁵³ tsʰi⁵³ haɯ⁵⁵ ai¹¹ laêi¹¹ de¹¹, tsʰa¹¹ de¹¹, han¹¹ ne⁵⁵ doŋ⁵³ ra¹¹ kɯ⁵⁵ pɯên⁵³?
　你　那时　歧视　我　骂　我　现在　怎么（要）来？
（以前你欺负我，骂我，现在为什么来？）（第378页）

例㊳中，注文是加了括号的"（要）"，译文也未译。

二、用作处所、与同、处置介词

黑维强《绥德方言调查研究》第570页"个"用作介词，用于动词与处所补语之间，犹"在""到"。"个"的这一用法一般是与处所名词或方位短语构成介宾短语，只做补语。例如：

㊴那睡个路当定，谁也过不去。（他睡在路中间，谁也过不去。）
㊵你三爷，你坐个这儿做甚叻？（他三爷，你坐在这里做什么呢？）
㊶你家女子爬个地上不起来。（你家女子爬在地上不起来。）
㊷走个畔畔上，就不怕跌下去？（走在路畔上就不怕掉下去？）
㊸你怎么价站个这儿？（你怎么站在这里？）

还有江苏徐州话，河南郑州话、获嘉话、浚县话，安徽濉溪话，山东聊城话等，处所介词都有"个"[kai]的说法。此从略。
广东潮州"个"[kai²¹]、揭阳"个"[kai⁵⁵]用法相当于普通话的介词"替""跟"，例如：

㊹你去个伊呾。（你去跟他说。）
㊺我个行李你个我知关。（我的行李你替我看守。）（《汉语方言大词典》第373页）

例㊺中，第一个"个"（"我个行李"）表示领属，第二个"个"（"个我知关"）是介词"替、帮"意。

㊻撮饭个伊食去。（把这些饭吃光）。（《汉语方言大词典》第375页）

例㊻中，"个伊食去"的"个"是介词表处置，"把"的意思。

三、用作动词“干”“为”

在海南岛的黎语中，“个”［kɯ$^{55/11}$］除了用作量词、词头，以及表示“一”，表指示、领属等之外，还可以用作动词等。用作动词“干”“做”，例如（据文明英、文京《黎语长篇话语材料集》）：

㊼k^{h}wei^{11} pɯên^{53} nei^{55} tsoŋ^{11} kɯ^{11} ve^{11}？
将要 来 这里 坐 要什么
（要到这里来坐干什么呢？）（第 53 页）

例㊼中，［kɯ^{11} ve^{11}］注文为“要什么”，欠妥，译文写作“干什么”。例㊽、例㊾都是这样。［ve^{11}］（什么）是［me^{11}he^{11}］的合音词，参见例㊿。

㊽meɯ^{53} k^{h}wei^{11} p^{h}aŋ^{53} ploŋ^{11} hou^{53} kɯ^{11} ve^{11}？
你 要 量 房子 我 要 什么
（你量我的房子干什么？）（第 59 页）
㊾meɯ^{53} k^{h}wei^{11} tsaêm^{55} ta^{55} hou^{53} kɯ^{11} ve^{11}？
你 要 走 田 我 要 什么
（你踩我的田干什么？）（第 62 页）
㊿meɯ^{53} peɯ^{53} kɯ^{11} vuêk^{55} me^{11}he^{11}？…peɯ^{53} kɯ^{11} pat^{55} t^{h}oŋ^{53} la^{55} za^{53}.
你 回 要 做 什么 回 要 取 烟筒 吃烟
（你回来干什么？……回来取烟筒抽烟。）（第 65～66 页）

例㊿中，把［kɯ^{11}］注为“要”，译文未译。可见，［kɯ^{11} vuêk^{55} me^{11} he^{11}］（要做什么）和［kɯ^{11}ve^{11}］（要什么）都是“干什么”之意。在这两种组合中，［kɯ^{11}］实际上可看作泛用动词，如果后面有动词，就是表示强调语气，相当于“到底是（干什么）”。所以，后半句“回要取烟筒吃烟（回来取烟筒抽烟）”的“要”［kɯ^{11}］表示“是”。又如：

(51)meɯ^{53} k^{h}wei^{11} baêi^{11} fan^{53} meɯ^{53} taêu^{11} haɯ^{55} kɯ^{11} ve^{11}？
你 要 已经 牙 你 长 那 干什么？
（你的牙齿长得那么长干什么用的？）（第 105 页）

例㉕中，[kɯ¹¹]的注文就是"干"了。

㉒meɯ⁵³ ve¹¹ kɯ¹¹ tui⁵⁵ hwoêk⁵⁵ tui⁵⁵ ŋa⁵³？
你　什么要　伤心
(你为什么伤心叹气？)

例㉒中，[ve¹¹kɯ¹¹]就是[kɯ¹¹ve¹¹]，就是"干什么、为什么"的意思。

㉓kɯ⁵⁵ gai¹¹ tsau⁵⁵ la⁵⁵ tsau⁵⁵ kʰan⁵³…
为了叫　有　吃　有　猪食
(为了维持生活……)（第402页）
㉔kɯ⁵⁵ gai¹¹ vuêk⁵⁵ daên¹¹…
要　叫　做　到
(为了达到目的……)（第409页）

例㉓、例㉔中的[kɯ⁵⁵]，注文一作"为了"，一作"要"，译文则都是"为了"。可见这是动词或介词的"为"。

四、用作动态助词

"个"用作动态助词，可以表示完成、进行或状态的持续。例如崇明话中：

㉕夷上海去个特。(他已经去了上海。)
㉖衣裳做好个特。(衣服已经做好了。)
㉗两家头好个特。(两人已经和好了。)

例㉕、例㉖、例㉗句末的"个特"既表示肯定，也表示完成，由于"个特"不能对译为普通话的句末助词"的"，所以可以看作只是表示动作已经完成。

嘉禾土话有一个表示完成、表示持续的助词"咯"[·kə]，例如（卢小群，2002）：

表完成：
㉘女人头回过头脑来觑咯一下。(女人回过头来看了一下。)（第128页）

(59)老板娘听咯以后咧就气勒哭起来者。（老板娘听了以后就气得哭起来了。）[①]（第128页）

表持续：

(60)担咯一担酒缸每去卖。（挑着一担酒缸去卖。）（第129页）

(61)猫崽上不去，就惜下面哩觑咯老鼠哥。（猫上不去，就在下面看着老鼠。）（第130页）

嘉禾土话的这个动态助词“咯”［·kə］，和吴语的“个”音、义、用法完全对应。请看：

	嘉禾	崇明
领属	洒各［$kə^{22}$］（我的）（第110页）	我个（我的）
指示	□［$kə^{33}$］些（这些）（第110页）	个眼（这些）
词尾	抬轿各［$kə^{33}$］（轿夫）（第88页）	抬轿子个（轿夫）
动态助词	咯［·kə］	个

第169页语料中，“老公公的托付”“皇帝的老娘”，都作33调的［$kə^{33}$］。可见，嘉禾话的动态助词“咯”［·kə］就是用作领属、指示、词尾的“各”的轻声，和崇明话的“个”完全对应。而“过”在嘉禾话中读［ko^{55}］（第37页），这个“过”和上表所举的领属、指示、名词性词尾等用法都没有联系。所以，从联系和更大范围的比较看，我们认为，用“个”来表示这个动态助词比较合适。

皖南宣州吴语“咯（个）”［kə］表示动作的完成，例如（《安徽省志·方言志》第384页）：

(62)吃咯饭再走。（吃了饭再走。）

(63)讲咯一遍又讲咯一遍。（讲了一遍又讲了一遍。）

(64)饭煮好咯。（饭煮好了。）

(65)蚕眠咯。（蚕眠了。）

皖南宣州吴语“咯（个）”［kə］表示动作的进行或状态的持续，例如（《安徽省志·方言志》第384页）：

---

① 引者译。此例原文无译文。

⑥⑥讲咯讲咯笑起来咯。(讲着讲着笑起来了。)
⑥⑦小王歪咯头看书。(小王歪着头看书。)
⑥⑧电灯还亮咯。(电灯还亮着。)

芜湖话的"咯得"[kə tə]和普通话的"着呢"相当,表示进行或持续,例如(《安徽省志·方言志》第384页):

⑥⑨门锁咯得。(门还锁着呢。)
⑦⑩电视开咯得。(电视正在开着呢。)
⑦①衣裳晾咯得。(衣服正晒着呢。)
⑦②灯亮咯得。(灯还亮着呢。)

【参考文献】

[1] 白宛如. 广州方言词典 [M]. 南京:江苏教育出版社,1998.
[2] 陈恩泉. 揭阳话"个"的调值变化及其他 [C]//梁东汉,林伦伦,朱永锴. 第二届闽方言学术研讨会论文集. 广州:暨南大学出版社,1992.
[3] 陈洪迈. 海口方言词典 [M]. 南京:江苏教育出版社,1996.
[4] 黑维强. 陕北绥德方言"个"的读音和用法 [J]. 方言,2009(3).
[5] 李方桂. 武鸣僮语 [M]. 北京:中国科学院,1953.
[6] 刘剑三. 临高汉词典 [M]. 成都:四川民族出版社,2000.
[7] 刘剑三. 临高语话语材料集 [M]. 北京:中央民族大学出版社,2009.
[8] 桥本万太郎. 临高方言 [M]. 东京:亚非语言文化研究所,1980.
[9] 汪国胜. 大冶方言语法研究 [M]. 武汉:湖北教育出版社,1994.
[10] 文明英,文京. 黎语长篇话语材料集 [M]. 北京:中央民族大学出版社,2009.
[11] 张惠英. 海南长流土话 [M]. 海口:南海出版公司,2011.
[12] 张元生,马加林,文明英,等. 海南临高话 [M]. 南宁:广西民族出版社,1985.
[13] 赵元任. 现代吴语的研究 [M]. 北京:科学出版社,1956.

台北新同安腔及厦门城内腔之异同*

陈淑娟

(台湾清华大学、华文文学研究所)

一、引 言

从日本对台湾的侵占和殖民统治时期至今，台北市都是台湾的政治文化中心，根据洪惟仁（2009、2019）的调查研究，台北泉腔闽南语分为老泉山腔、新泉山腔、老同安腔、新同安腔。① 厦门旧属于泉州府，鸦片战争以后作为通商口岸，取代泉州、漳州，成为闽南地区的主要城市。周长楫、欧阳忆耘（1998）将厦门方言定义为"厦门岛上思明、开元两个旧城区和鼓浪屿区老派居民所说的方言"。该文提及原本此处应该是说同安话，而随着郑成功的统治、开港通商，漳州、泉州居民迁徙至此，兼具漳州、泉州音成分又有自己特色的厦门话于是诞生。

周长楫、欧阳忆耘（1998）认为：

> 台北片的台北话与厦门方言最接近。它跟厦门方言一样，既有漳州音的成分，也有泉州音的成分，又有在吸收漳泉读音的同时经过变化而形成自己某些独特的语音特点。……只是在个别字（词）的读音方面，有的跟厦门方言的读音不同，更多的是两种读音并存，其中一个跟厦门方言的读音相同，另一个

---

* 本文关于厦门城内腔之调查，感谢厦门市闽南文化研究会副会长胡明宜先生及厦门大学许彬彬教授的协助，也感谢厦门市市区、鼓浪屿及台北大稻埕、大龙峒接受我们调查访问的居民。本文是台湾科技主管部门计划的研究成果，计划编号为 MOST 108 – 2410 – H – 007 – 024 及 MOST 109 – 2410 – H – 007 – 074 – MY2。

① 洪惟仁（2019）的地图集将其原本2009年对台北闽南语划分的老安溪和新安溪腔改称为"老泉山腔"和"新泉山腔"。

跟厦门方言的读音不同。例如：第 tue⁶、秒 bio³、斤 kun¹/kin¹、樣 suāĩ⁶/sūĩ⁶。①

上述所言跟厦门音最接近的台北腔应该是指新同安腔。认为台北市的闽南话与厦门方言最接近，乃因厦门音及台北新同安腔都是以同安腔为基底，混合漳州音、泉州音发展而成，② 加上两者都经历过不同腔调的方言折中共同化的过程。本文将分析台北新同安腔及厦门城内腔在与漳州音、泉州音接触融合后两地方音之异同。我们以设计好的词汇表调查台北市新同安腔及厦门城内腔，比较两地方音的差异。

本文的组织架构如下：首先回顾现有关于台北市闽南语及厦门方言的文献，其次说明研究地区及研究方法，再者呈现我们的研究结果，接着是讨论与分析，最后是结论。

二、文献回顾

关于台北闽南语的研究，早期多为不分次方言的音韵系统静态之描述（董同龢、赵荣琅、蓝亚秀，1967；丁邦新、杨秀芳，1991），后来则有针对单一次方言点的调查研究（张屏生，1995；陈淑娟，2013），以及对其地理分布的详细调查描述（潘科元，1997；洪惟仁，2009、2019）。前人累积的调查研究让我们对台北闽南语的地理分布有相当程度的了解。③ 陈淑娟、杜佳伦（2011）探讨台北闽南语央元音的衰退及元音系统的变化。陈淑娟（2013）曾经对最保守的新同安腔方言——社子岛方言进行了调查研究及分析，也比较世

---

① 关于调号，此处的标示与台湾地区不同，是阴平1、阴上3、阴去5、阴入7、阳平2、阳上4、阳去6、阳入8。台湾地区的调号是阴平1、阴上2、阴去3、阴入4、阳平5、阳上6、阳去7、阳入8。例如，"第"［tue⁶］阳去调此处标第6调，台湾地区则标示为第7调，即"第"［tue⁷］。

② 周长楫（1986）通过对福建闽南方言的比较，发现四市（厦门市、漳州市、泉州市、龙岩市）十九县（晋江、惠安、南安、金门、同安、安溪、永春、德化、长泰、龙海、华安、南靖、平和、漳浦、云霄、东山、诏安、漳平、大田）的资料中，以70条字音为条目，比对后，厦门与同安的会合点是71%，表示在比较的70个条目中，同安与厦门在声、韵、调3个方面完全相同的占了七成，比例高于其他县市。可见，厦门音跟同安方言的确比较接近。

③ 张振兴（1993）在《台湾闽南方言记略》一文中论及该书乃依据台北和台南的闽南方言进行描写和分析，但不知其描述的是台北的老泉山腔、新泉山腔、新同安腔还是老同安腔。

代的语音差异并预测其音变趋势。社子岛是最保守的新同安腔，然而，若要作为台北音的代表，更适合的方言点是位于台北新同安腔核心区的大稻埕、大龙峒。因此，本文主要以大稻埕、大龙峒的新同安腔闽南语作为比较的基础。

从早期的厦门音辞典［如《厦英大辞典》（1873）、《厦门音新字典》（1913）及《厦英大辞典·补编》（1923）］，到讨论厦门音的专书［如罗常培（1993）及周长楫、欧阳忆耘（1998）］，对厦门音的描述多为音韵系统的描述分析，我们从中可以掌握厦门音系。徐睿渊（2008）比较19世纪后半叶出版的《厦英大辞典》《翻译英华厦腔语汇》《英华口才集》三书与今日厦门方言100多年来之异同，描述分析厦门音的变化。关于厦门闽南语次方言的地理分布，徐睿渊（2008）认为，"厦门岛中西部和南部（即原开元、思明和鼓浪屿区）的口音是老城区口音，也是厦门方言代表口音；岛屿北部近郊的禾山、东部钟宅等地是山场腔；远郊的灌口、集美、杏林带有同安腔；东孚、海沧一带则是偏龙海、长泰腔"。该文以老城区口音为准，调查3个年龄段的3位发音人，据此分析厦门的音变。

陈淑娟（2010）曾提出台湾闽南语有两个无关乎漳泉变体竞争的新兴音变，其中一个是/o/元音的变异，另一个是阳入原调的变异。本文也将探究台北市新同安腔及厦门城内腔是否也有类似的变异。关于/o/元音的变异，/o/元音有可能展唇化而与/ɔ/有更清楚的区别，① 或者维持圆唇音而与/ɔ/合并形成五元音系统，新竹市及新竹县新丰老同安腔的元音系统即有两种不同的发展（陈淑娟，2009、2019）。关于台湾闽南语元音系统的发展，洪惟仁（1992）认为，/i、e、a、u、o、ɔ/不对称六元音是台湾闽南语的优势元音系统，老一辈台湾人的闽南语多数是不对称六元音。过去关于厦门音的记录，其元音系统也呈现/i、e、a、u、o、ɔ/不对称六元音（罗常培，1993；周长楫、欧阳忆耘，1998；等等）。张屏生（2000）认为，台湾闽南语/o/元音展唇化，变为［ə］，此央元音逐渐形成优势音。董忠司（2001a）也认为，台南的［ə］可能仍继续扩大其势力范围。此观点与洪惟仁（1992）不同。许慧如（2016）认为，/o/元音读［ə］或与/ɔ/合并，两种音变势均力敌。关于阳入原调的变异与变化，廖瑞昌（2004）及陈淑娟（2010）的研究发现，台湾闽南语［-p］

---

① 关于/o/元音展唇化后的音值，有的研究记为后中高展唇音［ɤ］（洪惟仁，1992、2003），有的研究则记为央中元音［ə］（张屏生，2000；陈淑娟，2010；许慧如，2016），两者皆是同一音位。陈淑娟（2010：426）曾以声学分析确认/o/元音展唇化后的音值较接近［ə］，而不如［ɤ］那么靠后，因此本文也记为［ə］。然而，须注意这个音类是〈刀高̣〉类，与泉腔的/ə/分属不同音类。

[-t][-k]尾的阳入原调有读[32]而与阴入原调调值相同之趋势，喉塞尾阳入原调则有舒声化之趋势。本文也将分析台北新同安腔及厦门城内腔是否有类似的音变。

陈淑娟、杜佳伦（2011）的调查发现，台北新同安腔的央元音[ə]已经消失，部分音类仍保有另一个央元音[ɨ]。不过，该研究仅讨论泉腔央元音的变异，并未论及台北新同安腔/o/元音的进一步发展；厦门的元音系统为/i、e、a、u、o、ɔ/六元音，此为一个不对称之结构，那么，其是否也有元音系统重整之趋势？此外，陈淑娟（2010）的调查发现，台北新同安腔不同韵尾的阳入原调有不同的变异，那么，厦门城内腔的阳入原调是否也有类似的现象？本文将进一步探讨上述问题。

三、研究地区及研究方法

（一）研究地区

本文调查代表台北地方通行语的新同安腔。据潘科元（1997）、洪惟仁（2009、2019）的调查研究，大台北新同安腔的分布地区包括台北市大同区、中山区及士林区南部，以及新北市芦洲区、三重区及五股区等。本文对台北新同安腔则调查新同安腔的核心区——大稻埕及大龙峒。至于厦门音则调查典型厦门音的代表——城内腔，本文选择两个语言保护点，一个是思明区的中华街道，另一个是鼓浪屿。

（二）研究方法

台北新同安腔，共计调查24人，包括老、中、青3个不同的年龄层。调查时间从2008年8月到2009年3月。我们请里长、小学老师及朋友为我们介绍发音人，条件是必须在该次方言区出生、长大，离开当地生活不超过5年，且父母亲至少一人是当地人。每份问卷都请发音人看词汇表读词，每个词读两次，访问时间约半小时。

处理台北新同安腔的资料时，先计算每人每组音各变体出现的百分比，例如〈青更白〉类的10个词语，[1] 如果该受访者两个说[ẽ]，8个说[ĩ]，那

---

[1] 本文音类的命名，前字取自泉州韵书《汇音妙悟》，后字取自漳州韵书《十五音》，例如，"好"属于〈刀高白〉类，此音类即为《汇音妙悟》的〈刀〉类、《十五音》的〈高〉类。

么，这位发音人出现［ẽ］变体的比例就是20%，出现［ĩ］的比例是80%。将每个人出现某变体的比例加起来，除以该区该年龄层的调查人数，即该区该年龄层该变体出现的百分比平均数。变体的百分比平均数越高，表示越多受访者以该变体发音；反之则不然。由于本研究着重于比较老、中、青三代各组音各变体百分比平均数的差异，所以进一步使用变异数分析（analysis of variance，ANOVA），以确认不同年龄层各变体的百分比平均数是否有显著差异。

关于厦门音，作者在2019年8月下旬到厦门思明区和鼓浪屿调查。利用事先设计好的调查简表，调查了8位发音人，最年长的发音人1952年出生，最年轻的发音人1988年出生。发音人包括5位老年人、两位中年人、一位青年人。①

四、研究结果

基于上述两地的调查结果，本节将从声、韵、调来比较台北新同安腔及厦门城内腔之异同。声母方面，《同安县志》记录的同安方言虽有［dz］声母，然文中提及［dz］声母即将消失："其中的dz声母已行将消失，仅保存在老年人群中，年轻人大都读为l声母。"（同安县地方志编纂委员会，2000：1345）台北新同安腔及厦门城内腔〈入入〉类都已经读［l］，声母为十四音的系统。后续仅就韵母及声调两方面分别论述两地方音之异同。

（一）韵母

本节进行台北新同安腔及厦门城内腔的韵母比较，我们将探讨两地泉腔央元音、同安腔特点的保留程度，以下分别论述之。

1. 是否保留泉腔央元音［ɨ］［ə］

同安方言有两个泉腔央元音［ɨ］［ə］（同安县地方志编纂委员会，2000），厦门城内腔已无两个央元音，而台北新同安腔是否仍保有两个泉腔央元音［ɨ］［ə］？根据陈淑娟、杜佳伦（2011）的调查研究，台北新同安腔已无［ə］，仅存少数的［ɨ］元音，如表1的〈居居白〉及表2的〈居艍〉类。〈居居白〉类调查的词包括"煮~菜""箸举~""猪~肉""鼠~鸟""矩规~""锯~仔""虚身体~""鱼钓~""薯番~""语国~"10个词，〈居艍〉类则调查"士君~象""事故~"

---

① 原本预计2020年2月和7、8月再去厦门进行更深入的调查，并调查更多发音人，然而，由于暴发新冠肺炎疫情的缘故，无法再去收集更多发音人数据。因此，本文仅以这8位发音人的资料作为分析的主要依据。由于人数较少，不做量化分析。

"史~历~""思~想~""自~由~"5个词。①

表1 台北新同安腔〈居居~白~〉类尚存少数[ɨ]元音②

居居~白~	老年		中年		青年		全部		F	Scheffe
	平均数(%)	标准差(%)	平均数(%)	标准差(%)	平均数(%)	标准差(%)	平均数(%)	标准差(%)		
[ɨ]	6.67	20.00	0.00	0.00	0.00	0.00	2.40	12.00	0.88	—
[i]	31.11	13.64	62.50	30.59	78.75	6.41	56.40	27.67	13.28***	青=中>老
[u]	62.22	20.48	33.75	28.25	18.75	6.41	39.20	27.07	9.95***	老>中=青

说明:"*"为$p<0.05$,"**"为$p<0.01$,"***"为$p<0.001$。

表2 台北新同安腔〈居艍〉类尚存少数[ɨ]元音③

居艍	老年		中年		青年		全部		F	Scheffe
	平均数(%)	标准差(%)	平均数(%)	标准差(%)	平均数(%)	标准差(%)	平均数(%)	标准差(%)		
[ɨ]	15.56	27.89	0.00	0.00	0.00	0.00	5.60	17.81	2.46	—
[u]	64.44	43.33	100.00	0.00	100.00	0.00	87.20	30.49	5.33*	青=中>老

说明:"*"为$p<0.05$,"**"为$p<0.01$,"***"为$p<0.001$。

表1显示台北新同安腔的〈居居~白~〉类尚存少数[ɨ]元音,然仅限于少数老年人保有[ɨ]元音($M=6.67\%$,$SD=20.00\%$)。〈居艍〉类也有[ɨ]元音,不过跟〈居居~白~〉类的情况类似,仅少数老年人保有[ɨ]元音($M=15.56\%$,$SD=27.89\%$)。台北新同安腔的中年及青年人都已无泉腔的两个央元音了。因此,就两个泉腔央元音而言,台北新同安腔的中年与青年人已跟厦门城内腔一样无央元音,仅有台北新同安腔老年人的语音有残存少量的[ɨ]元音。

---

① 本文关于台湾闽南语词汇的用字,主要采用台湾教育主管单位出版的台湾闽南语常用词词典的用字,部分读者可能不易立即了解其语意,则在其后以"~"符号注明,写出与普通话语意相当的文字。

② 参见陈淑娟、杜佳伦(2011:344)。表中各年龄层的各个变体加起来有的不到100%,如表1中青年3个变体加起来仅有97.50%,这是因为少部分词语发音人不会说,或者是其回答的词语并不是我们要问的,后面表格也有类似的状况,不一一说明。

③ 参见陈淑娟、杜佳伦(2011:345)。

2."还~钱"字

《汇音妙悟》〈熊〉字韵对应漳音《雅俗通十五音》,多数属于〈干〉字韵,如"间_中~_""闲",同安说[ãĩ],厦门及台北新同安说[iŋ]。《同安县志》(同安县地方志编纂委员会,2000)在比较厦门音及同安方言的差异时,论及两地[ãĩ]表现的差异:"ãĩ韵母的字,厦门话多用iŋ,如前tsãĩ²读为tsiŋ²。"①仅有"还"一字,对应漳音《雅俗通十五音》,为〈经〉字韵,台北的新同安腔保留[ãĩ]的整体百分比平均数是32.00%($SD = 23.80\%$),统计检定的结果,老、中、青三代没有显著差异。

至于厦门音的"还~钱"这个词,目前是[ãĩ][iŋ]并存,我们调查的8人中,5人读[ãĩ],3人读[iŋ](老、中、青各一人)。老年人5人中,3人的"还~钱"保留[ãĩ]。具体见表3。

表3　台北新同安腔"还~钱"的变体分布

熊经	老年		中年		青年		全部		F	Scheffe
	平均数(%)	标准差(%)	平均数(%)	标准差(%)	平均数(%)	标准差(%)	平均数(%)	标准差(%)		
[ãĩ]	33.34	25.00	37.50	25.88	25.00	23.15	32.00	23.80	0.13	—
[iŋ]	66.66	25.00	62.50	25.88	75.00	23.15	84.00	23.80	0.13	—

3.〈关观_白_〉韵

〈关观_白_〉韵我们调查"悬""惯~势"及"县~市"3个词。此音类台北新同安腔已无[ũãĩ],都跟台湾普通腔一样读[kuan]。仅有八里的老同安腔少数发音人保留有[ũãĩ]。厦门城内腔的〈关观_白_〉韵,3个词仍多表现同安腔特色[ũãĩ],仅有一位中年人"悬"说[kũĩ],一位青年人"惯~势"说[kuan]。

(二)声调的差异

声调方面,我们先讨论阳平变调。阳平变调泉音是变低降调[21],漳音是变中平调[33],这是漳泉音声调的重要差异。接着再探讨两地阳入原调的变异。

---

① "前"的声调是阳平调,《同安县志》标为第二调,台湾则标为第五调。

1. 阳平变调的差异

我们通过调查"红~桃""劳~保""红~塗""长~裤""油~漆""排~骨""铅~笔""牛~皮""牛~尾""棉~被""长~短""田~螺""银~行""芹~菜""流~血"这些词语，来分析台北新同安腔的阳平变调。调查结果见表4。

表4 台北新同安腔阳平变调的变体分布

	老年		中年		青年		全部		F	Scheffe
	平均数（%）	标准差（%）	平均数（%）	标准差（%）	平均数（%）	标准差（%）	平均数（%）	标准差（%）		
[21]	79.17	23.38	45.31	35.32	32.81	32.00	53.50	35.45	5.36*	老>青
[33]	20.83	23.39	54.69	35.32	64.06	30.21	45.50	34.40	5.03*	青>老

说明："*"为 $p<0.05$，"**"为 $p<0.01$，"***"为 $p<0.001$。

台北新同安腔阳平变调读低降调 [21] 的整体百分比平均数为 53.50%（$SD=35.45\%$），过半数仍保有这个泉腔特征。3个年龄层比较起来是老年人多于青年人（$F=5.36$, $p<0.05$），老年人阳平变调读低降调 [21] 的百分比平均数高达 79.17%（$SD=23.38\%$），而青年人仅有 32.81%（$SD=32.00\%$）。因此，就这个音类来看，台北新同安腔仍保有阳平变调部分读低降调 [21] 的泉腔特点，但此特点随着世代变迁而衰退。厦门城内腔的阳平变调则已经都读 [33]，完全失去泉腔的特色。

2. 阳入原调的变异

关于阳入调的变异，洪惟仁（2003:165）预测台湾闽南语普通腔的优势变体是高短调及中长调①："现在最强势的是南部的高短调和北部的中长调。……中长调是整个中部以北除西海岸的海口腔以外最普遍的变体，中短调 [20] 则是中长调的进一步发展，台中附近很通行，但在我们调查的老漳区和老泉区，势力极微。"他认为，阳入原调最强势的是南部的高短调和北部的中长调，至于像台中一样阴入阳入不分，阳入也读中短调则是很弱势的声调。然而，洪惟仁（2003）仅调查喉塞尾的阳入原调，并未论及 [-p][-t][-k] 尾

---

① 学者对台湾各地最通行的闽南语有不同的称呼。董忠司（2001b）称之为"通行腔"；曹逢甫（2013）称之为"台湾闽南语共同腔"；洪惟仁（1992）早期称之为"优势音"，后来（2003、2019）则称之为"台湾闽南语普通腔"；本文也称之为"台湾闽南语普通腔"。

阳入原调的变异。

陈淑娟（2010）关于台北市、彰化市及台南市的调查发现，阳入原调如果是［-p］［-t］［-k］尾，有读同［32］的变异，与阴入原调的调值混同，而高短调或中平短调［33］都是弱势的变体；喉塞尾的阳入原调则有舒声化，变成中长调、高降调或高平调的变异。对于台湾闽南语阳入调的优势变体，各学者有不同的预测。关于厦门城内腔的阳入原调，我们的调查发现其阳入原调仍保持高调，且［-p］［-t］［-k］及喉塞尾的阳入原调仍保留塞音尾。虽然台湾闽南语［-p］［-t］［-k］尾的阳入调有读［32］的趋势，喉塞尾的阳入原调则有丢失喉塞尾而舒声化的趋势，但厦门音目前并未有类似的变异。

至于台北新同安腔的阳入原调，我们依据不同的韵尾设计词汇调查，词汇表分成［-p］［-t］［-k］及［-ʔ］4个韵尾，［-p］［-t］［-k］尾的词语包括"叠""贼白~""熟面~""业事~""滑""局邮~""捷真~""实老~""缚""合适~""罚处~""毒中~""十九~""绝拒~""服制~""杂复~""别特~""曝""习练~""值价~""学大~""合联~""术手~""俗真~""盒礼~""直""属家~""叶姓~""佛活~""族家~""胁威~"。喉塞尾［-ʔ］调查的词语包括"踏""药中~""舌嘴~""叠~""食乞~""页一~""白鸟~""额好~""活生~""著毋~,不对"。表5是我们的调查结果。

表5 台北新同安腔阳入原调的变体分布

阳入		老年		中年		青年		全部		F	Scheffe
		平均数（%）	标准差（%）	平均数（%）	标准差（%）	平均数（%）	标准差（%）	平均数（%）	标准差（%）		
[-p]	[33]	22.22	32.34	26.56	35.00	20.31	19.97	23.00	28.80	0.09	—
	[54]	63.89	42.13	70.31	37.16	17.19	28.30	51.00	42.38	5.08*	老＝中＞青
	[32]	8.33	16.54	1.56	4.42	40.63	31.87	16.50	26.20	8.21**	青＞中＝老
[-t]	[33]	28.89	36.55	26.25	37.77	17.50	21.88	24.40	32.03	0.27	—
	[54]	63.33	40.00	58.75	37.96	15.00	32.07	46.40	41.72	4.27*	老＞青
	[32]	4.44	7.26	11.25	13.56	55.00	37.80	22.80	31.69	11.64***	青＞中＝老
[-k]	[33]	20.00	28.72	28.75	44.54	25.00	28.28	24.40	33.18	0.14	—
	[54]	67.78	41.16	63.75	41.04	18.75	30.44	50.80	42.81	4.20*	老＞青
	[32]	7.78	19.86	6.25	11.88	51.25	45.18	21.20	34.80	6.35**	青＞中＝老

续上表

阳入		老年		中年		青年		全部		F	Scheffe
		平均数(%)	标准差(%)	平均数(%)	标准差(%)	平均数(%)	标准差(%)	平均数(%)	标准差(%)		
[-ʔ]	[54]	13.33	33.17	0.00	0.00	0.00	0.00	4.80	20.23	1.28	—
	[32]	2.22	6.67	3.75	10.61	10.00	20.70	5.20	13.58	0.75	—
	[33]	28.89	32.19	36.25	40.69	66.25	30.21	43.20	36.94	2.71	—
	[44]	42.22	42.06	55.00	36.65	15.00	27.77	37.60	38.54	2.55	—

说明:"＊"为 $p<0.05$,"＊＊"为 $p<0.01$,"＊＊＊"为 $p<0.001$。

从表 5 可以看出,台北新同安腔的阳入原调如果是 [-p] [-t] [-k] 尾,随着世代交替而有读同 [32] 的变异,高降短调 [54] 则是逐渐式微的变体。如 [-t] 尾的阳入原调,老年人读高降短调 [54] 的百分比平均数为 63.33%($SD=40.00\%$),中年人读高降短调 [54] 的百分比平均数为 58.75%($SD=37.96\%$),青年人读高降短调 [54] 的百分比平均数仅有 15.00%($SD=32.07\%$),Scheffe-test 检定的结果是老年人大于青年人($F=4.27$, $p<0.05$);相反地,中降短调 [32] 则是随着世代交替而增加。阳入短调若读中降短调 [32],则与阴入调值混同。我们从表 5 可以看出 [-p] [-t] [-k] 尾的阳入原调,高调 [54] 或中平短调 [33] 均为不具竞争力的变体;喉塞尾的阳入原调,占最多数的变体为中长调 [33]($M=43.20\%$, $SD=36.94\%$),其次为高平调 [44]($M=37.60\%$, $SD=38.54\%$),但各变体均无世代差异。

五、讨论与分析

本节将讨论分析台北新同安腔及厦门城内腔不同且具代表性的音类,分别是台湾闽南语有文白分工倾向的〈居居〉类,讨论漳泉变体竞争最具代表性的〈青更白〉类及 /o/ 元音的变异。

(一)台北新同安腔及厦门城内腔的〈居居〉类

郑良伟、谢淑娟(1978)及洪惟仁(2003)都提及台湾闽南语〈居居〉类有文白分读的趋势,陈淑娟、杜佳伦(2011)关于台北市的调查及陈淑娟(2018)在台中清水、沙鹿的调查都证实〈居居〉类有文白分读的趋势,文读词汇取泉音变体［u］,白话词汇取漳音变体［i］。

周长楫（2009）认为：

黄有实辞典里"居"韵母的相当一部分字在台北音里都读［u］,如"橱著储如汝旅虑诸煮薯蛆处须暑序绪距语虚誉余"等等,这跟厦门音相同（周长楫,2009：99～100）。

至于台北新同安腔〈居居〉类的变体分布,从表1中我们看到,〈居居_白〉类整体上以漳音变体［i］占多数,百分比平均数56.40%（$SD = 27.67\%$）,青年人漳音变体［i］的百分比平均数是78.75%（$SD = 6.41\%$）,中年人是62.50%（$SD = 30.59\%$）,老年人是31.11%（$SD = 13.64\%$）,统计检定的结果是青年人等于中年人,两者均大于老年人（$F = 13.28$，$p < 0.001$）;相反,新泉音变体［u］则是老年人大于中年人及青年人（$F = 9.95$，$p < 0.001$）。台北新同安腔的〈居居_白〉类,老年人的主要变体是新泉音变体［u］,青年人的主要变体却是漳音变体［i］。

台北新同安腔〈居居_文〉类的变体分布跟〈居居_白〉类不同,如表6所示,〈居居_文〉类的优势变体是新泉音变体［u］,此变体的百分比平均数为85.60%（$SD = 14.74\%$）,老、中、青的新泉音变体［u］都有80%以上。〈居居_文〉类所调查的词语包括"女~中""旅~社""虑考~""拒~绝"4个。（陈淑娟、杜佳伦,2011：341）

表6　台北新同安腔〈居居_文〉以［u］为主①

居居_文	老年		中年		青年		全部		F	Scheffe
	平均数（%）	标准差（%）	平均数（%）	标准差（%）	平均数（%）	标准差（%）	平均数（%）	标准差（%）		
［i］	6.67	10.00	17.50	12.82	7.50	10.35	10.40	11.72	2.43	—
［u］	93.33	10.00	82.50	12.82	80.00	18.52	85.60	14.74	2.19	—

从表1及表6我们看出,台北的新同安腔〈居居_文〉类的变体分布跟〈居居_白〉类不同,〈居居_文〉类以新泉音变体［u］为主,〈居居_白〉类却随着世代交替转而使用更多漳音变体［i］。陈淑娟、杜佳伦（2011：362）关于台北

---

① 参见陈淑娟、杜佳伦（2011：341）。

闽南语的调查发现，"〈居居〉韵类不仅文言、白话词汇保留央元音的程度有差别，取代央元音的变体选择也有差异，文言词汇多说新泉音变体［u］，白话词汇多为漳音变体［i］"。不过，有的词语有其独特的表现，与同音类的其他词语表现不同。例如，"煮~饭"，"煮"虽是白话词，但是并不依循文白分读白读［i］的原则。陈淑娟（2008：355）即对"煮饭"这个词何以不说［tsi⁴⁴ pŋ³³］而说［tsu⁴⁴ pŋ³³］做出解释，南投的老年受访者表示幼年时经常听到［tsi⁴⁴ pŋ³³］，后来因为同音避讳的缘故，选择说［tsu⁴⁴ pŋ³³］而不说［tsi⁴⁴ pŋ³³］。

周长楫（2009）提到〈居〉韵母的相当一部分字在台北音里读［u］，与厦门音相同。然而，通过表1〈居居白〉类与表6〈居居文〉类的讨论，我们了解到台北新同安腔的〈居居〉类也有文白分化的现象，并非都读新泉音变体［u］，尤其是青年人，其〈居居白〉类受到台湾闽南语普通腔的影响，已多转而说漳音变体［i］。

台北同安腔〈居居〉类的有文白分读的趋势，这组音厦门城内腔的表现如何？周长楫、欧阳忆耘（1998）的厦门音的同音字表中，〈居居〉类读［u］。然而，洪惟仁（2009）对厦门音〈居居〉类的描述跟周长楫略有不同：

厦门音的〈居居〉字类通常念成u，但是"汝、去、伫"等字也念成i韵。由此可见字音的变化和词频有显著的相关性。

洪惟仁（2009）认为，厦门音〈居居〉类不全然读［u］，"汝""去""伫"几个常用词说［i］。我们调查的厦门城内腔的8位发音人，不论老、中、青，其〈居居〉类的表现都相当一致。厦门发音人〈居居〉类并无文白分读的现象，大多读泉音变体［u］，只有比较常用的几个词说漳音变体［i］，如"猪""鱼""箸""汝""去""伫"。洪惟仁（2009）认为，词频是决定厦门音〈居居〉类读［i］或［u］的关键因素，并非文白读。我们发现，厦门音读［i］这些词既是高频词，也是白读音。上述关于〈居居〉类的讨论显示厦门城内腔〈居居〉类的变体分布跟台北新同安腔并不相同。

（二）台北新同安腔及厦门音的〈青更白〉类

洪惟仁认为，讨论漳泉变体竞争最重要的音类是〈青更白〉类，他认为："漳泉最重要的区别性变项是〈青更〉韵类，这个韵类字数很多，并且漳泉内部的方言差异小，容易区别漳腔与泉腔。"（洪惟仁，2009：248）〈青更白〉类的漳音变体是［ẽ］，泉音变体是［ĩ］，我们调查的词语有"生~囝""更三~半暝"

"暝₃更半~""病破~""醒睏~""井古~""青~菜""姓""婴红~仔""星"10个词语。下面将讨论台北新同安腔及厦门音这个音类的变体分布有何差异。

表7 台北市新同安腔〈青更白〉类的变体分布

青更白	老年		中年		青年		全部		F	Scheffe
	平均数(%)	标准差(%)	平均数(%)	标准差(%)	平均数(%)	标准差(%)	平均数(%)	标准差(%)		
[ĩ]	96.67	7.07	88.75	13.56	68.75	28.50	85.20	21.24	5.14*	老>青
[ẽ]	0.00	0.00	10.00	13.09	22.50	19.82	10.40	15.94	5.98**	青>老

说明:"*"为$p<0.05$,"**"为$p<0.01$,"***"为$p<0.001$。

台北新同安腔〈青更白〉类以泉音变体[ĩ]占多数,整体而言,读泉音变体[ĩ]的百分比平均数是85.20%($SD=21.24\%$)。通过对不同世代的比较,发现老年人读泉音变体[ĩ]的百分比平均数高于青年人;漳音变体[ẽ]的百分比平均数仅有10.40%($SD=15.94\%$)。

关于厦门音〈青更白〉类是否有漳泉变体混用的现象,我们从前人的研究中找到漳泉变体混用的例子。周长楫、欧阳忆耘(1998:9)韵母表的例字中,鼻化韵有[ẽ][ĩ],[ẽ]的例字是"婴",声韵调配合关系中,鼻化韵有[ẽ][ĩ],"婴"同时出现[ĩ][ẽ]两韵。该书的同音字表"婴"也是[ẽ][ĩ]两韵并存,但一般的"争""生""青""井""醒""更"等都读[ĩ]。我们的调查显示,厦门城内腔的〈青更白〉是以泉音变体[ĩ]为主体,仅有一个词语"婴"读[ẽ],且8位发音人均表现一致,〈青更白〉的"婴"读[ẽ],其余都读[ĩ]。

现今厦门话的〈青更白〉类仅有"婴"读[ẽ],其余都读[ĩ],早期字典的记载即是如此。(见表8)

表8 3本厦门辞典〈青更白〉类的读音

例字	《厦英大辞典》	《英厦辞典》	《厦门音新字典》
生	siⁿ	siⁿ	siⁿ
更	kiⁿ (C. ɛⁿ)①	kiⁿ	kiⁿ
冥	mîⁿ (C. mɛ̂ⁿ)	mîⁿ	mî

① 这里的"C"呈现的是漳州的读音。

续上表

例字	《厦英大辞典》	《英厦辞典》	《厦门音新字典》
病	pīⁿ（C. pêⁿ）	pīⁿ	pīⁿ
醒	chhíⁿ（C. chhéⁿ）	chhíⁿ	chhíⁿ
井	chíⁿ（C. chéⁿ）	chíⁿ	chíⁿ
青	chhiⁿ（C. chhɛⁿ）	chhiⁿ	chhiⁿ
姓	sìⁿ（C. sɛ̀ⁿ）	sìⁿ	sìⁿ
婴	ɛⁿ（T. iⁿ）①	eⁿ	eⁿ
星	chhiⁿ（C. chhɛⁿ）	chhiⁿ	chhiⁿ

可见厦门音在很早就形成这样的分布状态，杜向荣（2009）将之解释为"ẽ 韵在漳音是常用韵，在厦音、泉音则属拟声词"。这是一种可能的解释，但也可以说厦门音的〈青更白〉类仅有"婴"取漳音变体，其余均为泉腔的表现。由〈青更白〉类于早期字典即已形成仅"婴"读漳音变体 [ẽ]，其他词语全读泉音变体 [ĩ]，可见厦门音通行语的融合形成比台北新同安腔更为快速且稳定。

（三）台北新同安腔及厦门音 /o/ 元音的变异

台湾闽南语在漳、泉融合后，漳州音的 /e/ 和 /ɛ/ 合而为一，泉州的两个央元音无法被普通腔接受，因此老一辈发音人的台湾闽南语和厦门音一样，形成了 /i、e、a、u、o、ɔ/ 的不对称六元音系统。（见表9）

表9 闽南语的元音系统

泉腔闽南语 八元音系统			台湾闽南语老辈 及厦门音六元音系统			台湾南部闽南语 六元音系统		
[i]	[ɨ]	[u]	[i]		[u]	[i]		[u]
[e]	[ə]	[o]	[e]		[o]	[e]	[ə]	
		[ɔ]			[ɔ]			[ɔ]
	[a]			[a]			[a]	

---

① 这里的"T"呈现的是同安的读音。

台北新同安腔失去了一个泉腔央元音［ə］，中、青年也无另一个央元音［ɨ］，在央元音逐渐崩溃之际，台北市新同安腔的后元音/o/又有怎样的变异？表10是台北新同安腔〈刀高_白〉类的变体分布，我们调查了"刀_{菜~}""好_{~人}""蚵_{~仔}""锁_{~匙}""糕_{~仔}""帽_{~仔}""洘_{真~}""讨_{~钱}""婆_{阿~}""宝_{珠~}"等词语。从表10可以看出台北新同安腔的/o/元音多维持圆唇音，展唇化的/o/元音仅有5%，与台湾南部/o/元音大量展唇化的状况极为不同。/o/元音若读为［ɔ］，/o/和/ɔ/混同为一，则将形成五元音的系统。

表10　台北新同安腔〈刀高_白〉类的变体分布

阳平变调	老年		中年		青年		全部		F	Scheffe
	平均数（%）	标准差（%）	平均数（%）	标准差（%）	平均数（%）	标准差（%）	平均数（%）	标准差（%）		
［o］	61.11	46.76	65.00	38.82	20.00	23.45	49.20	41.83	3.48	—
［ɔ］	36.11	47.68	26.25	34.30	62.50	25.50	41.40	39.07	2.01	
［ə］	0.56	1.67	5.63	12.37	9.38	5.63	5.00	8.29	2.79	

目前，关于厦门音语音系统的描述均显示厦门音是/i、e、a、u、o、ɔ/的不对称六元音系统（罗常培，1993；周长楫、欧阳忆耘，1998；周长楫，2006；等等）。然而，我们的调查显示厦门音的/o/音位已经读为［ə］，其元音类型维持六元音，但是/o/元音读为［ə］。与台北同安腔不同的是，厦门音并无/o/和/ɔ/混同为一，变成对称五元音的趋势，厦门音普遍将/o/元音读［ə］，然而，台北新同安腔/o/元音读［ə］仅为少数（$M = 5.00\%$，$SD = 8.29\%$）。

六、结　论

比较分析台北新同安腔及厦门城内腔的声、韵、调，两地声母均为无［dz］的十四音系统。韵母方面，就元音系统来看，台北新同安腔尚保有少数老泉腔的［ɨ］，但似乎已无［ə］，厦门城内腔已无老泉腔的［ɨ］及［ə］；厦门城内腔的/o/已普遍展唇化了，台北新同安腔仍多为圆唇音，老年人多为圆唇［o］，青年多为［ɔ］。声调方面，台北新同安腔约半数受访者仍保有阳平变调读降调的特色，但厦门城内腔已都读中平调［33］；台北新同安腔［-p］［-t］［-k］尾的阳入原调有读［32］而与阴入原调混同的趋势，喉塞尾阳入原调则有舒声化的趋势，厦门城内腔的阳入调则依旧维持高调。两地相较起来，厦门城内腔的漳泉融合更为快速且更稳定。例如〈青更$_{白}$〉类，陈淑娟（2009）的调查发现台湾闽南语普通腔的〈青更$_{白}$〉类是约七成漳腔变体[ẽ]，三成泉腔变体[ĩ]。厦门音这组音却只有"婴仔"这个词说[ẽ^{33}a^{53}]，其他都说[ĩ]。例如，"星"说[tɕʰĩ^{44}]，厦门音的〈青更$_{白}$〉类非常稳定。台北新同安腔的〈青更$_{白}$〉类并未如厦门音一样，固定一个词说漳腔变体[ẽ]，其余词说泉腔变体[ĩ]，而是[ĩ]变体占多数，每位发音人各个词出现漳音变体的情况不固定。台北新同安腔的〈居居〉类有文白分读的趋势，然而，厦门音此音类是以新泉音变体[u]为主，仅有"猪""鱼""箸""汝""去""伫"这几个词说[i]，厦门城内腔〈居居〉类[u][i]的分布非常稳定，老、中、青也一致。

厦门城内腔漳泉融合较为快速，且已成为福建地区具代表性的地方通行腔，现今的泉音或漳音变体不再能影响厦门城内腔。相对来说，以同安腔为基础的台北新同安腔虽然是台北的通行语，但因其与漳音变体胜出的台湾闽南语普通腔有显著的不同，因此，地方通行语在形成之际，又受到台湾闽南语普通腔之影响。陈淑娟、杜佳伦（2011：365）的研究指出，早期在交通不便、媒体较不发达的封闭环境下，各次方言区之间的接触互动并不频繁，因此，各次方言区的语音变异和变化以语音系统的自然演变为主；近几十年来交通方便、媒体发达，促使台北市各次方言区之间的接触互动非常频繁，而台湾闽南语普通腔也通过媒体发挥其影响力，因此，各次方言区的语音变异与变化，转而趋向方言变体竞争的替代变异。反观厦门城内腔，则无类似之现象。

【参考文献】

[1] 曹逢甫. 台湾闽南语共同腔的浮现：语言学与社会语言学的探讨［J］. 语言暨语言学，2013，14（2）.

[2] 陈淑娟. 台湾南投方言词汇的语音变化［M］//周荐，董琨. 海峡两岸语言与语言生活研究. 香港：商务印书馆，2008.

[3] 陈淑娟. 台南市方言的语音变异与变化［J］. 声韵论丛，2009（16）.

[4] 陈淑娟. 台湾闽南语新兴的语音变异：台北市、彰化市及台南市元音系统与阳入原调的调查分析［J］. 语言暨语言学，2010，11（2）.

[5] 陈淑娟. 社子方言的语音变异与变化［J］. 语言暨语言学，2013，14（2）.

[6] 陈淑娟. 清水、沙鹿闽南语元音系统及阴上变调的变异·Workshop on Hakka and Southern Min Language Research. 台北："中研院"语言学研究所，2018/10/5 – 6.

[7] 陈淑娟. 新竹老同安腔闽南语央元音的衰退及元音系统的重整［J］. 清华学报，2019，49（3）.

[8] 陈淑娟，杜佳伦. 台北市泉腔闽南语央元音的变异与变化[J]. 台大中文学报，2011(35).

[9] 丁邦新，杨秀芳. 台北市志·社会志·语言篇[M]. 台北：台北市文献委员会，1991.

[10] 董同龢，赵荣琅，蓝亚秀. 记台湾的一种闽南话[J]. "中研院"历史语言研究所单刊甲种30本，1967.

[11] 董忠司. 福尔摩沙的烙印：台湾闽南语概要[M]. 台北："行政院"文化建设委员会，2001a.

[12] 董忠司. 台湾语语音入门[M]. 台北：远流出版社，2001b.

[13] 杜向荣. 《厦门音新字典》研究[D]. 台北：台湾师范大学台湾文化及语言文学研究所，2009.

[14] 洪惟仁. 台湾方言之旅[M]. 台北：前卫出版社，1992.

[15] 洪惟仁. 音变的动机与方向：漳泉竞争与台湾普通腔的形成[D]. 新竹：新竹清华大学语言学研究所，2003.

[16] 洪惟仁. 台北地区闽南语的方言类型与方言分区[J]. 台湾语文研究，2009(3).

[17] 洪惟仁. 台湾社会语言地理学研究 第一册 台湾语言的分类与分区：理论语方法[M]. 台北：前卫出版社，2019.

[18] 廖瑞昌. 台语入声调之现况研究[D]. 新竹：新竹教育大学台湾语言与语文教育研究所，2004.

[19] 罗常培. 厦门音系[J]. "中研院"历史语言研究所单刊甲种4本，1993.

[20] 潘科元. 大台北地区闽南语方言音韵的类型与分布[D]. 新竹：台湾清华大学语言学研究所，1997.

[21] 同安县地方志编纂委员会. 同安县志[M]. 北京：中华书局，2000.

[22] 许慧如. 变动中的台语：台语/o/音素三种主要读音的现状分析[J]. 东吴中文学报，2016(31).

[23] 徐睿渊. 厦门方言一百多年来语音系统和词汇系统的演变：对三本教会语料的考察[D]. 厦门：厦门大学，2008.

[24] 张屏生. 同安方言及其部分相关方言的语音调查和比较[D]. 台北：台湾师范大学图文研究所，1995.

[25] 张屏生. 台湾闽南话部分次方言的语音和词汇差异[M] 屏东：屏东师范学院，2000.

[26] 张振兴. 台湾闽南方言记略[M]. 台北：文史哲出版社，1993.

[27] 郑良伟，谢淑娟. 台湾福建话的语音结构及标音法[M]. 台北：学生书局，1978.

[28] 周长楫. 福建境内闽方言的分类[J]. 语言研究，1986(2).

[29] 周长楫. 闽南方言大词典[M]. 福州：福建人民出版社，2006.

[30] 周长楫. 闽南话的形成发展及在台湾的使用[M]. 北京：中国书籍出版社，2009.

[31] 周长楫，欧阳忆耘. 厦门方言研究[M]. 福州：福州人民出版社，1998.

［32］Campbell，William（甘为霖）．厦门音新字典［M］．14版．台南：台湾教会公报社，1987．

［33］Douglus，Carstairs（杜嘉德）．厦英大辞典［G］//洪惟仁．闽南语经典辞书汇编：第4册．台北：武陵出版有限公司，1993．

［34］Rev Tomas，Barclay（巴克礼）．杜嘉德厦英大辞典补编［G］//洪惟仁．闽南语经典辞书汇编：第4册．台北：武陵出版有限公司，1993．

闽台闽南方言最高级相对程度副词研究

陈曼君　胡炎炎　卢罗兰

（集美大学文学院）

【摘　要】 闽南方言最高级相对程度副词包含固有成分和来自普通话的非固有成分以及连用式。闽台四地区闽南方言对最高级程度副词的选择和使用有差别且发展不平衡。造成这种不平衡的原因既有自身的发展和相互影响，也有外来的因素，而相互影响有直接的，也有间接的，从中体现闽台闽南方言最高级程度副词的发展演变情况。另外，同为泉漳闽南方言的融合体，厦门方言最高级相对程度副词吸收的完全是泉州方言的成分，台湾闽南方言最高级程度副词吸收的则主要是漳州闽南方言的成分。总体上看，闽台闽南方言最高级程度副词发展得最为缓慢的是台湾地区，然后依次是厦门、漳州，而发展得最快的当属泉州。但无论如何，它们都有渐渐向普通话"最"靠拢的趋势。

【关键词】 闽台闽南方言　相对程度副词　最高级

一、引　言

对程度副词的分类，可以从不同的角度依据不同的标准进行。综观前人的研究成果，学者们主要根据语义标准给现代汉语程度副词进行分类。王力是这方面的倡导者和先行者。他根据有无比较对象，首先把程度副词分为相对程度副词和绝对程度副词两大类："凡有所比较者，叫做相对程度副词"，"无所比较，但泛言程度者，叫做绝对程度副词"。（王力，1985：131～132）王力先生主张从语义的角度，根据有无比较对象，将程度副词分为绝对程度副词和相对程度副词。这一分法能获得大多数人的认同，正说明了它的合理性。笔者也认为，这是迄今为止对程度副词比较理想的一种分类。这种分类同样也适用于闽南方言程度副词。至于对绝对程度副词、相对程度副词进行再分类，则分歧很大。由于程度副词是根据语义标准分出来的类，它涉及的是程度量的级差问题。关于程度量的级差问题，并没有一个具体的衡量标准，因此，在进行分类的时候常常会因人而异。根据闽台闽南方言的语言事实，笔者把闽台闽南方言相对程度副词的程度量级分为最高级、更高级、多量级、比较级和低级5个小类。以下要探讨的是闽台闽南方言最高级相对程度副词。

文中的"闽台闽南方言"涉及泉州、厦门、漳州和台湾4个地区24个闽南方言点,具体包括泉州的惠安县、鲤城区、晋江市、南安市、石狮市、安溪县、永春县、德化县,漳州的龙海市、芗城区、长泰县、平和县、漳浦县、云霄县、诏安县,台湾的台北市、桃园市、苗栗后龙镇、彰化鹿港镇、台南市、高雄市、宜兰焦溪县、澎湖县,以及厦门市。笔者就闽台闽南方言最高级相对程度副词的使用情况专程前往泉州、厦门、漳州、台湾四地上述24个闽南方言点进行实地调查。每个点的发音合作人基本都是60岁以上的在当地土生土长的老人,年纪稍轻的至少也有45岁。各地的语料均是笔者的第一手调查资料。

二、闽台闽南方言的最高级相对程度副词

普通话最高级相对程度副词有"最""最为""顶"等说法,表达的都是"最"义。闽台闽南方言最高级相对程度副词要讨论的是与"最"义相对应的表达及其用法。下面先来看看它在闽台4个地区闽南方言的具体使用情况。

(一)泉州闽南方言的最高级相对程度副词

关于泉州方言最高级相对程度副词,《闽台闽南方言程度副词研究》并没有涉及(李春晓,2001:106～110);《泉州市方言志》只列出一个"最"字(林连通,1993:239);《闽南方言大词典》(修订本)列出"一""第一""上"3个(周长楫,2007:164、467、589);《泉州方言程度副词研究》的研究比较全面,列出了"上""一""最""第(一)"等几个,不过也未能确切地指出究竟只是泉州市区的说法,还是包括泉州其他地方的说法。(许亚冷,2010)同时,笔者认为,其中的"第一"较有可能常常合音为[tei^{24}],记为[第一],省去"一"而变为"第"的说法不大可靠。那么,泉州各地方言最高级相对程度副词的使用情况如何呢?具体来说,可以分为以下几种情况。

(1)说法比较单一。或者只用"第一",或者只用"最",前者见于鲤城方言、永春方言,后者见于德化方言。例如:

①鲤城:迄几兮中,伊第一/上盖有钱。(那几个人中,他最有钱。)
②永春:因迄兮班,伊[第一]矮。(在他那个班中,他最矮。)
③德化:三兮人当中,伊最/[第一]悬。(三个人中,他最高。)

鲤城区不管受访人是 60 多岁的还是 40 多岁的，都只有"第一"一种说法。不过，个别人由于受到其他方言的影响，近年来有时也会说"上盖"。永春受访者 60 多岁，他一概用的是合音"［第一］"的说法。他说，年龄比他小的人偶尔会用到"最"，但是基本都用"［第一］"。德化受访者近 50 岁，他表示，他用的都是"最"，其他人也用"［第一］"，但很少用，就是老年人也少用"［第一］"。

（2）有"第一"和"最"两种说法，而以前者较为常用。这见于安溪方言。例如：

④安溪：三个人当中，伊即个人［第一］/最粜。（三个人中，他最高。）

（3）说法比较多样化，但都以"第一"最为常见。这以惠安方言、南安方言为代表。惠安方言有"第一""最""最第一""上"4 种说法。其中，"第一"常常合音为"［第一］"；"最"越来越常用；"上"在惠安县城不见有此用法，在洛阳镇虽然也用，但是相对用得比较少；"最第一"是强调时用的。在南安方言里，强调时"第一"除了与"最"连用为"最第一"，也与"上"连用为"上第一"。同鲤城方言一样，南安方言近年开始出现"上盖"的说法。例如：

⑤惠安：因拽兄弟中，伊第一/［第一］/最/最第一/上咸涩。（在他们那些兄弟中，他最吝啬。）
⑥南安：因怀人，伊第一/上/上第一/最/最第一/上盖阔气。（在他们那些人中，他最大方。）

值得说明的是，南安受访人指出，以往都把最高级说为"第一"，他小的时候未曾说过"上"，现在"上"的使用也渐渐多起来，但是还是以"第一"的说法最为常见，"最"也不少见，"最第一"是从小时候一直说到现在的。

（4）总体上，有"第一""最""上"3 种说法，但是内部有差别。石狮方言属于这种情况。同样是六七十岁的受访者，有的人"第一"用得最多，其次是"最"，"上"比较少说；有的人"最"和"上"用得多，而且只认同这两种说法，可是在实际的聊天中也用到"第一"；有的人则明确表示只有"上"和"最"两种，没有"第一"的语感。例如：

⑦石狮：

a. 因三夯人内面，伊考试考第一/最/上好。（在三个人中，他考试考得最好。）

b. 在即割人中，伊最/上/第一巧。（在这些人中，他最聪明。）

c. 因怀三人中，伊读上/最好。（他们三个人中，他的书读得最好。）

（5）总体上，有"上""最""第一""最第一"4种说法，但是内部有差别。晋江方言属于这种情况。在调查中，晋江70多岁受访者上述4种说法中以"上"最为常见，"最第一"是强调时说的，而50来岁受访者只用"上"和"最"两种说法，且以"上"为常用。例如：

⑧晋江：

a. 三夯人当中，伊上/最/第一/最第一媠夯。（在三个人中，她最漂亮。）

b. 即摆考试，伊分数上/最悬。（在这次考试中，他的分数考得最高。）

（二）厦门闽南方言的最高级相对程度副词

关于厦门方言最高级相对程度副词，《普通话闽南方言词典》列出了"上""通"（厦门大学中国语言文学研究所汉语方言研究室，1982：681、776）；《厦门方言研究》列出"上""一""设汰"3个（周长楫、欧阳忆耘，1998：379）；《闽南话与普通话》列出"（第）一""上"两个，认为"第一"的说法可以省略为"一"（周长楫，1991：225）；《闽台地区闽南方言程度副词研究》列出"上""一"两个（李春晓，2001）；《闽南方言大词典》（修订本）列出了"第""一""第一""上"几个，指出"第"是"第一"的简称，"第一"也常常省略为"一"（周长楫，2007：164、467、589）。

在笔者的实际调查中，正宗厦门人很少把"上""通"和"设汰"用作最高级相对程度副词。厦门方言最高级相对程度副词的用法比较单一，在厦门鼓浪屿土生土长、60多岁的庄先生只有"第一"一种用法。当然，"第一"常常可以合音为"［第一］"，但是很少说为"一"。例如：

⑨厦门：即几夯人，啊即股第一/［第一］贫惮夯。（在这几个人中，这个人最懒惰。）

从小在思明区长大、后到非闽南语区工作、现在又回到厦门养老的张先生夫妇最常见的说法是"第一""[第一]",此外,也说"最""最第一"。他们还听别人说过"上""上第一",但是这两种说法他们在厦门土生土长的兄弟姐妹却从来不说。因此,可以判断"上""上第一"不是厦门人的说法,而是来自外地人的说法。例如:

⑩厦门:即三个人,伊第一/[第一]/最/最第一厉害今。(这三个人中,她最厉害。)

(三)漳州闽南方言的最高级相对程度副词

关于漳州闽南方言最高级相对程度副词,《闽台地区闽南方言程度副词研究》也毫无涉及(李春晓,2001);《闽南方言大词典》(修订本)列出了"第一""上"两个(周长楫,2007:164、467);《闽南话漳腔辞典》列出"盖上""上""上盖"3个(陈正统,2007:213、474)。这两部辞书所列出的这些说法只笼统标为漳腔的说法,对漳州各地闽南方言最高级相对程度副词究竟有何异同,并没有做具体的说明。事实上,漳州地区闽南方言所使用的最高级相对程度副词不但不止于此,而且同中有异。共同之处在于,漳州地区7个县市区有6个都有"上"和"最"的说法,并且长泰只有这两种说法,而诏安一般只用"上"。例如:

⑪长泰:伊走上/最快。(他跑得最快。)
⑫诏安:即三股人当中,小王上骜。(在这三个人中,小王最聪明。)

诏安以外的其他6个县市区受访者都非常一致地表示"上"的用法最为古老,也最为常用。因此,大多数人首先想到的便是"上"这一说法。当然,由于受普通话影响,有的受访者一开始说的是"最"字,等到笔者提醒有没有"上"的说法,才恍然想起,最终还是认为"上"平常说得多。一般而言,"最"字年轻人使用得比较多。除了长泰和诏安外,其他5个县市区还有一个共同的用法就是"第一",芗城区甚至也说"最第一""上第一"。与此同时,芗城区和龙海市都有"上盖"的说法,有加重语气的作用。然而,在芗城区年轻人中,几乎都没有"第一""最第一""上第一"和"上盖"这些说法。在龙海方言,"上盖"也不多见。例如:

⑬芗城:他考了上/上盖/第一/最/最第一/上第一好。(他考得最好。)

⑭龙海：咱则齐股，你上／最／上盖／第一豪兮。（咱们这么多人中，你是最厉害的。）

⑮平和：因几股，伊上／最／第一水兮。（在她们几个人当中，她是最漂亮的。）

⑯漳浦：伊即摆考试分数上／最／第一悬。（他这次考试分数考得最高。）

⑰云霄：三股中，伊分数上／最／第一悬。（他们三个人中，他的分数考得最高。）

值得一提的是，"第一"在漳浦比较少用，且其使用范围比较狭窄。受访人称，"他做官做得最大"在漳浦常常说为"他做官做上大"，此外，也说为"他做官做最大"，就是不说为"他做官做第一大"。同时，在受访人看来，漳浦方言"最"也用得不多。云霄受访人则表示，在云霄，有文化的人主要说"最"，文化程度比较低的人说"上"，早期没有"第一"，年轻人"第一"用得比较多。

（四）台湾闽南方言的最高级相对程度副词

关于台湾闽南方言最高级相对程度副词，《闽台地区闽南方言程度副词研究》只是笼统地列出"上""上盖"两个（李春晓，2001）；《台湾闽南语辞典》则笼统地列出了"上""界（盖）""上界（盖）""最"4个（董忠司，2001：1204、1205、561、216）。那么，台湾各地闽南方言这类程度副词的使用情况又是怎样的呢？通过实地调查，笔者发现，台湾各地闽南方言最高级相对程度副词对用词的选择还是有很强的一致性的，桃园、后龙、鹿港、高雄、宜兰、澎湖（漳州腔）等地闽南方言都无一例外地使用"上"和"上盖"，而且一般只用这两种说法，"上盖"是强调时才使用的。例如：

⑱桃园：三分人中间，小王上／上盖巧。（三个人中，小王最聪明。）

⑲后龙：因兄弟仔几分，伊上／上盖冻霜。（他们几个兄弟中，他最吝啬。）

⑳鹿港：因兄弟仔当中，伊上／上盖大方兮。（他们兄弟中，他是最大方的。）

㉑高雄：即分人上／上盖好兮。（这个人是最好的。）

㉒宜兰：在三人中，小王上／上盖拍拼。（三个人中，小王最用功。）

㉓澎湖漳州腔：阮三分人，伊上／上盖水。（我们三个人中，她最漂亮。）

与上述这6个地方相比，台北和台南的说法就比较复杂了。除了上述两种说法外，台北还使用"最""第一""上第一"，而台南的说法就更多了，"第一""盖""一倒""上第一""上盖第一""最""最第一"等多种说法并用。不过，台南方言关于最高级的叠加，不同人的表达习惯会有所不同。有的人用的是"上第一""上盖第一"，觉得这些叠加后的程度副词和"上盖""上"的说法并无程度上的差别；有的人则认为还可以用"最第一"之类说法，认为它和"上盖"一样可以起到加重语气的作用。而澎湖泉州腔除了"上""上盖"的说法外，也可以说为"第一"。总体上看，台北、台南方言和澎湖泉州腔以"上""上盖"为常见。例如：

㉔台北：因遐合人，伊上/上盖/最/第一/上第一骨力。（他们那些人中，他最勤劳。）

㉕台南：即几合人中间，伊上/上盖/第一/一倒/盖/上第一/上盖第一/最/最第一巧分。（这几个人中，他是最聪明的。）

㉖澎湖泉州腔：因三合人，伊上/上盖/第一豪。（他们三个人中，她最厉害。）

三、闽台闽南方言最高级相对程度副词内部的一致性和差异性

泉州、厦门、漳州和台湾各地区闽南方言所使用的最高级相对程度副词分别见表1至表4。

表1　泉州各地闽南方言最高级相对程度副词

类别	惠安	鲤城	晋江	南安	石狮	安溪	永春	德化
最高级相对程度副词	第一、[第一]、上、最、最第一	第一、上盖（极少见）	上、第一、最第一、最	第一、最、最第一、上、上第一、上盖	上、最、第一	[第一]、最	最、[第一]	最、[第一]（少见）

表2　厦门闽南方言最高级相对程度副词

类别	厦门
最高级相对程度副词	第一、[第一]、最、最第一

表3 漳州各地闽南方言最高级相对程度副词

类别	芗城	龙海	长泰	平和	漳浦	云霄	诏安
最高级相对程度副词	上、上盖、最、最第一、第一、上第一	上、最、第一、上盖	上、最	上、最、第一	上、最、第一	上、第一、最	上

表4 台湾各地闽南方言最高级相对程度副词

类别	台北	桃园	后龙	鹿港	台南	高雄	宜兰	澎湖
最高级相对程度副词	上、最、上盖、第一、上第一	上、上盖	上、上盖	上、上盖	上、上盖、盖、一倒、第一、上第一、最、上盖第一、最第一	上、上盖	上、上盖	上、上盖、第一

（一）闽台闽南方言最高级相对程度副词内部的一致性

表1至表4显示，泉州、漳州、厦门、台湾四地区闽南方言最高级相对程度副词内部有极强的一致性。使用范围最广的是"第一""最""最第一"，它们分布于泉州、漳州、厦门、台湾四地区。其中，"第一"使用的方言点最多，达17个，泉州各个方言点、漳州大多数闽南方言点、台湾一些闽南方言点和厦门方言都用；"最"在泉州、漳州、厦门、台湾四地区的使用略少于"第一"，但也有15个点，它分布于泉州、漳州、厦门地区的绝大多数方言点，台湾地区有少数闽南方言点也使用；"最第一"使用的方言点最少，只有6个，在各个地区都比较少见。其次是"上""上盖""上第一"，它们分布于漳州、台湾、泉州三地区。其中，"上"的覆盖面最广，分布于19个点，漳台地区各个闽南方言点这一用法都十分常见，泉州也有一半方言点有此说法；"上盖"也有12个点使用，其中，漳州、泉州闽南方言都比较少见；"上第一"的覆盖面最窄，只分布于4个点，台湾、漳州、泉州3个地区都只有个别方言点有此用法。总体上看，"最第一"和"上第一"不仅使用范围比较狭小，而且使用频率也比较低。

闽台四地区闽南方言都是通过最高级程度副词的连用，达到强化程度的目的，如"最第一"和"上第一"。漳州、台湾、泉州闽南方言的"上盖"则是最高级程度副词"上"和最高级或高级程度副词"盖"的连用，以加重语气。"最第一""上第一"表达的程度都比"最""第一"或"上"单用时深，"上

"盖"表达的程度一般也比"上"深。

闽台闽南方言"最高级程度副词+中心语"都既可以充当谓语和补语，也可以充当定语和主语。例如：

㉗惠安：
a. 因逐个计泛泛，不句伊第一好。（他们每个人都过得可以，不过他最好。）
b. 伊读册第一好。（他读书读得最好。）
c. 第一短迄条索提度我。（最短的那条绳子拿给我。）
d. 因兄弟几分，第一巧是伊。（他们兄弟几个中，最聪明的是他。）

（二）闽台闽南方言最高级相对程度副词内部的差异性

闽台四地区闽南方言虽然都有"第一""最""最第一"的用法，漳州、台湾、泉州三地区闽南方言虽然都有"上""上盖""上第一"的说法，但是这些程度副词在闽台各地的使用范围和使用频率有不同程度的差别，呈现出不平衡的发展态势。

"第一"在泉州大多数闽南方言和厦门方言最为常用，泉州鲤城、永春等地和厦门地区相当一部分人只有这一说法。"第一"也见于漳台闽南方言，漳州7个方言点有5个点有此说法，台湾8个方言点只有3个有此说法。无论漳州闽南方言还是台湾闽南方言，有"第一"说法的方言点都用得不多。受访人称，云霄早期并无此用法，现在主要是年轻人在使用。

"上"在漳台各地闽南方言点都有分布，但是使用情况不尽相同，甚至差别很大。漳台闽南方言的"上"十分常见，不过漳州诏安闽南方言只有"上"一用法，而台湾闽南方言则没有单用"上"的。"上"到了泉厦闽南方言呈现出另一番景象。厦门方言没有"上"的说法，如果有，一般是来自外地的。泉州8个闽南方言点中，鲤城、安溪、永春、德化4个方言点没有"上"的用法，其他4个方言点虽然有"上"的用法，但出现两极的发展。"上"的使用在惠安、南安处于劣势地位，在晋江、石狮则处于优势地位。惠安人要么不用它，要么用得少。南安方言几十年前不曾用过，后来才有此用法，但也不多见。在晋江，人们的第一语感用的就是"上"。在石狮，多数人的第一语感也是"上"，只有少数人的第一语感不是"上"。

"最"在泉厦漳闽南方言的使用比较普遍，但是内部还是有差别的。在泉州，有的地方还很少见到"最"的用法，如鲤城、永春；有的则只用"最"

或者主要用"最",如德化;其他地方使用"最"的频率很多时候会因人而异。在厦门,要么不用"最",要么用得不多;在漳州,有个别地方如诏安还没有出现"最"的用法;其他地方都用"最",但这些地方的使用频率都还不高,在使用人群中,有文化的人占的比例比较高。"最"到了台湾闽南方言,使用范围很小,仅见于台北和台南两地方言,而且使用频率都不高。

"上盖"的使用在闽台闽南方言内部存在较大的差异。用得最多的是台湾闽南方言,各地都用,而且都用得非常普遍;其次是漳州地区,有两个方言点有此用法;再次是泉州地区,虽然也有两个点在使用,但用得极少;厦门方言则无此用法。

"最第一"在泉州、厦门方言相对用得较多,在漳州、台湾闽南方言相对用得较少。"上第一"在台湾闽南方言使用范围大一点,在泉州、漳州闽南方言使用范围都很小,仅见一个点使用,厦门方言则无此用法。

此外,"盖""一倒""上盖第一"只见于台湾闽南方言,未曾见于其他三地区闽南方言。

四、闽台闽南方言最高级相对程度副词的来源、演化及成因

由上述可知,闽台闽南方言最高级程度副词的用法众多。在这众多的用法中,哪些是源头?它们有多久的历史?哪些又是后来发展出来的?这背后有什么动因?

(一)泉漳闽南方言最高级相对程度副词的固有说法

众所周知,厦门方言和台湾闽南方言都是泉州方言和漳州闽南方言的融合体,因此,闽台闽南方言的源头是泉州方言和漳州闽南方言。泉州方言最高级程度副词和漳州闽南方言最高级程度副词本是泾渭分明的,这可以从两地区的下属方言看出两地区最高级程度副词早期的面貌。至今,泉州地区还有鲤城和永春方言只有"第一"一种说法,而漳州地区也有诏安方言只有"上"一种说法。显然,早期泉州地区最高级程度副词只用"第一",漳州地区最高级程度副词只用"上"。故而,"第一"和"上"分别就是泉州地区和漳州地区最高级程度副词的固有说法。那么,"第一"和"上"孰先孰后呢?

(二)泉漳闽南方言最高级相对程度副词固有说法的来源

据刘湘涛考察,早在东汉时期,"第一"已经开始被用作程度副词,且以《太平经》为甚。(刘湘涛,2007)这种用法在后世文献里一直被保留下来,

延续到清代。例如：

㉘守一明之法，明有日出之光，日中之明，此第一善得天之寿也。安居闲处，万世无失。(《太平经》补卷二十七《守一明之法》)

㉙常以正月、二月预收干牛羊矢煎乳，第一好：草既灰汁，柴又喜焦；干粪火软，无此二患。(贾思勰《齐民要术·养羊》)

㉚性颇奢荡，甚好侠乐，后庭声色，皆第一绮丽。(沈既济《枕中记》)

㉛问："何者是精进？"师云："身心不起，是名第一牢强精进……"(赜藏《古尊宿语录》)

㉜这张霸是张委手下第一出尖的人，衙门情熟，故此用他。(冯梦龙《醒世恒言》)

㉝第一要紧把昨日琴儿和丫头梅花，照模照样，一笔别错，快快添上。(曹雪芹《红楼梦》)

到了现代汉语，"第一"的用法消失不见，但它仍然大量保留在包括闽南方言在内的汉语方言里。今天闽台各地广泛使用的"第一"就是有力的证明。在明代泉州方言戏文里，笔者也可以看到这样的用例：

㉞紧去，第一无廉耻。(赶快走，最没有廉耻的。)[龙彼得《明刊闽南戏曲弦管选本三种·新刻增补戏队锦曲大全满天春上卷》(下栏)：35]

泉州方言最高级程度副词固有说法"第一"无疑保留着东汉时期的用法，历史非常久远。

"上"在古代也用为程度副词，不过所见的例子不多：

㉟上贤明力为之，可得度世；中贤力为之，可为帝王良辅善吏；小人力为之，不知喜怒，天下无怨咎也。此者，是吾书上首一部大界也。(《太平经》合校卷九十六《守一入室知神戒》)

到了唐代，"上"都还主要见于这样的例子：

㊱紫者上，绿者次；笋者上，芽者次。(陆羽《茶经》)

可见，"上"用作程度副词在古代汉语发展得比较缓慢，不如程度副词

"第一"发展得早,但它倒是在漳州闽南方言乃至其他闽南方言得到较大的发展。泉漳闽南方言最高级程度副词的来源也可以进一步证明泉州方言的形成早于漳州闽南方言的事实。

(三) 闽台闽南方言最高级相对程度副词的演化及成因

由上述可知,最初泉州地区只有"第一"用法,漳州地区只有"上"用法;后来,泉州地区和漳州地区才分别有了"上"和"第一"的说法。这是两者彼此渗透的结果。而这种渗透往往是错综复杂的,有直接的,也有间接的。

虽然厦门方言和台湾闽南方言都是泉州方言和漳州闽南方言的融合体,但是在最高级相对程度副词方面,泉漳方言在厦门方言和在台湾闽南方言的融合情况是不同的。在泉漳两地最高级相对程度副词的融合过程中,"第一"战胜了"上"而成为厦门方言最高级相对程度副词的用法,从而使厦门方言最高级相对程度副词只吸收泉州方言最高级相对程度副词的成分;"第一"和"上"都被吸收为台湾闽南方言最高级相对程度副词的构成成分,不过两者产生竞争,最终"上"成为其主要用法,"第一"成为其次要用法。厦门和台湾两地为什么会出现这样的差别呢?

我们推测,漳州闽南方言中的"第一"应该主要是由厦门方言传过去的,由厦门向龙海、芗城、平和、漳浦、云霄不断延伸,而比较偏远的长泰、诏安还未被渗透。由于厦门方言已发展成为闽南方言的代表性方言,具有相当的权威性和影响力,因此由厦门方言传过去是可信的。另外,也有可能在泉州和漳州的往来过程中,泉州方言的"第一"也向漳州方言有所渗透。

泉州方言中的"上"更多应该是受到台湾闽南方言的影响。20世纪90年代前后,泉州地区的晋江、石狮、南安、惠安等地都能通过外接天线收看台湾电视,这种风气尤其以晋江、石狮为甚,所以晋江、石狮方言最高级相对程度副词受台湾闽南方言的影响最大,以至在"上"和"第一"的竞争中,"上"的用法压过"第一"的用法而成为主要用法。当然,惠安等地的工人到漳州地区或者石狮、晋江谋生的也不在少数,他们长期处在这些地区,必然会受当地方言的影响,然后又把这种影响带回家乡。泉州安溪、永春、德化历来处于比较偏远的山区,早期比较贫困落后,既很难像沿海地区那样靠外接天线收看台湾电视节目,也很少跟外界接触,即使有接触,也主要是跟经济比较发达的厦门地区接触,因此,能保持比较原生态的语言面貌。而鲤城区早期是泉州的中心城市,经济文化等方面都比较发达,市民们对本地语言有种强烈的认同感,因此比较不容易被影响和渗透。

泉漳闽南方言的最高级相对程度副词在直接或间接相互渗透，或者相互融合为另一种方言（如台湾闽南方言）最高级相对程度副词后，彼此你中有我、我中有你，在此基础上又衍生出"上第一""上盖第一"的说法。

　　闽台闽南方言里的"最"是受普通话影响的结果。"最"渗透到泉州、厦门、漳州、台湾四地区闽南方言以后，又与各地闽南方言的其他最高级程度副词相互竞争、相互融合。不过，竞争的结果存在着不同程度的差别，而融合的结果却十分相似。泉州、漳州、台湾三地区闽南方言最高级相对程度副词之间的竞争主要是围绕"第一""上"和"最"展开的。就泉州地区来看，永春、鲤城方言最高级相对程度副词仍是"第一"的天下，基本没有被"上"和"最"渗透。不过，作为泉州方言固有成分的"第一"，其使用地盘已经日益缩小了，而"上"和"最"的使用地盘则日益扩大，最明显的就是"上"在石狮、晋江方言已经跃升为主要用法，"第一"在一些人的日常用语里或已降为次要用法，与"最"处于同等地位，或已消失得无影无踪；"最"在德化方言最高级相对程度副词中甚至或已完全挤走其固有的说法"第一"而成为唯一用法，或已把其固有说法"第一"挤到边缘而成为主要用法。就漳州地区来看，虽然"最""第一"已经分别渗透到该地区的绝大多数县市和大多数县市，但是作为漳州地区的固有成分，"上"在漳州各地闽南方言最高级相对程度副词中仍占据主导地位。就台湾地区来看，"上""第一""最"三者竞争的结果是，"最"处于最为弱势的地位，不被大多数的闽南方言所接纳，"第一"的使用范围比"最"大一点，但也处于绝对弱势的地位。厦门闽南方言最高级相对程度副词之间的竞争主要是围绕"第一"和"最"展开的。有些厦门人仍固守着"第一"的用法，而没有"最"的用法，有些厦门人虽然也说"最"，但更为常用的还是"第一"。随着教育水平的不断提高和普通话的不断渗透，"最"在闽台各个地区的使用有不断增加的趋势。在闽台四地区的闽南方言中，"最"都只与"第一"融合为"最第一"。

　　能否产生"上第一""最第一""上盖第一"这类极度强调的程度副词，既与特定地域里人们的群体性特征有关，也与特定地域里人们的个体性特征有关。也就是说，有的地方的人们习惯用比较夸张的手法来表情达意，有的地方的人们则不善此道。而同一个地方的人们，内部也有差别，有的人比较擅长此道，有的人则不擅长此道。当然，这也与性别有很大的关系。而像台南闽南方言里的"一倒"等说法则带有鲜明的地方特色，是其最高级相对程度副词自身发展的结果。

五、结　语

　　泉州、厦门、漳州、台湾四地区闽南方言最高级相对程度副词都含有固有成分和来自普通话的非固有成分以及它们的连用式。闽南方言最高级相对程度副词的固有成分主要有"第一""上"及后来发展出来的"上盖""上第一""上盖第一"。来自普通话的非固有成分是"最"，它与固有成分的连用式只有"最第一"。闽台四地闽南方言对它们的选择和使用情况体现了种种差别，呈现出不平衡的发展态势。这种不平衡的产生既有自身的发展和相互的影响，也有外来的因素。而相互影响可以是直接的，也可以是间接的。从这种不平衡中，可以窥视闽台闽南方言最高级相对程度副词的发展演变情况。

　　另外，同为泉漳闽南方言的融合体，厦台闽南方言的最高级相对程度副词却存在较大的差别。厦门方言最高级相对程度副词吸收的完全是泉州方言的成分，台湾闽南方言最高级相对程度副词吸收的则主要是漳州闽南方言的成分。综观闽台四地区闽南方言，最高级相对程度副词发展最为缓慢的是台湾闽南方言，其次是厦门方言，再次是漳州方言，而发展最快的当属泉州方言。如果着眼于个别方言点，永春、鲤城方言和诏安方言的最高级相对程度副词一般只保留各自最为古老的用法"第一""上"，其发展变化最为缓慢；其次是桃园、后龙、高雄、宜兰、澎湖方言，它们的最高级相对程度副词除了保留较为古老的固有用法外，也保留了后来发展出来的固有用法"上盖"，发展变化也较为缓慢；发展变化最快的是德化方言最高级相对程度副词，该类副词在中青年中已经完全向普通话靠拢，只有非固有的用法了；其他各地方言这类程度副词处于固有形式和非固有形式并存的阶段，只是有的固有成分用得较多，有的固有成分用得较少，存在着不同程度的差别，无论如何，它们都有渐渐向普通话"最"靠拢的趋势。

【参考文献】

[1] 陈正统. 闽南话漳腔辞典 [M]. 北京：中华书局，2007.
[2] 董忠司. 台湾闽南语辞典 [M]. 台北：五南图书出版股份有限公司，2001.
[3] 李春晓. 闽台地区闽南方言程度副词研究 [J]. 福州大学学报（哲学社会科学版），2001（2）.
[4] 林连通. 泉州市方言志 [M]. 北京：社会科学文献出版社，1993.
[5] 刘湘涛.《太平经》程度副词研究 [D]. 长沙：中南大学，2007.
[6] 王力. 中国现代语法 [M]. 北京：商务印书馆，1985.
[7] 厦门大学中国语言文学研究所汉语方言研究室. 普通话闽南方言词典 [M]. 福州：福

建人民出版社,1982.

[8] 许亚冷. 泉州方言程度副词研究[D]. 福州:福建师范大学,2010.

[9] 周长楫. 闽南话与普通话[M]. 北京:语文出版社,1991.

[10] 周长楫,欧阳忆耘. 厦门方言研究[M]. 福州:福建人民出版社,1998.

[11] 周长楫. 闽南方言大词典[M]. 福州:福建人民出版社,2007.

马来西亚砂拉越的古田话概况

洪 英[1] 林文芳[2]

(1. 香港理工大学专业进修学院 2. 香港都会大学)

【摘 要】 马来西亚砂拉越州位于婆罗洲北部,其南部和印度尼西亚交界,北接文莱及沙巴,是马来西亚面积最大的一个州。砂拉越的华人主要包括福州、漳泉、客家、潮州、广府、海南、兴化等族群。其中,福州人是人数最多,也是最有影响力的一个族群,人数大约为 20 万人,占砂州华人的 1/3。砂州福州人主要分布在诗巫、泗里街和民丹莪。自 1901 年由闽清人黄乃裳带领第一批福州人移民诗巫,他们便在此地落地生根。这些福州籍华人大多来自旧福州府十邑,故诗巫又有"新福州""小福州"之称。本文首次报道马来西亚砂拉越诗巫古田话的语言概况,并分析其语音特点。砂拉越古田话不仅是考察古老福州十邑方言的活化石,也是研究语言变异的绝佳材料。同时,本研究对"一带一路"视野下的人文交流具有重要的战略意义。

【关键词】 马来西亚 砂拉越 福州话 古田话 语音特点

一、引 言

海外汉语方言指的是海外各国华人社区的汉语方言。海外华人在外定居,历史悠久,足迹遍布五大洲四大洋。他们带走的母语也在外落地生根,遍布世界各地。据考察,海外华人社区流行的汉语方言主要包括粤方言、闽方言、客家方言、吴方言和北方方言。由于海外汉语方言存在方言之间、方言与外族语之间的接触,和国内本土方言存在一定的差异,故从语言学的角度看,海外汉语方言有其独特的研究价值。

海外闽方言主要包括闽南方言、潮汕方言、海南闽语和闽北、闽东方言。其中,闽北、闽东方言主要分布在南洋一带。本文考察的闽东方言古田话,属于闽东方言官侯片(据《中国语言地图集》,1987),主要分布在马来西亚砂拉越诗巫、马来西亚霹雳州的实兆远等地。马来西亚砂拉越州,旧称"沙捞越""沙劳越",又称"砂罗越",简称"砂州"。砂拉越州位于婆罗洲北部,其南部和印度尼西亚交界,北接文莱及沙巴,是马来西亚面积最大的州,总面积124450平方千米,总人口有170万,由23个族群组成,其中,华人约有62万人。诗巫位于砂拉越州中部,是砂州第三省的主要行政中心和商业市镇,人口20多万,其中,华人占80%。诗巫华人大多来自旧福州府十邑,故有"新福州""小福州"之称。自黄乃裳1901年带领第一批福州移民抵达诗巫后,福州人逐渐发展为砂拉越最大的华人方言群,人数约为20万,目前大约有一半居住于诗巫市。据史料记载,第一批到达诗巫的福州人就是来自古田县,他们率先到达诗巫,在新珠山和王士来安顿下来(黄孟礼,2010)。据民间统计,目前诗巫的古田人有3万多人。

诗巫的官方语言是马来语,英语也在城市里通用。一般来说,当地的福州人除了说福州话,还会说马来语、英语、当地的伊班语和从中国各地带来的方言,如福建话(漳泉口音)、潮州话、客家话、广府话等。福州社群以闽清人最多,古田、屏南次之。所以在当地,很多来自福州十邑的人均会讲一种以闽清口音为主的福州话,但他们同时也保留了自己的母语,比如古田人讲古田话,闽侯人讲闽侯话,屏南人讲屏南话等。经过100多年的演变,诗巫的古田话在其他语言或方言的包围下,不可避免地受到影响,呈现出与中国内地古田话殊然不同的特点。不过,从目前来看,诗巫的古田话仍然保存完好,老一辈的古田人仍然致力于传承自己的方言与文化。但是,我们在调查中也发现,年轻一代已经不怎么讲古田话了,他们会听,但是不讲,多数讲华语。随着年轻人的外迁,我们预计讲古田话的人会越来越少。

由于诗巫福州话在海外闽东方言中占有重要的地位,在马来西亚历史文化中也有重要的影响,研究诗巫古田话具有十分重要的意义。但是,迄今为止,关于海外闽东方言乃至诗巫古田话的论著甚少,杜佳伦的研究(2017)填补了这一方面的空白。

我们于2018年7月在马来西亚诗巫实地调查了3位祖籍古田的男发音人,分别为程侭文先生、陈贤盛先生和陈德宾先生。他们均为第三代华人,其背景资料见文末附录。发音人从未在外地长期生活,以诗巫古田话作为母语,也作为家庭、工作、亲戚朋友交往的语言,是日常使用得最多、说得最流利的语言。除母语古田话以外,发音人还会讲当地的福州话(闽清口音)、福建话、英语、华语,以及当地的马来语和伊班语。由于3位发音人的古田话属于大桥镇口音,故下文的古田话以大桥镇口音为准。笔者调查了3000多条词语,在此基础上整理诗巫古田话的声韵调系统。为进一步了解声调的声学特征,本文另收集发音人男一号(M1)的录音材料。我们以7个声调(阴平、阳平、上声、阴去、阳去、阴入、阳入)的单音节来设计录音材料,每个声调测量12~40个音节,共测量159个音节。录音采样率为10KHz,用Praat语音分析

软件进行测量。关于古田声调的语音描写我们将另文介绍,本文不再赘述。

二、声韵调系统及其语音特点

本文3位发音人的祖籍均为中国古田县大桥镇,因此,本文记录的古田话为大桥口音。我们将之与秋谷裕幸、陈泽平(2012)记录的古田大桥方言进行比较。下面按声母、韵母、声调逐一进行论述。

(一) 诗巫古田话的声母

诗巫古田话声母系统如下。其中,[ts] [tsʰ] [s] 声母可以与 [tɕ] [tɕʰ] [ɕ] 声母合并。合并后,加上零声母一共有16个音位,如下:

p	pʰ		m	f
t	tʰ		n	l
ts	tsʰ	s		
(tɕ)	(tɕʰ)	(ɕ)		
k	kʰ	h	ŋ	∅

说明:

(1) [ts] [tsʰ] [s] 声母只拼洪音,[tɕ] [tɕʰ] [ɕ] 声母只拼细音,所以它们是互补的。

(2) [s] 声母在连读时读得近似齿间音 [θ]。

(3) 在连读当中,后字的声母([m] [n] [ŋ] 除外)往往受到前字韵母的影响而发生有规律的变化,即"声母类化",并产生 [ʒ] [β] 两个声母。

(4) 与福建的古田方言相比,诗巫的古田音系多了一个 [f] 声母,这是语言接触的结果,一般出现在英语借词中,如"传真"[fek⁵]、"胶卷"[fi²¹liŋ⁵⁵]、"档案夹"[fa³³] 等。

(二) 诗巫古田话的韵母

不包括两个声化韵母,诗巫古田话有韵母52个,如下:

i		iŋ	ik
u	ui	uŋ	uk
y		yŋ	yk
e	eu	eŋ	ek

o	oi	oŋ	ok	oʔ
ø		øŋ	øk	øʔ
a	ai	aŋ	ak	aʔ
	au			
iu	ieu			
ie		ieŋ	iek	
ia		iaŋ	iak	iaʔ
yø		yøŋ	yøk	yøʔ
uo	uoi	uoŋ	uok	uoʔ
ua	uai	uaŋ	uak	uaʔ

说明：

(1) 不存在变韵现象（以调类为条件的韵母差异）。

(2) 单元音［ɛ］［ɔ］［œ］比复元音中的［e］［o］［ø］开口度稍大。

(3) 入声［k］和喉塞尾［ʔ］对立。

（三）诗巫古田话的声调

和其他闽东方言一样，诗巫古田话有单字调 7 个。（见表 1）

表 1 诗巫古田话的声调

调类	调值	例字
阴平	55	东、灯、分、花、姑、粗、开、刀
阳平	33	何、题、茶、华、除、麻、才、朋
上声	42	粉、饱、等、古、死、鬼、纸、响
阴去	21	四、贵、帝、帐、正、醉、变、菜
阳去	242	洞、骂、样、地、步、饭、害、帽
阴入	2	竹、笔、骨、德、鸭、铁、拍、八
阳入	5	六、局、白、读、杂、合、木、十

说明：

(1) 与其他闽东方言一样，古田话的浊上归入去声，因而只有一个上声调。大部分上声字来自古清上字和古次浊声母上声文读字。古全浊声母上声字和次浊上声字白读今读阳去调。

(2) 阴平［55］的末尾有一点上升，而本土的古田阴平［55］的末尾稍降（秋谷裕幸、陈泽平，2012：21）。

（3）两个入声调发声时伴随特殊发声态：阴入调伴随喉堵，阳入调伴随张声嘎裂。

（4）诗巫古田话的声调的调值与本土的古田声调相比有一些不同，如阳去调听感上是一个先升后降的凸调，因此我们将其调值记为[242]，而秋谷裕幸、陈泽平（2012）记录的古田话阳去调为[224]却是一个升调。我们推测，诗巫的古田话声调大概是受了闽清话的影响，因为闽清的阳去调刚好也是一个先升后降的凸调。具体情况有待进一步考察。

（5）诗巫古田话的连读变调非常复杂，有前字变调、后字变调，也有前后字皆变调，视乎词汇的组合结构而定。本文不再赘述，将另文报道。

三、结　语

以上简单介绍了马来西亚砂拉越诗巫的古田话音系，相对国内的古田话来说，诗巫古田话的语音变化是一个非常复杂的现象。以上所介绍的不过是其概要，全面的描写还需要搜集大量的语料。本次调查过程中得到了几位发音人的大力协助，我们也深深感受到诗巫的福州人对自己母语的保育和传承的重视。他们专门抽出时间，认真配合我们的调查。这种对福州语言文化的热爱之情，着实令人感动。笔者在此一并向他们致以最诚挚的感谢。

附录

发音人简况

编号	姓名	被调查时年龄	教育程度	语言背景
M1	CLW	58	高中	第三代华人，出生于砂拉越诗巫，祖籍中国福建省宁德市古田县大桥镇岭南村。母语为古田话
M2	CXS	61	高中	第三代华人，出生于砂拉越诗巫，祖籍中国福建省宁德市古田县大桥镇梅坪村。母语为古田话
M3	CDB	60	高中	第三代华人，出生于砂拉越诗巫，祖籍中国福建省宁德市古田县大桥镇下珍山村。母语为古田话

【参考文献】

［1］蔡增聪. 砂拉越华人研究译文集［M］. 诗巫：砂拉越华族文化协会，2003.
［2］陈晓锦. 试论词汇研究在海外汉语方言研究中的重要性［J］. 暨南学报（哲学社会科学版），2003（9）.
［3］陈晓锦. 论海外汉语方言的调查研究［J］. 语文研究，2006（3）.
［4］陈晓锦. 东南亚华人社区汉语方言概要［M］. 广州：世界图书出版广东有限公司，2014.
［5］陈晓锦，黄高飞. 海洋与汉语方言［M］. 学术研究，2016（1）.
［6］杜佳伦. 诗巫闽东方言的音韵特点［Z］. 第三届婆罗洲华人国际研讨会会议论文，2017.
［7］黄孟礼. 古田人南迁史［M］. 诗巫：砂拉越古田公会，2010.
［8］李如龙. 东南亚华人语言研究［M］. 北京：北京语言文化大学出版社，2000.
［9］李如龙. 海外汉语方言研究的新视野：读《全球华语词典》［J］. 辞书研究，2013（1）.
［10］秋谷裕幸，陈泽平. 闽东区古田方言研究［M］. 福州：福建人民出版社，2012.
［11］田英成. 拉越华人社会史研究［M］. 诗巫：砂拉越华族文化协会，2011.
［12］游汝杰，邹嘉彦. 社会语言学教程［M］. 3版. 上海：复旦大学出版社，2016.
［13］中国社会科学院，澳大利亚人文科学院. 中国语言地图集［M］. 香港：朗文（远东）出版有限公司，1987.

20世纪90年代以来东南亚汉语方言本体研究综述

黄晓婷 吴 婷

(暨南大学汉语方言研究中心)

【摘 要】 本文对20世纪90年代以来东南亚汉语方言本体研究成果进行简要综述。从研究地域范围引入,对东南亚汉语方言本体研究成果进行梳理、归纳、总结其研究现状。研究表明:就研究地域范围来看,东南亚汉语方言研究成果主要在新加坡、马来西亚、泰国、印度尼西亚、缅甸等地;就本体研究来看,语音、词汇、语法各有成果,但语音和词汇方面的成果较多,语法研究较少。

【关键词】 海外汉语方言 东南亚 本体研究 综述

一、引 言

"'海外汉语方言'就是指原本生成于中国本土,被千千万万华人带到世界各个角落,而又在世界的不同地方继续演变发展的汉语方言。"(陈晓锦,2014)人类的社会活动是影响方言发展的重要因素,华人的移民活动使汉语方言在海外产生了新的演变。海外汉语方言是汉语方言研究中不可忽视的一部分。

东南亚是华人移民的主要目的地,早期移民多聚族而居,这使得东南亚形成了大量华人社区。通行于东南亚华人社区的汉语方言也成了研究海外汉语方言学者的重要关注对象。早年学者们对海外汉语方言的关注甚少,仅有一些零散的报道。自20世纪90年代以来,尤其是自2008年起,两年一次的海外汉语方言研讨会的召开,使海外汉语方言的研究状况得到了很大的改善,研究所涉及的领域和角度逐渐扩大,内容也逐渐丰富,描写性研究、解释性研究兼具,同时也有更多优秀的学者参与到这个极具开发潜力的领域中来。海外汉语方言的进一步发展,需要立足于前人的研究。本文通过中国知网、万方、维普、独秀等电子期刊网站和已出版的东南亚汉语方言研究专著,查找出20世纪90年以来的本体研究成果,并对这些研究成果进行梳理,明确当前的研究现状,以期为进一步研究海外汉语方言提供一些研究方向和思路。

二、东南亚汉语方言研究遍及的地域范围

语言研究始于调查，语言事实是语言研究的基础。当前海外汉语方言研究中，语言事实的调查与描写研究占有较大的比重。明确海外汉语方言调查已涉足的地域范围，可让我们了解现有东南亚语言本体研究成果已涉足的具体地点，并为接下来的田野调查方言点的选择提供借鉴。通过梳理已有的研究成果，我们将目前调查已涉及的东南亚汉语方言点及其对应的方言梳理如下。（见表1）

表1 检索到的东南亚汉语方言调查点

国家	地点	方言	国家	地点	方言
马来西亚	吉隆坡	粤语（广府话）、大埔客家话、粤东闽南话	印度尼西亚	北苏门答腊省	棉兰客家话和福建闽南话
	柔佛州	新山粤东闽南话和客家话、士乃客家话		西加里曼丹省	山口洋河婆客家话、坤甸粤东闽南话和客家话，海陆客话
	纳闽	福建闽南话		西爪哇	客家话
	沙巴	亚庇客家话、山打根客家话		亚齐省	福建闽南话
	槟城	福建闽南话、粤东闽南话、高渊港口粤东闽南话、粤语（广府话）		亚齐省美拉务	客家话
				雅加达	粤语（广府话）
				北苏省先达市	"先达国语"（西南官话）
	马六甲州	福建闽南话、粤西闽南话	泰国	曼谷	粤东闽南话、粤语（广府话）、半山客家话、深客家话、梅县客家话
	森美兰州	知知港客家话、芙蓉客家话		清迈	粤东闽南话、栗坝话（西南官话）、澜沧话（西南官话）

续上表

国家	地点	方言	国家	地点	方言
马来西亚	沙捞越州	诗巫潮汕闽南话和福建闽东方言、古晋福建闽南话和客家话、泗里街福建闽南话和粤语（台山话）	泰国	合艾	粤东闽南话
	雪兰莪州	巴生福建闽南话		勿洞	粤语（广西容县白话）
	霹雳州	瓜拉古楼和丹绒槟榔的粤东闽南话		美斯乐山寨	美斯乐澜沧话、腾冲话、果敢话
			缅甸	仰光	福建闽南话、粤语（台山话）、客家话、云南话
老挝	万象	粤东闽南话		曼德勒	粤语（台山话）
越南	胡志明市	粤语（广府话）、福建闽南话、粤东闽南话、客家话	柬埔寨	金边	粤语（广府话）、粤东闽南话
	姑苏群岛	粤语（钦廉话）	文莱	斯里巴加湾	福建闽南话
	广宁省	芒街市粤语（钦廉话）		马来奕	河婆客家话、文昌话
新加坡		梅县客家话、大埔客家话、粤东闽南话、福建闽南话、粤语（广府话）	菲律宾	马尼拉	福建闽南话、粤语（广府话）

从表1中可以看出，东南亚汉语方言研究地域和成果主要在马来西亚、印度尼西亚、泰国、缅甸等地，其中以马来西亚的研究成果最为显著。马来西亚16个第一级行政区中，只有玻璃市州、登嘉楼州、彭亨州、吉兰丹州和布城未找到相关的语言研究文献，学者的足迹几乎遍及马来西亚。但总体来看，东南亚汉语方言研究的广度还不够，大片的华人聚居地未全部调查，小片的海外汉语方言点也有待探索。

三、东南亚汉语方言本体研究概况

语音、词汇、语法是人类语言的三大要素，分别作为语言的物质外壳、建筑材料和结构规律而存在，是语言的本体，语言研究离不开对这三者的研究。当前海外汉语方言研究也主要围绕着这三大要素展开。

当前东南亚海外汉语方言研究中,不乏兼具这 3 个要素的综合性研究,如《印度尼西亚西爪哇客家话》(哈玛宛,1994)、《新加坡闽南话概说》(周长楫、周清海,2000)、《马来西亚的三个汉语方言》(陈晓锦,2003)、《泰国的三个汉语方言》(陈晓锦,2010)、《泰国的西南官话》(肖自辉,2016)、《东南亚华人社区汉语方言概要》(陈晓锦,2014)、《泰国华人社区的汉语方言》(陈晓锦、肖自辉,2019)等,无论从地域范围还是从语言要素的研究广度来看,均较为广泛、全面、详细。相比于综合性研究,就语音、词汇、语法中某一方面进行研究的期刊论文、硕博士学位论文占比更多。将语音、词汇、语法三者的研究进行比较,语音研究的占比最高,成果也最为丰富,词汇次之,语法研究相对较少。下面我们将对东南亚汉语方言语音、词汇和语法三方面的研究成果分别进行梳理、阐述。

(一)语音

1. 音系描写及音系特点的归纳

基于调查的音系描写及音系特点的归纳在东南亚汉语方言语音研究中占有较大的比重。这些研究多深入当地,录音、调查,系统地整理,展示了汉语方言语音在东南亚的整体面貌,为进一步的深入研究奠定了重要基础。周长楫、周清海在《新加坡闽南话概说》(2002)中介绍了新加坡闽南语语音的基本面貌,并从语音、词汇、语法 3 个角度阐述了新加坡闽南语的发展变化。《马来西亚的三个汉语方言》(陈晓锦,2003)对马来西亚吉隆坡广东话、柔佛士乃客家话和新山市的潮州话的 3 个汉语方言点进行调查,归纳它们的语音系统并记录 3000 多个单字音;文章除了将 3 个方言进行比较,也将它们与各自的祖籍地方言和移民地语言进行比较,为读者展示了马来西亚汉语方言的语音全貌。《泰国北部的西南官话方言》(刘镇发、袁方,2009)以泰国泰北地区的美斯乐山寨为调查点,系统整理了美斯乐澜沧话、腾冲话、果敢话的音系,以此来展现泰国北部西南官话的基本语音面貌。《泰国的三个汉语方言》(陈晓锦,2010)在田野调查的基础上,详细描写了曼谷潮州话、曼谷粤语和曼谷半山客话的语音,并与祖籍地方音进行比较,看其与社区内的汉语方言交融、接触后所产生的变化。《泰国的西南官话》(肖自辉,2016)基于田野调查详细描写泰国清迈府麻栗坝话和龙陵话的声韵调及其语音特点。这两本泰国汉语方言研究著作共同为我们勾勒出泰国汉语方言的语音面貌。除了以上单个国家汉语方言的研究著作,还有集大成的著作,如陈晓锦的《东南亚华人社区汉语方言概要》(2014)对 10 个东南亚国家 29 个汉语方言点进行了音系整理和特点归纳,勾勒出东南亚汉语方言的语音地图,也展示了汉语方言在东南亚的发展和流变。

2. 语音比较研究

比较是研究方言差异、方言特征的重要方法之一，比较研究的进行推动着海外汉语方言研究的发展。海外汉语方言是祖籍地方言流传到海外并在海外复杂的双语或多语环境接触下发展演变的结果，因此，海外汉语方言的比较研究主要为共时比较，如海外汉语方言与祖籍地方言的比较，看其传承与变异。周宝芯（2009）对巴生闽南语声韵调做了详细的调查描写，并在比较巴生闽南话与中国福建永春方言、汉语古音的异同的基础上，分析归纳巴生闽南话的语音特点，如浊辅音［ᵐb］［ᵑg］与厦门话、台湾闽南话的变异类型一样，都有弱化、减音现象，而辅音［l］在语音内部的历史演变作用下一般会转换成鼻冠音［ⁿd］。杨秀明（2011）则将台湾地区、新加坡的闽语声调与厦门、漳州、泉州一带的闽语声调进行对比，从调类的差异、声调的内在差异、调值的差异等方面来探讨本土闽语和海外闽语彼此的同中有异、异中有同，并探讨了其发展演变的制约机制。作者认为，历史音变是各地闽南方言声调发展演变的主要动因，演变方式的差异会造成调值变化的差别。《泰国勿洞容县白话音系》（陈晓锦、李建青，2012）一文在描写音系的基础上，将泰国勿洞容县华人所说的白话与其祖籍地方言进行比较，发现泰国勿洞容县白话在泰语、潮州话和马来语的包围中，表现出古全浊声母清化后几乎都不送气、心母大多数字以及少部分从母字读［f］声母和精、清、从母字部分读如端、透、定母的特点。马重奇（2019）对新加坡闽南音系与福建厦门、漳州、泉州闽南音系，以及马来西亚新山潮州闽南音系及粤东潮州闽南音系分别进行历时比较研究，总结它们与本土方言的差异，如新加坡闽南语把入母字多数读作［dz］，少数读作［l］，存在具有漳州音的［dz］声母和厦门、泉州音的［l］声母；马来西亚新山潮州话单元音韵母［ɯ］已央化为［ɤ］韵母。

此外，还有不同海外方言点之间个别语音现象的比较。例如，《越南、柬埔寨、老挝三国潮州话训读现象比较》（陈晓锦，2009）对越南、柬埔寨和老挝三国的潮州话训读现象进行比较，看其中三国一致的训读现象、两国共有的训读现象及一国独有的训读现象；《马来西亚汉语方言声调变异及其社会因素的调查研究》（邱克威，2017）一文则通过对马来半岛北部霹雳州与槟城州交界的3个原籍潮州普宁人聚落进行调查研究，发现当地普宁话声调除了保留原籍乡镇次方言的音系特征以外，还在经济等社会因素的影响下发生了声调不同程度的特殊变异。例如，瓜拉古楼阴平调调值由原籍的35变为33，高渊港口与瓜拉古楼阳上调值部分变为21等。

3. 专门的语音现象研究

海外汉语方言存在着许多特殊的语音现象，学者们在完成基础的方言点调查与音系整理之后，对这些特殊的语音现象进行描写与解释，进行更为深入的研究，有助于我们扩展对汉语方言的认知。例如，《吉隆坡现代粤语阳上变阴去现象解因》（邵宜、冼伟国，2004）一文发现马来西亚吉隆坡的粤语没有了阳上调，并且古阳上调归入阴去调，认为这是早期受到客家话的影响而发生的变化。该特殊调类现象的描写让我们对现代粤方言基本保留古阳上调的特点有了新的认识。又如，陈晓锦在《泰国曼谷半山客话上声读如去声析》（2006）中以泰国祖籍地为广东揭西的客家人使用的半山客的上声声调为研究对象，重点研究其上声读如去声的现象。在曼谷的半山客话中，存在着大量的上声字不读上声 21 调，而读去声 42 调的现象。通过与曼谷潮州话对比，作者认为是潮州话阴上 53 调调型的影响使得半山客话的上声调产生了调型相似的变化，潮州话的阴上调为高降调，受其影响，曼谷半山客中的上声调由原本的低降调变为半高降调 42 调，并归入去声调中。《东南亚华人社区闽南方言的唇齿清擦音 f 声母》（陈晓锦，2012）则对唇齿清擦音声母在泰国、柬埔寨、越南、老挝、缅甸、马来西亚、新加坡、印度尼西亚、菲律宾、文莱 10 国的 11 个闽南方言华人社区的分布现状与国内闽南方言进行比较，探讨了东南亚的闽南方言出现唇齿清擦音 [f-] 的现象，引发对闽南语出现 [f-] 声母趋势的新思考。

（二）词汇

1. 词汇系统描写

词汇研究也是海外汉语方言研究中活跃的一部分。海外汉语方言词汇既有国内的汉语方言词汇也具备的特点，也有自己独特的"海外"特点；研究海外汉语方言词汇，还是关系到海外汉语方言音系是否相对完整的一个重要因素（陈晓锦，2013）。因而，词汇研究是海外汉语方言的研究热点和重点。

词典是描写词汇的重要形式，目前已经出版的东南亚汉语方言的词典数量不多，如《新加坡闽南话词典》（周长楫、周清海，2002）。该词典收集了相当数量的闽方言词语，大致反映了新加坡闽南话词语的基本面貌。《全球华语词典》（李宇明，2010）是具有首创意义的研究成果。该词典收录了海内外说法不一的词语，其中包括东南亚，东南亚之下又分新马、泰国、菲律宾等小片。这些地区的特色词汇便包含了大量的方言词，展示了东南亚话语中的方言词汇的丰富性。除了词典之外，也不乏关于东南亚词汇描写的论文，这一方面以硕士学位论文居多，如《马来西亚士乃客家话调查报告》（萧丽燕，2001）、

《马来西亚吉隆坡大埔客家话词汇研究》（张淑敏，2014）、《越南芒街市粤方言词汇研究》（罗凤莹，2015）、《缅甸曼德勒台山话词汇研究》（林秀雯，2018）等。

为了清楚地展现海外汉语方言词汇的特色，词汇描写一般会涉及与祖籍地方言词汇的对比研究。如萧丽燕（2001）在调查士乃客家话词汇的基础上，将其与祖籍地方言词汇进行比较，归纳其地方性特点；张淑敏（2014）将吉隆坡大埔客话词汇分别与梅州大埔客话词汇、台湾东势大埔客话词汇进行对比，呈现大埔客话远离祖籍地后的地方特色。吴文芯（2014）调查整理出"槟城福建话"与本土闽南话共有的特征词以及它本身独有的特征词，反映了"槟城福建话"的传承与发展。

2. 词汇比较研究

海外汉语方言的面貌受所处移民国语言和环境、四周的兄弟汉语方言等多种因素的影响。这些影响在词汇中的表现最为直接，因此，为了对海外汉语方言词汇的发展变化进行全貌的认识，需要进行共时比较研究。江玲玲（2008）从各个方面比较研究吉隆坡与山打根客话词汇的共同性与差异性，发现两地客话词汇存有共同性的占大多数，而两地词汇的差异性则主要表现在构词方面。两地词汇的差异除了语音和语素、特征词和古汉语词的保留程度的不一致外，兄弟方言、马来语和英语对两地客话的影响也不完全一致，使两地客话展现了各自的特色。钟慧雯（2008）则从共时的角度，通过对马来西亚芙蓉与知知港两地各三代人在多元民族、多元文化和多元语言大环境之下的客家方言现时状态进行描写分析比较，发现以客家方言作为母语或者第一家庭用语的个人意愿下降、周边语言的文化渗透和社会经济结构的影响等因素导致了客家方言词汇不同程度的消亡。

3. 借词研究

借词又叫"外来词"，是音和义都借自外族与或外方言的词。借词是语言接触的产物，海外汉语方言与外国语言或海外兄弟汉语方言之间的不同形式的接触产生了大量借词。东南亚汉语方言的借词研究主要围绕着被影响和影响两大研究内容进行，即汉语方言中的外语借词和外语中的汉语方言借词，而汉语方言中的借词问题包括汉语方言中的外语借词和兄弟汉语方言借词。

（1）汉语方言中的外语借词。关于海外汉语方言中的借词的研究，《新加坡潮州话的外语借词和特殊词语》（李永明，1991）一文为我们整理出新加坡潮州话中来自英语和马来语的外语词，同时也揭示了在强势方言福建闽南话的影响下出现的与国内潮州话不同的特殊词语。冼伟国（2005）在全面描述吉隆坡粤语马来语借词的基础上，从借词的借用方式（音译、意译）、声调模式、与源词的读音和词义的比较等方面研究吉隆坡粤语向马来语借用的规律。《马来西亚沙巴客家话借词浅析》（陈晓锦、卓俊霖，2013）一文则罗列了沙巴客家话受马来语、英语和其他方言的影响所产生的借词，且发现的借词多是客家话本身没有或者是新产生的事物。陈菀美（2009）从槟城粤语中来自马来语、英语的借词的构成方式探讨其在马来语、英语的影响下词汇变异的形式。吴伟忠在《印尼棉兰美达村客话词汇中的印尼借词》（2017）一文中，以印尼棉兰美达村客家话词汇中的印尼语借词为研究对象，从词汇内容、借入原因和方式、新老差异3个方面探析客家话在语言接触过程中受到的影响。梁萩香（2018）也涉及曼谷梅县客家话受泰语和兄弟方言的影响而产生的借词。此外，陈晓锦（2008）在对比曼谷半山客话的母体方言广东省揭西客话的基础上对泰国曼谷半山客话中的潮州借词进行研究，发现由于处于外族主流语言的包围下，兄弟方言的接触会比本土更为频繁，相互影响所产生的变异也就更为明显。

（2）外语中的汉语方言借词。外语中的汉语方言借词的研究成果不少，如《泰语称谓语中的汉语方言借词》（魏清，2005）将泰语中明显的潮州话称谓语借词与本土潮州话对比，发现被借入泰语的称谓词的音义及词法均有变化，尤其是语义已逐渐离开其本义并产生新的义项。同样研究泰语潮州话借词的《泰语中的潮汕方言词汇试析》（张双庆、潘家铭，2009：164）基于泰国崇圣大学泰中研究中心卢维廷（修潮）先生从泰文辞书中收集到的潮汕方言词，将其与本土潮汕方言词进行共时和历时的比较，从词的读音、分类到词义的演变等方面进行分析。研究发现，这些泰文辞书中的潮汕借词的读音大都与潮语的口语实际不相符合，保留了中古阳入两套辅音韵尾的对应，保存了澄海、潮安口音；词汇方面则呈现出本土词语与泰化词语相容并蓄、许多双音节词读单音节词、保存潮州本土旧词的特点；而词义方面则存在着扩大和转移的变化。有的学者将目光聚焦于外语中的汉语方言借词对该外语的适应形势，如《浅谈印尼语中闽南语借词的形态适应》（陈玉兰，2012）阐述了印尼语中的闽南借词对印尼语的形态的适应。印尼语属于屈折语言，具有丰富的词形变化，主要通过添加词缀、语音交替和重叠等手段来实现。印尼语中的闽语借词随着使用频率的提高而逐渐稳定，并适应了当地语言的语言文化系统，可以和当地词汇一样，通过附加词缀和重叠等语法手段来改变词类，派生新词。无论单音节词还是短语，被吸收之后，都被视为一个词，因此，这些借词都可以充当词根。由此可以看出，印尼语中的闽南语借词的活跃性强、能产性高。同样研究印尼语闽语借词的《印尼语闽南话借词及其研究的文化语言学思考》（杨启光,2009)在分析这些借词的"印尼化"之后,提出了进行文化语言学研究的思考和倡导。此外,杨秋娜(2018)从词汇化的角度以"chio bu"一词的词形和词义的演变例证新加坡式英语(Singlish)中闽南语借词逐渐褪去源语的词汇特征,具备了英语数的形式;固化为单词,保留了名词性含义和特征,增加了英语前置定语的含义和特征。

(三) 语法研究

在当前东南亚汉语方言研究中,语法的研究主要出现于专著中,如《马来西亚的三个汉语方言》(陈晓锦,2003)、《泰国的三个汉语方言》(陈晓锦,2010)。目前已知的单篇研究成果有如下几篇:李子玲、柯彼德(1996)探讨了新加坡潮州话的正反问句的两种基本形式——VP - NEG - VP 及"可"+ VP,并与以"吗"做疑问词的问句进行比较,发现新加坡潮州话的正反问句具有一个陈述句中含有一个包孕问句、否定动词后置问句需要借助助动词的否定形式来实现等特点。陈晓锦(2008)《马、泰两国粤语中的"咗"》通过将马来西亚、泰国粤语的"咗"的用法与广州话的"咗"进行对比,看其异同。三地的"咗"的发音和在句子中所处的位置基本一致,但是马来西亚、泰国粤语的"咗"出现了新的用法,如放置于宾语之后,甚至是助词之后。

四、结 语

近30年来,东南亚汉语方言本体研究取得了较为丰硕的成果。从调查范围来看,目前的调查基本覆盖东南亚各国,所涉及的方言众多,以闽、粤、客为主。从具体研究角度、对象来看,语音、词汇和语法各有成果,全面地展现了海外汉语方言的基本面貌,并对一些特殊的语言现象进行深入研究。但是,较之于国内汉语方言的研究,差距甚大。就调查而言,大片的华人聚居地未全部调查,小片的海外汉语方言点有待探索。就研究而言,角度较为单一。因此,如何加大对东南亚汉语方言的调查力度和丰富东南亚汉语方言本体研究的描写角度是接下来东南亚汉语方言,甚至是海外汉语方言研究的重中之重。

【参考文献】

[1] 陈菀美. 马来西亚槟城粤语语音词汇变异研究 [D]. 南京:南京大学,2009.
[2] 陈晓锦. 粤方言"咗"新议 [J]. 中国方言学报,2006 (1).
[3] 陈晓锦. 泰国曼谷半山客话上声读如去声析 [J]. 中国语文,2006 (5).
[4] 陈晓锦. 泰国曼谷半山客话中的潮州话借词 [C] //张双庆,刘镇发. 第七届国际客

方言研讨会论文集. 香港：香港中文大学中国文化研究所, 2008.

[5] 陈晓锦. 越南、柬埔寨、老挝三国潮州话训读现象比较 [J]. 广东技术师范学院学报, 2009（4）.

[6] 陈晓锦. 东南亚华人社区闽南方言的唇齿清擦音 f 声母 [J]. 暨南学报（哲学社会科学版），2012（5）.

[7] 陈晓锦, 李建青. 泰国勿洞容县白话音系 [J]. 广西社会科学, 2012（8）.

[8] 陈晓锦. 试论词汇研究在海外汉语方言研究中的重要性 [J]. 暨南学报（哲学社会科学版），2013（6）.

[9] 陈晓锦. 马、泰两国粤语中的"咗" [C] //邵敬敏. 21世纪汉语方言语法新探索：第三届汉语方言语法国际研讨会论文集. 广州：暨南大学出版社, 2008.

[10] 陈晓锦, 卓俊霖. 马来西亚沙巴客家话借词浅析 [C] // 揣振宇. 第九届客家方言学术研讨会论文集. 北京：中央民族大学出版社, 2013.

[11] 陈晓锦. 马来西亚的三个汉语方言 [M]. 北京：中国社会科学出版社, 2003.

[12] 陈晓锦. 泰国的三个汉语方言 [M]. 广州：暨南大学出版社, 2010.

[13] 陈晓锦. 东南亚华人社区汉语方言概要 [M]. 广州：世界图书出版广东有限公司, 2014.

[14] 陈晓锦, 肖自辉. 泰国华人社区的汉语方言 [M]. 广州：世界图书出版广东有限公司, 2019.

[15] 陈玉兰. 浅谈印尼语中闽南语借词的形态适应 [C] //王建设, 孙汝建. 第二届海外汉语方言研讨会论文集. 昆明：云南大学出版社, 2012.

[16] 哈玛宛. 印度尼西亚西爪哇客家话 [M]. 北京：中国社会科学出版社, 1994.

[17] 江玲玲. 吉隆坡与沙巴州山打根客家方言词汇比较研究 [D]. 南京：南京大学, 2008.

[18] 李永明. 新加坡潮州话的外语借词和特殊词语 [J]. 方言, 1991（1）.

[19] 李宇明. 全球华语词典 [M]. 北京：商务印书馆, 2010.

[20] 李子玲, 柯彼德. 新加坡潮州方言中的三种正反问句 [J]. 语言研究, 1996（2）.

[21] 梁萩香. 曼谷的梅县客家话"在地化"词汇 [C] // 庄初升, 温昌衍. 客家方言调查研究：第十二届客家方言学术研讨会论文集. 广州：中山大学出版社, 2018.

[22] 林秀雯. 缅甸曼德勒台山话词汇研究 [D] 广州：暨南大学, 2018.

[23] 刘镇发, 袁方. 泰国北部的西南官话方言 [C] // 陈晓锦, 张双庆. 首届海外汉语方言国际研讨会论文集. 广州：暨南大学出版社, 2009.

[24] 罗凤莹. 越南芒街市粤方言词汇研究 [D]. 广州：暨南大学, 2015.

[25] 马重奇. 海上丝绸之路与汉语闽南方言在东南亚一带的传播：新加坡和马来西亚闽南方言音系个案研究 [J]. 西南民族大学学报（人文社科版），2019（1）.

[26] 邱克威. 马来西亚汉语方言声调变异及其社会因素的调查研究：以霹雳州北部三个相邻渔村的普宁话为个案分析 [J]. 海外华文教育. 2017（2）.

[27] 邵宜, 冼伟国. 吉隆坡现代粤语阳上变阴去现象解因 [J]. 暨南学报（哲学社会科

学版），2004（10）．
- [28] 魏清．泰语称谓语中的汉语方言借词［J］．汕头大学学报，2005（3）．
- [29] 吴文芯．马来西亚"槟城福建话"特征词研究［J］．泉州师范学院学报，2014（1）．
- [30] 吴忠伟．印尼棉兰美达村客话词汇中的印尼借词［J］．嘉应学报，2017（9）．
- [31] 萧丽燕．马来西亚士乃客家话调查报告［D］．广州：暨南大学，2001．
- [32] 肖自辉．泰国的西南官话［M］．广州：广东人民出版社，2016．
- [33] 冼伟国．马来西亚吉隆坡粤语之马来语借词研究［D］．广州：暨南大学，2005．
- [34] 杨启光．印尼语闽南话借词及其研究的文化语言学思考［C］//陈晓锦，张双庆．首届海外汉语方言国际研讨会论文集．广州：暨南大学出版社，2009．
- [35] 杨秋娜．新加坡式英语中闽南语借词 chio bu 的词汇化［J］．汕头大学学报（人文社会科学版），2018（2）．
- [36] 杨秀明．中国本土与海外闽南方言声调差异及其成因［J］．漳州师范学院学报（哲学社会科学版），2011（2）．
- [37] 周宝芯．马来西亚雪兰莪州巴生闽南话语音调查［D］．南京：南京大学，2009．
- [38] 钟慧雯．马来西亚芙蓉与知知港客家方言词汇研究［D］．南京：南京大学，2008．
- [39] 张淑敏．马来西亚吉隆坡大埔客家话词汇研究［D］．广州：暨南大学，2014．
- [40] 张双庆，潘家铭．泰语中的潮汕方言词汇试析［M］//甘于恩．南方语言学（第一辑）．广州：暨南大学出版社，2009．
- [41] 周长楫，周清海．新加坡闽南话概说［M］．厦门：厦门大学出版社，2000．
- [42] 周长楫，周清海．新加坡闽南话词典［M］．北京：中国社会科学出版社，2002．

马来西亚亚庇新安客家话创新词举例分析

李颖慧

(暨南大学汉语方言研究中心)

【摘 要】 马来西亚亚庇华人以客家人为主,亚庇客家人主要来自广东深圳(旧时新安),以及龙川、惠阳和梅县等地,当地客家话以新安口音为正,来自不同地域的客家人在此融合成新安大客家。亚庇客家话在多语多方言的环境下,有了自己的特色。本文从造词理据入手,举例分析马来西亚亚庇新安客家话的创新词,从中窥探亚庇客家话创新词折射出来的社会文化。

【关键词】 亚庇 新安客家话 创新词

马来西亚被南海分为西马和东马。亚庇(马来语:Kota Kinabalu)位于婆罗洲西北方的海岸区,即马来西亚东马地区,旧译"哥打京那峇鲁""哥打京那巴鲁""哥打基纳巴卢",是马来西亚第六大城市,并于20世纪80年代成为沙巴州的首府。据最新的2010年马来西亚人口普查报告显示,亚庇的总人口估计为452058人,其中有华人93429人。由于该市有许多华人聚居,所以中华文化在亚庇十分盛兴。

19世纪末,有明确记载较大批量的华人迁入沙巴。当时,巴色会韩山明、黎里基等人先后在广东沿海内陆地区宣传基督教,积累了大量客家信徒。国内动荡时,北婆罗洲政府出台了移民引入政策,巴色会的传教士开始批量组织客家人迁徙至沙巴。1921年,客家人已占据沙巴州华人的大部分。经过多年艰辛的劳力工作,来源众多的客家人逐渐在沙巴洲稳定下来,客家人人数始终占当地华人总数的一半以上。据现在调查了解,沙巴亚庇的客家人主要来自广东深圳(旧时新安),部分来自龙川、惠阳和梅县等地,来自不同祖籍地的客家人在此融合成新安大客家。

沙巴是多民族多种族的地区,这也产生了一个多语多方言的语言环境。一方面,新安客家方言是亚庇华人使用人数最多的一个强势汉语方言,不少福建人、广东人都会说客家话,也有一些马来人,甚至有些当地土著也能说客家话。另一方面,新安客家话与马来语、英语和华语以及粤语和闽南语等其他语言和方言接触频繁,政府推行的三语并行的华文教育对新安客家话的影响也日益明显。所以，客家话在影响其他语言和方言的同时，也受到其他语言和方言的影响。

亚庇客家话保留了许多祖籍地的客家话特色，同时也受马来西亚当地多元语言文化的影响，产生新变化，其中，以词汇方面的变化最为突出。我们称这些与祖籍地相比有新变化的词为"特色词"，变化主要表现在创新词和借词两方面。创新词中有一类是指称祖籍地没有、异国他乡特有的事物的词，这类创新占了创新词的大部分；还有一类指称的事物祖籍地方言也有，不过所采用的说法或者完全与祖籍地方言不同，或者经过了改造，与祖籍地方言有明显差异。创新词的产生必然离不开当时当地的社会文化环境；此外，海外汉语方言中存在大量来源不同的借词，也是影响创新词形成的重要因素。

人们创造新词来表达相关社会文化现象或事物，而这个词的产生与造词理据有关。造词理据是指称呼某事物的理由或依据。许树娟先生和姚春林先生将现代汉语新词的构词理据分为4个：语音理据、语义理据、形态理据和词源理据。

本文依据海外汉语方言词汇特色，结合实地调查材料，将海外汉语方言创新词的造词理据也分为4类：语音理据、语义理据、结构形态理据和词源理据。语音理据主要表现在拟声词和谐音方面，通过拟声构成新词；语义理据是指在原来词义的基础上产生了新的词义；结构形态理据是指构成的新词语是将语言中现有的语料进行重新整合，获得的新词语的语义一般可以从新词语所含语素义中推导出；词源理据则主要是指借词。

本文依据实地调查材料，得出亚庇新安客家话的创新词的造词理据主要有语义理据和词源理据，并从这些词的造词理据入手，窥探亚庇客家话的创新词反映的社会文化。

一、单一造词理据——语义理据

语义理据是指原有的语素义通过类比、引申、比喻修辞转化等方式得出新义，形成新词。这是我国自古以来词汇产生的主要理据。亚庇客家话创新词汇中的一部分词只需在原有的语素义上形成新的语素义，便可产生：国内原有的某一事物或事件在马来西亚华人社区里有相似的概念，但因受当地社会文化环境的影响，与国内原有的表达方式产生了差异，亚庇客家人便在原有词汇的基础上进行语义转变，产生新词。这类词便是由单一造词理据——语义理据形成的。

（一）类比构词法

类比法是指借用原有的词，采用类比相同的构词方法，更换部分语素，形成新的词义，得到一个反映当地社会的特色新词。例如：

（1）青包［tsʰiaŋ³³ pau³³］。青包并非国内理解的撞伤后的身体淤青，亚庇华人赋予了这个词新的词义。马来西亚主要有三大民族：马来族、印度族，还有华族。其中，马来族占大多数。华人过年时会给小孩和老人发红包作为压岁钱。受华人这一传统过年习俗的影响，马来人过年（开斋节）时也会发钱给孩子和老人。由于伊斯兰教是马来西亚的官方宗教，伊斯兰教信徒钟情于绿色，便发青色的礼包以示庆祝。青色礼包上的图案五花八门，有清真寺、《可兰经》经文、椰浆饭包和富有民族风情的图案。客家人便类比借用原有的"红包"一词，称这种青色的礼包为"青包"。这也是华人对马来族发的青色礼包的特称，体现了当地华人传统习俗文化对马来习俗文化的深刻影响。

（2）货口［fɔ⁵²⁻⁵⁵ si¹¹］。在亚庇青年和中年群体中，频繁出现的一个词——"货口"，当地人常写作"货私"，为了简写，也常写作"货C"。这是亚庇新出现的客家词，一般用于对女朋友的戏谑称呼，是个背称。如"经过拉文星（当地地名），遇到靓货私""口［kia³³］系偓货私ᵈ"。亚庇当地客家人无法说清其为何产生。但在《汉语大词典》中，"货"有对人的贬称的意思，多为詈语和玩笑话。在客家话中，也有较多带"货"的人称称谓词，如"四六货"，表示不精明，有些傻气；"大货"在梅县客家话中表示长子和出殡时被扛着的死人；在亚庇祖籍地，今龙岗片客家人骂人时也用"黄泥货"比喻烂泥扶不上墙的人。带"货"的人称称谓词在客家话中一直都有表示对人戏谑的称呼的含义。不同的是，在构词结构上，"口"［si³³］不做"货"的前置定语，而"口"［si³³］究竟是何意，还有待进一步考证。虽然在亚庇，这个词被广泛使用和接受，但当地人还是会觉得有些粗鲁，此词在一定程度上反映了当地部分男性的大男子主义。

（二）词义引申

词义引申是指借用原有的词形和语音，并在原来词义的基础上结合当地社会情况进行词义引申，得到一个新词。例如：

（1）寄票［ki⁵²⁻⁵⁵ pʰiau⁵²］。"寄票"字面上是"邮寄票证"的意思，是"邮寄票证"词组的减缩，但在亚庇客家话中，从其字面含义引申出了新的含义，意为政治腐败。这一含义的由来与马来西亚政选有关：某次选举投票时，某些腐败的政客为了能使指定人选获胜，便通过远程寄票的方式，实则是虚假

投票来帮指定人选获得票数，以赢得选举胜利。后来，亚庇客家人便使用这个词来专指政治上的虚假投票行为，并称这种虚假票为"幽灵票"。由这个词可见，亚庇客家人融入马来西亚不仅体现在习俗文化上，还体现在政治生活上，且"寄票"这一政治负面词的产生也反映了当地华人对当局政治的不满态度。

（2）扮猪尾［paŋ³³tsu³³mɔi¹¹］。这是亚庇客家话对"最后一名"的一种特殊说法，具有幽默效果。据《珠江三角洲方言调查报告》可知，"最后一名"在深圳为"口孻［au⁵⁵lai²¹］"，东莞（清溪）为"孻尾［lai³³mui²¹］"，惠州为"第孻［tʰe³¹lai³³］"和"揽榜［lam³⁵pɔŋ³⁵］"，深圳沙头角为"第尾［tʰi⁴²mui³¹］"，都有用"孻"和"尾"来表示最后、最尾之意。在亚庇客家话中亦如此，猪尾巴本是猪身上最后的一部分，将猪尾巴往后拉，更是末尾的末尾。所以，亚庇客家人用"扮猪尾"一词诙谐地表示考最后一名，既形象又幽默。

（3）仙家［sen³³ka³³］。在《汉语大词典》中，"仙家"有3个意思：一是指仙人所住之处；二是仙人；三是旧时迷信，狐仙之称。在亚庇当地，这个词义发生演变，成了"自作聪明"之意。这个意思的来源有两种说法：一是认为从仙人的意思引申而来，因为觉得仙人比凡人聪明，所以会有人想装仙人，以示自己聪明；二是认为从迷信狐仙之称引申而来，因为旧时路边算卦的也被称为"仙家"，这些"仙家"会算卦，能预知未来，所以"仙家"知道的比别人多，产生了自作聪明之意。笔者认为后者较为可信。一是 D. Maciver M A. 编纂的 *A Chinese-English Dictionary Hakka-dialect as Spoken in Kwang-tung Province*（一本1905年左右出版的英客对照词典）上对该词有记载解释。这本词典为便于宣传基督教的传教士了解广东客家人的情况，记载了当时迁徙过来的广东客家人的语言词汇使用情况。在这本词典中便有关于"仙家"的记录：仙家，s. ka，the Taoists。"s. ka"是注音，"the Taoists"译为道士，与国内走街摆摊的算卦先生相通。二是迷信的指狐仙之称的意思与"自作聪明"在情感态度上相近，都带有些许贬义色彩。三是2010年人口普查的统计数据显示，在马来西亚华人当中，人数最多的是佛教徒（83.6%），其次是基督教徒（11.1%），有道教和其他华人民间信仰的人则占3.4%。因巴色会迁徙过来的亚庇客家人多信仰基督教，信仰道教的只占少数，这种宗教信仰态度或是"仙家"词义引申的一个重要原因。所以，在亚庇客家话中，"仙家"的意思发生了演变，很可能是由原来的"算卦先生"这一具体人称称谓变成了表示"自作聪明"的形容词。这一词语在宗教文化上反映了亚庇客家人对道教的态度，也佐证着巴色会基督教在当地宗教信仰上的重要角色。

二、混合造词理据

一些创新词的产生涉及多种造词理论。这些创新词主要是先受外来词影响，进入客家话以后发生了词义转换，产生新词；或是直接将外来词混入客家话词汇中，发生了词形和词义的转变。但其共同特点都是先借入外来词后，再进行语义转变产生新词。

（一）词源理据和语义理据

词源理据和语义理据共同影响造成新词，是指先借用了其他国家的外来语词或其他方言词：语音上，融入本方言的语言音系中；形式上，用音同或音近的字或来表述该词，或是有音无字；词义上，继承和发展该借词原本词义，使该词成为本方言词。例如：

（1）罗⁼惹⁼［lɔ³¹tsiak⁵］。"罗⁼惹⁼"是马来西亚、印度尼西亚和新加坡常见的传统水果和蔬菜沙拉盘，来源于马来西亚词"rojak"。因为常将多种水果混合在一起，所以"rojak"在马来语中含有"混合"或"折中混合"的意思，有时用于指马来西亚社会的多元文化特征，在马来西亚的亚庇也是如此。亚庇的客家人借入该词后，对其词义进行继承引申，还用"罗⁼惹⁼"来指当地通晓多种语言和方言的人，很形象地反映了当地多语言和多方言并用，且当地人多通晓多种语言的情况。

（2）多多（TOTO）［tɔ³¹tɔ³¹］。"多多"本是博彩公司的名称。多多博彩马来西亚有限公司是马来西亚政府在1969年创立的，是马来西亚目前拥有最多销售站及提供最多游戏种类的测字游戏经营者。正因为它在马来西亚有如此大的规模，所以亚庇客家人除了用当时香港赛马会发行的赛马与搅珠相结合的"马票"来称呼彩票，还用彩票公司名字"多多"来指称彩票，通过指称的方式使词义发生转换，如同国内有人会用"邦迪"来指代创可贴。这是一个与马来西亚经济发展相关，且融入亚庇客家词汇中的词，是当地华人对当地经济发展情况的描述，也是华人融入当地生活的一个例证。

（3）□［sɔt³］。在亚庇，英语也是一种非常强势的语言。尤其是在马来西亚的三语教育政策的影响下，英语对亚庇客家话的渗透，受教育者年龄越小，表现越明显。"□"［sɔt³］在亚庇客家话中常被简写为"sot"，一般用于中青年，意为"发疯"。"sot"是英文"shortcut"的缩写。"shortcut"本是捷径之意，但是同时也被认为是截了一半，因此常用来引申为脑子短路。亚庇客家人在用词上喜欢缩写，如"哥打京那巴鲁"（Kota Kinabalu）也常被当地亚庇人简称为"KK"。"shortcut"借入以后也缩写成"sot",并通过缩写有了新的含义。类似词语都能反映当地客家人对多元语言环境的包容和词汇发展创新的活力。

(二) 词源理据、形态理据和语义理据

词源理据、形态理据和语义理据的共同影响是指:首先,在词源上,借用了其他国家外来语词或其他方言的词;其次,在形态上,用音同或音近的形式表达出该借词,并与其他方言词组合成新词,得到新词的基本含义即两个词组合起来的含义;最后,在语义上,该词通过与当地社会文化相结合产生基本含义以外的新词义。例如:

(1) 喝□□ [he^{55}kɔ^{33}pi^{33}]。"□□" [kɔ^{33}pi^{33}] 为马来语"kopi"(咖啡),词语组合以后字面意思为"喝咖啡"。另外,当地客家人还用该词表示"政治行贿"的意思。在盛产咖啡的马来西亚,喝咖啡与国内喝茶一样平常,华人开的茶餐厅也提供各式各样的咖啡。"喝茶"在国内有些场合可引申出"找人谈论重要或严肃的事情"的意思。相应地,"茶"在文化用词方面也被"kopi"取代。为达到政治选举上想要的目的,行贿者常以"喝咖啡"为幌子邀请政府高层,其间对其进行贿赂。亚庇客家话直接借用了马来语的"kopi"一词来表示咖啡,"喝□□"因此就多了一层"受贿"的意思。这是类比国内"喝茶"并结合马来西亚当地的实际情况引申出来的新的词义,与"寄票"共同反映了当地的政治文化,以及当地客家人对政府的态度。但亚庇客家话说"喝"为"饮"或"食",所以该词应是受华语和马来语的共同影响而产生的,它所用语素也体现了多语言环境对客家话的影响。

(2) 搞煮饭咖喱 [kau^{31}tsu^{31}fan$^{52-55}$ka^{55}li^{55}]。"搞煮饭咖喱"一词组合后的字面意义是"烹饪咖喱",但在当地文化的影响下,亚庇青年喜欢用具体烹饪活动来指代整一个模仿家庭行为的说法,是对"过家家"这种游戏的创新表达方式。马来西亚是个多民族多种族的国家,当地印度人人口占马来西亚公民人口的一定比重,加之马来人也喜欢吃咖喱,所以咖喱在马来西亚的餐饮中十分常见。印度文化常与当地马来人和华人的文化相互渗透。自然而然地,外来词"咖喱"融入了当地客家人的生活。与中年人多用"煮饭仔"来形容"过家家"不同,青年一代不仅吃"咖喱",而且会把外来词作为语素来重新构词,"搞煮饭咖喱"便是例证。在该词中,"咖喱"借入后不再指具体的食物,而是词义进行扩大引申,指代所有烹饪食物。该词不仅具有印度饮食文化色彩,体现了中印文化的交融,而且表明年轻一代的马来西亚华人对外来事物和概念能够更好地吸收内化,马来西亚的多元文化随着时间的推移将会更加

密切。

（3）跳□□□［tʰiau⁵²tsie³³lɔ³³pʰɔi³¹］。"跳□□□"［tʰiau⁵²tsie³³lɔ³³pʰɔi³¹］在亚庇客家人的词汇中表示跳皮筋。"□□□"［tʰiau⁵²tsie³³lɔ³³pʰɔi³¹］则是借用英语的"zero point"，与"跳"组合后，该词的字面意思是"跳零点"，但在马来西亚，"跳□□□"［tʰiau⁵²tsie³³lɔ³³pʰɔi³¹］意为跳皮筋。它的绳子是由皮筋一环连接一环编成的弹性十足的橡皮圈，可以接得很长。它的玩法是由两人一起，一人手拿一端，跳者依次从最低的脚趾（zero）慢慢上升到最高的头顶（point），谁无法跳过，便被淘汰。所以，"跳□□□"［tʰiau⁵²tsie³³lɔ³³pʰɔi³¹］有了新的含义。"zero"本义为零，借入后引申为低处的脚趾，"point"本义为顶点，借入后引申为头顶。"跳□□□"所表达的概念国内虽然也有，但亚庇客家人借用英语，组合成新词来表达同样意思，是"跳皮筋"的创新说法，再一次印证了马来西亚多语言之间的相互交融和影响。

【参考文献】

［1］陈晓锦. 东南亚华人社区汉语方言概要［M］. 广州：世界图书出版广东有限公司，2014.

［2］纪多纳，玛坚绣. 客英词典［M］. 上海：上海大学出版社，2019.

［3］林水檺，骆静山. 马来西亚华人史［M］. 吉隆坡：马来西亚留台校友会联合总会，1984.

［4］林水檺，何启良，何国忠，等. 马来西亚华人史新编（第一册，第二册，第三册）［M］. 吉隆坡：马来西亚中华大会堂总会，1998.

［5］王艳. 汉语新词语造词理据分析［J］. 青年文学家，2009（9）.

［6］徐树娟，姚春林. 现代汉语新词语构词理据［J］. 河北联合大学学报（社会科学版），2013（4）.

［7］詹伯慧，张日昇. 珠江三角洲方言调查报告之二：珠江三角洲方言词汇对照表［M］. 香港：新世纪出版社，1998.

［8］张德来. 沙巴的客家人［M］. 沙巴：沙巴神学院，2002．

马来西亚诗巫的闽清话

林文芳[1]　洪　英[2]

(1. 香港都会大学　2. 香港理工大学专业进修学院)

【摘　要】海外闽方言主要包括闽南方言、潮汕方言、海南闽语和闽北、闽东方言。其中。闽北、闽东方言主要分布在南洋一带。本文考察的闽东方言闽清话属于闽东方言侯官片(据《中国语言地图集》,1987),主要分布在马来西亚砂拉越州诗巫市。诗巫又称"小福州""新福州",其所处的婆罗洲岛自古以来就是海上丝绸之路的重要一环。因此,研究婆罗洲岛上的汉语方言对"一带一路"视野下的人文交流有着重要的意义。本文从共时比较的角度描写闽清话的音系和词汇,揭示其独特的语音特点与复杂的词汇来源。

【关键词】马来西亚　砂拉越　诗巫　闽东方言　福州　闽清话　语音　词汇

一、引　言

诗巫(Sibu)也称"泗务""西布",位于马来西亚砂拉越州中部,是砂州第三省的主要行政中心和商业市镇,人口20多万,其中华人占80%。诗巫华人大多来自旧福州府十邑,故有"新福州""小福州"之称。自1901年黄乃裳带领第一批福州移民抵达诗巫,福州人逐渐发展为砂拉越最大的华人方言群,人数约为20万(田英成,2011:68),目前约有一半居于诗巫市。在福州籍华人中,闽清人最多,古田、屏南次之,因此,当地的福州话以闽清口音为主。据民间统计,诗巫的闽清人有6万多人。

据《闽清县志》(1993)记载,1900年,闽清六都湖头人(今坂东镇)黄乃裳与砂拉越王签订了开垦土地条约,并组成新福州垦殖公司。20世纪初期分三批在闽清、古田、长乐、闽侯、屏南等地招募了1000多人到达诗巫开荒,形成了闽清历史上最大一次规模的移民。早期诗巫的闽清移民以务农为主,随着经济的发展,闽清华侨逐渐成为当地木材业和造船业等工商业的翘楚,为当地的经济文化发展做出了重要的贡献。

据调查,诗巫的闽清人除了说自己的母语,还会说马来语、英语、当地的伊班语和各种汉语方言,如闽南话、潮州话等。这种多语融合的环境形成了诗巫闽清话别具一格的语言特点。本文分析其语音和词汇特点，材料为笔者于2018年7月在诗巫实地调查所得。我们调查了3000多条常用词语，整理出诗巫闽清话的声韵调系统。以往关于海外福州话的研究甚少，本文填补了这一方面的空白。

二、诗巫闽清话音系

本文的发音人刘长举先生是当地第二代华人，被调查时68岁，高中毕业，祖籍闽清二十四都（今福建省闽清县白樟镇部分）下炉乡。本文考察的闽东方言闽清话，属于闽东方言侯官片（据《中国语言地图集》，1987）。值得注意的是，福建的闽清话存在两种口音。根据《闽清县志》（1993）记载，闽清方言内部存在语音差异，除了位处交界地区靠近其他地区的口音之外，大致可以分为两种类型：一是以梅城镇音为代表的口音，分布在靠近城关梅城镇的城区；二是以坂东镇镇音为代表的口音，分布在其余大部分地区。城关梅城由于距离福州市区较近，方言受福州话影响较大。相对而言，坂东地处本县腹地，方言受福州话等其他方言影响较少，可反映闽清方言较古老的形态。根据我们的调查，诗巫的闽清话接近坂东口音，存在着一系列与坂东音相似的特点，下面将从声母、韵母和声调3个方面描述其语音特点。

（一）声母

诗巫闽清话和其祖籍地方言15声母系统相比，略有不同。诗巫闽清话的声母共16个，多了一个唇擦音［f］。具体如下：

p	pʰ		m	f
t	tʰ		n	l
ts	tsʰ	θ		
k	kʰ	h	ŋ	∅

说明：

（1）有丰富的声母类化现象。在连读当中，后字的声母（［m］［n］［ŋ］除外）往往受到前字韵母的影响而发生有规律的变化，即"声母类化"，并产生［ʒ］［β］两个声母。

（2）与本土的闽清方言相比，诗巫的闽清音系多了一个［f］声母，这是语言接触的结果，一般出现在英语借词中。如"传真"［fek⁵］、"胶卷"［fi²¹ liŋ⁵⁵］、"档案夹"［fa³³］等。

（二）韵母

闽东方言侯官片的一个显著特点是"变韵"现象，即一个韵体按照调类的不同分出紧韵和松韵两个互为条件变体的韵母。据县志记载，福建闽清城关的梅城音比较接近福州音，存在变韵现象，而以坂东镇及其周边地区为代表的坂东音则没有此现象。我们调查的诗巫闽清话在语音上比较接近坂东音，因此并没有出现明显的变韵现象。不过，必须指出的是，我们观察到在词语的连读中，闽清话也有不规则的变韵现象出现，但并不稳定，如在两个语音结构相同的词语"大前年"［tuai²¹ tsien⁴⁴ nien²⁴］和"大后年"［tui²¹ au⁵² nien⁴⁴］中，"大"的读音出现了两个变体，可视作变韵现象。不过，由于总体上并不多见，所以本文忽略不计。

诗巫闽清话共有 51 个韵母（不包括两个声化韵母），我们按照韵母的结构详列如下：

i		iŋ	ik	
u	ui/uei/uoi	uŋ	uk	
y		yŋ	yk	
e	eu	eiŋ	eik	
o		ouŋ	ouk	oʔ
ø	øy	øyŋ	øyk	øʔ
a	ai	aŋ	ak	aʔ
iu	au			
ie	ieu	ieŋ	iek	
ia		iaŋ	iak	iaʔ
yo		yoŋ	yok	yoʔ
uo		uoŋ	uok	uoʔ
ua	uai	uaŋ	uak	uaʔ

说明：
(1) 单元音［e］［o］［ø］比复元音中的［e］［o］［ø］开口度较大。
(2) 入声［k］和喉塞尾［ʔ］对立。
(3) 复元音韵母［ui］［uei］［uoi］互为变体，记音时按实际情况处理。
(4) 借词中出现的其他韵母如［ə］，不纳入音系。

（三）声调

据前面的介绍，诗巫的闽清话接近坂东音，存在一种特殊的韵尾分调的现象。这种现象主要出现在古浊平字今读，古浊平字今读调值按照韵尾分为两类：一类为阳平甲，是开尾韵，如［i］［y］［u］［o］［e］［a］［ia］［ua］［ie］［uo］［yo］；另一类为阳平乙，是非开尾韵，如［ai］［au］［eu］［iu］［ui］［oy］［iŋ］［yŋ］［uŋ］［aŋ］［oŋ］［eŋ］。其中，阳平甲和阴平调值出现合并，如"华＝花""爬＝巴"。具体描述见表1。

表1 诗巫闽清话的声调

调类	调值	例字
阴平	44/45	东、灯、分、花、姑、粗、开、刀
阳平甲	44/45	何、题、茶、华、除、麻、迟、婆
阳平乙	352	雷、流、才、朋、红、含、熊、咸
上声	32	粉、饱、等、古、死、鬼、纸、响
阴去	21	四、贵、帝、帐、正、醉、变、菜
阳去	242	洞、骂、样、地、步、饭、害、帽
阴入	2	竹、笔、骨、德、鸭、铁、拍、八
阳入	5	六、局、白、读、杂、合、木、十

说明：

（1）阴平调是一个微高升调，音节末有张声，记为［44］和［45］两种自由变体。阳平调的调值分化为两类——［45］（与阴平合并）和［352］。其分化以韵母的结构为条件，读［45］的是开尾韵，读［352］的是非开尾韵。

（2）阴去调发音短促，伴随特殊发声态如嘎裂声或喉堵态。

（3）阳去调有两折调［0242］变体，音节前半段伴随嘎裂声。

（4）入声是短调，分阴阳两调，均带有特殊发声态。阴入带喉堵，阳入为张声嘎裂。连读时部分入声字出现舒化现象，阴入舒化调值记为［21］，阳入舒化调值记为［52］。

（5）诗巫的闽清话的连读变调极其复杂，本文不再赘述，将另文报道。

三、诗巫闽清话词汇特点

上文提到，诗巫处于英语、马来语，以及闽南方言、潮州方言、粤方言等汉语方言的多语融合的环境，诗巫闽清话受到外来语的影响也是很大的，尤其在词汇方面。下面将从借词方面探讨诗巫闽清方言词汇的多元性。

（一）英语借词

诗巫的古田话和闽清话词汇中夹杂了大量的英文借词，这也是马来西亚汉语方言的一个普遍特点。这是因为马来西亚曾经是英国的殖民地，英语长期被作为行政和商务用语使用，因而英语在国民中的流通程度也很高。举例见表2。

表2　诗巫闽清话中的英语借词

词条	英文	诗巫闽清话
公寓	apartment	$aʔ^2 pak^5 mein^{32}$
兰花	orchid	$oʔ^2 kiek^5$
夹肠面包	hot dog	$hok^5 tok^5$
塑料	plastic	$pa^{44} la^{44} sik^5$
烤炉	oven	$o^{44} pein^{44}$
护士	nurse	$nuk^5 sy^{242}$
白领	office	$ok^2 pik^5$
支票	check	$tsek^5$
执照	license	$le^{21} lin^{24}$
动画	cartoon	$k^h aʔ^2 t^h un^{44}$
胶卷	film	$fi^{21} lin^{44}$

（二）马来语借词

马来语是马来西亚的官方语言，因此诗巫的古田话和闽清话也有部分的马来语借词。举例见表3。

表3　诗巫闽清话中的马来语借词

词条	马来文	诗巫闽清话
斋戒	puasa	$puaʔ^2 sa^{44}$
穿山甲	penguling	$la^{44} li^{32}$
马来砍刀（巴冷刀）	parang	$pa^{21} lan^{21} to^{24}$
波罗蜜	mangka	$man^{44} kaʔ^5$

续上表

词条	马来文	诗巫闽清话
城里	pasar	$pa^{21}la\text{ʔ}^2ke^{24}$
马来服饰	batik	$pa\text{ʔ}^2tek^5$
烤肉串	sate	$sa\text{ʔ}^2te^{44}$
警察	mata	$ma^{21}lak^5$
山竹	manggis	$maŋ^{21}kik^2$

关于"城里"一词的说法，[$pa^{21}la\text{ʔ}^2ke^{24}$]未见于马来西亚的借词文献，本文推测是从马来西亚的"pasar"（巴刹，即菜市场）一词演变而来，采用音译加译标方式：[$pa^{21}la\text{ʔ}^2$]（pasar）+ [ke^{24}]（街）。而在"穿山甲"一词中，马来语中，穿山甲是"penguling"，这里闽清的说法 [$la^{44}li^{32}$] 也有可能是"鲮鲤/鲮鳢"，因为在古代的中国称穿山甲为"鲮鱼""鲮鲤""鲮鳢"。

（三）其他汉语方言借词

上文提过，砂拉越早在19世纪已有闽南人、潮州人和客家人活动的痕迹。其中，闽南人和潮州人以经商为主，客家人则主要从事矿业的开采及农耕。20世纪初，福州移民主要聚居在市镇附近的乡居，因此，语言的接触不算频繁。蔡增聪（2004）认为，随着"二战"后经济活动的转移，福州人开始大规模地进入市区从事商业活动，这时就不可避免地与城里的闽南人、潮州人等其他族群发生紧密的联系，语言接触也开始变得频繁，一些闽南、潮州或其他汉语方言族群的词汇也进入了福州话。举例见表4。

表4　诗巫闽清话中其他汉语方言借词

词条	其他汉语方言	诗巫闽清话
做生意	做生理	$tso^{21}leiŋ^{21}ŋi^{32}$
老板	头家	$t^hau^{21}ke^{44}$
随和	亲猪	$ts^hiŋ^{21}ts^hai^{32}$
沙河粉	粿条	$kui^{21}teu^{24}$
猪肠粉	猪头粉	$ty^{21}lau^{52}uŋ^{32}$
糖水	糖水	$t^houŋ^{44}ʒui^{32}$
清补凉	清补凉	$ts^hiŋ^{21}puo^{21}lyoŋ^{24}$

续上表

词条	其他汉语方言	诗巫闽清话
萝卜糕	萝卜糕	la^{21} βuk^5 ko^{44}
烧卖	烧卖	sieu^{52} muai^{21}
皮蛋瘦肉粥	皮蛋瘦肉粥	p^{h}ui^{21} louŋ^{24} sieu^{21} nøyk^5 pa^{52} yk^2
骗子	老千	lo^{21} ts^{h}ieŋ^{44}

我们可以看到，一些与商业有关的词语，如"做生理""头家"等借自闽南话；而一些饮食类的词语，如"猪肠粉""糖水""皮蛋瘦肉粥"等则借自粤语。但总体来看，诗巫的古田话和闽清话借自其他汉语方言的词语不算很多。这是因为目前福州话在诗巫属于强势方言，福州社群的影响力远远大于其他族群，因此，福州话能够保持其自身语言的完整性。我们在调查中发现，闽清人对自己的母语有很深厚的感情，并且以说福州话为荣，这也是其祖语词汇能够非常完整地保留的一个重要因素。

四、结　论

以上简单介绍了马来西亚砂捞越州诗巫市的闽清话音系，作为海外汉语方言中闽东音系的代表，诗巫闽清话相对于祖语来说，其语音变化是个非常复杂的现象。它们展现了100多年来福州移民在东南亚多语言环境下的丰富变化：一方面，它保留了祖籍母体方言的语言特征；另一方面，它又注入了东南亚诸语言的新生命。它既是考察古老福州方言的活化石，又是研究语言变异的绝佳材料。以上所介绍的不过是其概要，全面的描写还需要搜集大量的语料。我们希望以此抛砖引玉，引起更多对海外福州话的关注。

【参考文献】

[1] 蔡增聪. 砂拉越华人研究译文集 [M]. 诗巫：砂拉越华族文化协会，2003.
[2] 蔡增聪. 历史的思索：砂拉越华人史论集 [M]. 诗巫：砂拉越留台同学会诗巫分会，2004.
[3] 陈晓锦. 论海外汉语方言的调查研究 [J]. 语文研究，2006（3）.
[4] 陈晓锦. 东南亚华人社区汉语方言概要 [M]. 广州：世界图书出版广东有限公司，2014.
[5] 陈晓锦，黄高飞. 海洋与汉语方言 [J]. 学术研究，2016（1）.
[6] 李如龙. 东南亚华人语言研究 [M]. 北京：北京语言文化大学出版社，2000.

［7］李如龙. 海外汉语方言研究的新视野：读《全球华语词典》［J］. 辞书研究，2013（1）.

［8］田英成. 砂拉越华人社会史研究［M］. 诗巫：砂拉越华族文化协会，2011.

［9］中国社会科学院，澳大利亚人文科学院. 中国语言地图集［M］. 香港：朗文（远东）出版有限公司，1987.

［10］张天. 闽清县志［M］. 北京：群众出版社，1993.

马来西亚亚庇客家华人语言生活调查报告

陈嘉乐

(暨南大学文学院)

【摘　要】亚庇市是马来西亚沙巴州的首府，客家人是当地的第一大华人社群，多语言和谐共存的环境使得当地客家华人的语言生活多样而复杂。调查采用问卷法和访谈法相结合的形式进行。调查结果表明，受访的客家华人从老年到青年，在语言能力、日常语言使用和对客家话的态度等方面存在一定程度的代际差异。目前，亚庇客家话后继使用者匮乏，若不加以传承和保护，其濒危程度将进一步加剧。

【关键词】　亚庇　客家华人　语言能力　语言使用　语言态度

一、引　言

亚庇市（又称"哥打京那巴鲁"，Kota Kinabalu）是马来西亚沙巴州（Negeri Sabah）首府，位于沙巴州西海岸省，是东马的工业及商业重镇，旅游资源丰富。历史上亚庇曾多次遭遇火灾，被称为"火之都市"。"火"在马来语中为"api"，当地华人根据客家话的谐音，将其写作"亚庇"，这一名称便广为传播并沿用至今。根据马来西亚统计局 2017 年的官方统计，亚庇全市约有 55.39 万人，主要由马来人（Bumiputera）、华人（Chinese）、印度人（Indian）和当地土族卡达山人（Kadazan）、杜顺人（Dusun）、毛律人（Muruts）组成。华人中，客家人占绝大多数，此外还有广府人、福建人、海南人、潮州人以及少部分天津人、河北人和湖北人。客籍华人多来自广东宝安（新安）、龙川、五华、惠阳、紫金和东莞等地，其中以宝安为最多，龙川次之，其他祖籍地的客家人数量远不及前两者。得益于巴色会的传教和人口优势，宝安话是亚庇客家华人通用的"标准客家话"。

二、调查说明与样本基本情况

本次调查主要采取街头随机发放问卷的形式，同时辅以访谈法验证统计结果,挖掘背后的原因。调查时间为 2019 年 7 月。调查地点在亚庇市区。调查对象是居住在亚庇的 14 周岁及以上的客家华人。问卷共设计个人基本情况、语言能力、语言使用、语言态度四大模块。问卷计划的样本容量需超过 100 份,实际发放问卷 110 份,收回有效问卷 104 份,有效率达 94.5%,符合预期要求。问卷样本的个人基本情况统计结果见表 1。

表 1 调查问卷样本个人基本情况

样卷考察项		样本数	百分比（%）	样卷考察项		样本数	百分比（%）
年龄段	14～34 岁	35	33.65	职业或社会身份	文职等非体力劳动人员	22	21.15
	35～59 岁	39	37.50		专业技术人员	7	6.73
	60 岁及以上	30	28.85		商业从业者及服务业人员	42	40.38
性别	男	52	50.00		学生	20	19.23
	女	52	50.00		退休人员	13	12.50
祖籍地	广东	宝安	31	29.81		其他	2	1.92
		龙川	18	17.31	受教育程度	小学	5	4.81
		其他	18	17.31		初中	28	26.92
		不明	23	22.11		高中	31	29.81
	只知是客家	14	13.46		大专或以上	40	38.46
第几代华人	第一、第二代	16	15.38	是否上过华校或华语补习班	是	96	92.31
	第三代	56	53.85		否	8	7.69
	第四代及以上	29	27.89	16 岁前是否有外出生活经历	是	15	14.42
	不清楚	3	2.88		否	89	85.58

三、语言能力

(一) 小时候最先学会的语言或方言

在 104 份样卷中,有 73 人最先学会客家话,30 人最先学会华语(普通话),5 人最先学会英语,7 人最先学会马来语。不同年龄段和不同世代的客家华人最先学会的语言或方言有所不同。(如图 1、图 2 所示)

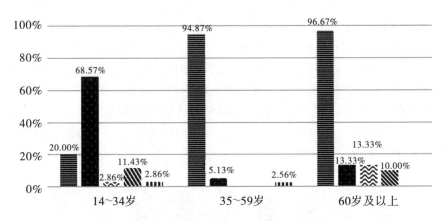

图 1　各年龄段客家华人最先学会的语言或方言

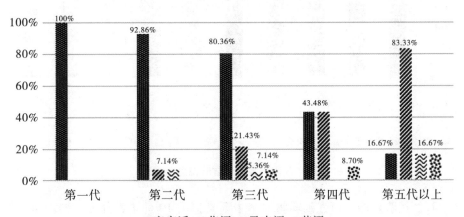

图 2　不同世代客家华人最先学会的语言或方言

就年龄来看，中、老年华人几乎都最先学会客家话，青年华人多数最先学会华语。就世代来看，第四代是分水岭，绝大多数第四代之前的华人最先学会的语言是客家话，从第四代开始，最先学会客家话的大幅减少，最先学会华语的则明显增多。由此可见，客家话在亚庇客家华人中的母语地位逐渐被华语取代。此外，马来语和英语成为新一代亚庇客家华人最先学会的语言的占比也越来越大。

（二）多语言听说能力统计

沙巴是多民族、多文化融汇的乐土，多元的文化背景及和谐的种族关系滋养了该地区的多语环境。除了国语马来语外，英语、华语、客家话、广府话、潮州话、福建话、海南话、杜顺语和卡达山语都是沙巴地区的常用语言。如此背景下成长的华人往往具备多语能力。问卷从听、说两方面来考察亚庇客家华人的语言能力，由强到弱，分"说得很流利""说得不流利""只会说一点""会听不会说""只会听一点"和"不会听也不会说"6个等级，前两个等级代表语言能力较好，中间两个等级代表语言能力一般，后两个等级代表语言能力较差。统计结果如图3所示。

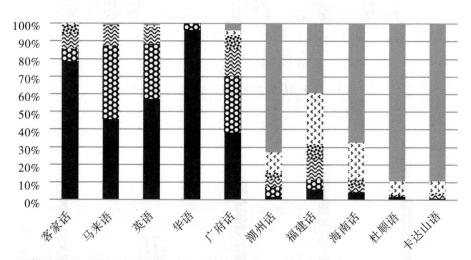

图3　问卷样本多语言听说能力统计

我们按听说能力由强到弱将样本主要掌握的10种语言分为4档。第一档为华语和客家话。几乎所有受访的客家华人都能较流利地使用华语进行交流，客家话也有超过八成的华人能够流利地使用,但有部分青年人只会听不会说。第二档为英语、马来语、广府话。这一档的语言多数受访者掌握得较好,尤其是英语和马来语。广府话则稍弱,近10%的受访者听说能力较差。第三档为福建话、海南话、潮州话。逾六成样本至少能听懂一些福建话,相应地,海南话和潮州话则只有三成左右,而且绝大部分是老年人。第四档为杜顺语、卡达山语。只有少数和土族通婚或与土族来往密切的华人能听或会说。通过进一步分析我们发现,客家华人的多语言听说能力存在一定的代际差异,这其中差异最大的就是客家话。(见表2)

表2 各年龄段样本客家话听说能力

年龄段	说得很流利	说得不流利	只会说一点	会听不会说	只会听一点
14~34岁	40.00%	20.00%	22.86%	14.29%	2.86%
35~59岁	97.44%	—	2.56%	—	—
60岁及以上	100.00%	—	—	—	—

由表2可见,中、老年华人的客家话普遍说得很流利,青年华人的客家话听说能力却只能算是一般,受访者中有22.86%只会说一点,还有14.29%仅限于能听而不会说。因此,尽管客家话曾是亚庇华人圈的共同语,但随着方言的失传,多数年轻一代客家华人掌握较好的语言只有华语、英语和马来语3种。

四、语言使用

为了解亚庇客家华人日常使用的语言,我们设置了家庭生活、邻里交流、工作场合、学校生活和市集购物5种交际场合进行考察。下文重点介绍不同年龄段华人的语言使用情况。

(一) 家庭生活

各年龄段样本家庭生活语言使用情况如图4所示。

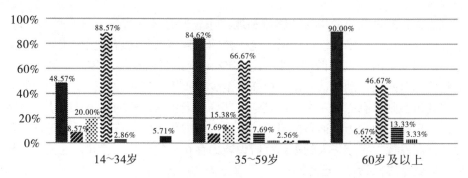

图4 各年龄段样本家庭生活语言使用情况

由图4可见，受访的客家华人主要家庭用语是客家话和华语：老年华人与同龄人交流时都说客家话，与儿女或孙辈交流则多用华语；青年华人在家里以说华语为主，只会偶尔在和祖辈说话时说几句客家话。英语、马来语虽不是主要的家庭用语，但各年龄段均有一定的使用频率，越是低龄段，使用频率越高。其他华社方言主要是中、老年华人使用。

（二）邻里交流

各年龄段样本邻里交流语言使用情况如图5所示。

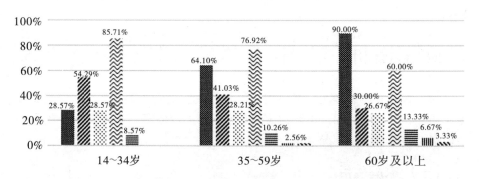

图5 各年龄段样本邻里交流语言使用情况

观察图5可知，在与邻里交流时，客家话依然是老年华人最常用的语言，其次是华语。一些老年受访者掌握多种语言，他们表示，自己"见到福建人会讲福建话，见到广府人会说广府话，见到土族也会跟他们讲两句土族的话"。中年受访者与邻里交流最常用的则是华语，客家话的使用频率相较老年有所降低，马来语和英语的使用频率则有一定程度的提高。到了青年受访者，邻里交流时最常用的已经是华语了，马来语也超过客家话，成为使用频率第二高的语言，而客家话只有小部分年轻人与祖辈邻居交流时会使用。

（三）工作场合

各年龄段样本工作场合语言使用情况如图 6 所示。

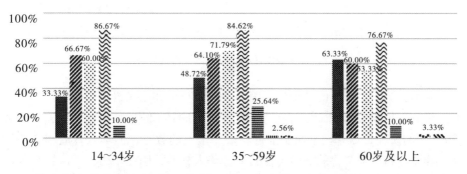

图 6　各年龄段样本工作场合语言使用情况

工作场合的语言使用与受访者的职业有很大的关系。除学生不计，华语、马来语、英语和客家话是受访者在工作场合最常使用的几种语言。各年龄段华人工作场合语言使用的主要差异就在于，从老年人到青年人，客家话的使用频率逐渐降低，英语、马来语的使用频率逐渐升高。此外，3 个年龄段的受访者均有一定比例会在工作场合说广府话，除了因为当地有不少广府籍华人外，沙巴与广东观光、商贸来往密切也是重要的原因。

（四）学校生活

各年龄段样本学校生活语言使用情况如图 7 所示。

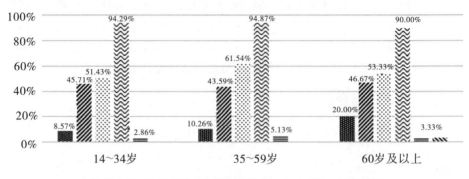

图7 各年龄段样本学校生活语言使用情况

由于受访者多数上的是华校,因而华语、英语和马来语是学校生活主要用语,其中,华语使用频率最高,马来语作为国语仅排第三位。根据洪丽芬(2008)的研究,尽管马来西亚推行马来文至上的教育,但华人普遍担心伊斯兰宗教文化和马来文化的灌输会使其抛却华人根基,因而华语也并未在马来教育政策的施压下失去语言群。此外,各年龄段都有一定比例的华人会在学校说客家话、广府话,但这实际上违反了华校"不许在学校说方言"的规定,受访者也表示自己"只是偷偷在课间休息时和同学小声说,被校领导发现会被记过"。

(五) 市集购物

各年龄段样本市集购物语言使用情况如图8所示。

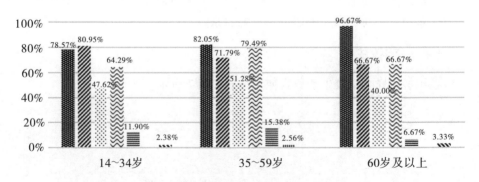

图8 各年龄段样本市集购物语言使用情况

图 8 的数据显示，客家话、马来语、华语和英语是各年龄段华人在市集购物时常用的语言。老年华人最常使用客家话，他们表示自己"喜欢找会说客家话的老板买东西，比较好沟通"。不少受访者透露，为了和客家人做生意，其他方言社群的人甚至土族也会学说客家话，这也是客家话在市集购物场合使用频率较高的重要原因。马来语是多数青年华人市集购物时的首选语言。华语一般只在华人进行买卖交易时使用，因此，使用频率没有其他交际场合高。英语作为马来西亚的第二语言，各年龄段均有五成左右华人会在购物时使用。

综合受访者在以上 5 种交际场合的语言使用情况，我们至少可以得出以下结论：①华语是亚庇客家华人日常生活使用频率最高的语言；②青年华人的日常使用语言与中、老年华人有较大差异，主要表现为客家话的使用频率大幅降低，英语和马来语的使用频率有不小的提升；③客家话的使用范围逐渐缩小到家庭生活，使用群体趋于老龄化；④随着老年华人掌握的方言和土族语言在青年华人中的"失传"，华语、英语和马来语将成为未来亚庇客家华人各交际场合最常用的几种语言。

五、语言态度

语言态度是考察语言使用者语言生活状况的重要指标，它对了解使用该语言社群的心理状态具有重要的现实意义。冯广艺（2013）认为，语言态度是指人们在语言生活中对待某种语言的基本意见、主张以及由此带来的语言倾向和言语行为。下面我们由浅及深，从认知、感情与价值评判、行为倾向 3 个层面综合考察亚庇客家华人的语言态度。

（一）认知层面

1. 龙川话、宝安话是否为客家话

前文已经提到，亚庇的客家华人以宝安籍和龙川籍为最多。尽管如此，很多人并不清楚自己的祖籍地是哪里，因而没有"宝安人""龙川人"等以地域区分的认同感。甚至有的华人即便知道自己的祖籍地所在，也没有"宝安话""龙川话"等方言点的概念，只知自己说的是客家话。调查结果显示，对于龙川话和宝安话是否为客家话，61.54% 的受访者认为两者都是，有 30.77% 表示并不清楚。此外，各有 2.88% 认为龙川话和宝安话两者中只有一种是客家话，还有 1.92% 认为两者都不是客家话。（如图 9 所示）

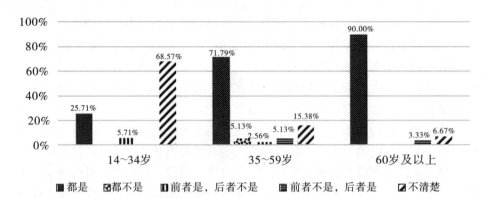

图9 各年龄段样本对龙川话和宝安话是否为客家话的看法

通过对不同年龄段样本的观察,我们发现,认为龙川话和宝安话都是客家话的绝大部分是中老年华人,他们往往知道自己的祖籍地,对祖辈迁居沙巴的历史也有一定的了解。表示不清楚龙川话和宝安话是不是客家话的主要是青年华人。调查过程中,常听他们说"我只知道我说的是客家话,不知道什么是龙川话什么是宝安话"。事实上,他们所认知的"客家话"只是沙巴地区通用的"标准客家话",而非我们惯常认为的作为汉语七大方言之一的"客家方言"。这说明,老一辈沙巴客家华人对"宝安""龙川"等不同祖籍地的认识在青年客家华人中逐渐泛化为"沙巴客家同为一家"的认同感。

2. 本地哪种客家话最具代表性

调查结果显示,有35.58%的受访者认为亚庇本地最具代表性的客家话是宝安话,这其中超过九成是中、老年华人;3.85%认为本地最具代表性的客家话是龙川话;60.57%认为"都是客家话,无所谓哪种最具代表性",这其中青年华人的比重超过八成。(见表3)这个结果进一步说明了亚庇的客家华人逐渐淡化祖辈不同来源的认识,这将进一步推动并促成亚庇乃至沙巴不同祖籍地客家华人的大融合。

表3 问卷样本对本地哪种客家话最具代表性的看法

选项	比例
龙川话	3.85%
宝安话	35.58%
都是客家话,无所谓哪种更具代表性	60.57%

3. 与父辈或祖辈讲的客家话是否有区别

图 10 的数据显示，针对自己讲的客家话与父辈或祖辈讲的是否有区别，绝大多数老年华人认为"没区别"，中年华人以认为"有区别，但是不大"和"没区别"的居多，青年华人则有超过七成认为"有区别，但是不大"或"区别比较大"。这表明，根据客家华人自身的感知，亚庇客家话已经出现了一定程度的代际差异，根据我们后续的语言本体调查，这种差异很大程度上体现在多语码混用导致的语音和词汇变异上。

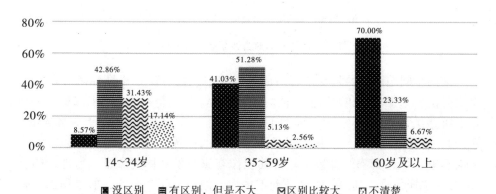

图 10　各年龄段华人对自己讲的客家话与父辈或祖辈讲的是否有区别的看法

（二）感情与价值评判层面

1. 对主要掌握的语言的看法

为了考察亚庇客家华人对主要掌握的几种语言的感情和价值评判，我们设置了"最好听""最亲切""最有用"和"最有地位"4 个问题供受访者回答。调查时，要求受访者尽量单选，但仍有不少问卷存在一题多选的情况，我们根据其实际填写结果进行统计。（如图 11 所示）

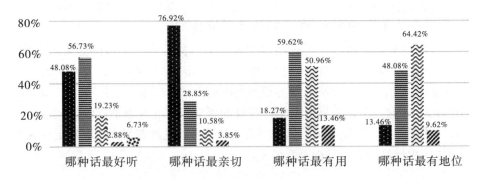

图 11　问卷样本对主要掌握语言的看法

前两个问题调查的是受访者对语言的主观感情。针对"哪种话最好听",多数受访者选择华语和客家话,他们普遍认为华语和客家话说起来都是轻声细语,听感柔缓悦耳。针对"哪种话最亲切",接近八成人选择了客家话,76.92%的比例甚至高于受访者母语为客家话的比例。这说明绝大多数客家华人对客家话怀有真挚的情感,并将其视作客家身份认同的象征。另外,还有28.85%选择华语,其中有较多是青年华人,他们最先学会的一般是华语,客家话听说能力较弱,因此对客家话并没有如母语般的亲切感。

后两个问题调查受访者对语言功利性和地位高低的价值判断。在"哪种话最有用"的调查中,选择华语的最多,这大概是因为沙巴地区华人占比较高,华语交际范围广,实用性强。英语、客家话、马来语分列其次。在"哪种话最有地位"的调查中,英语占比最高,这主要是由于英语不仅是马来西亚的第二语言,更是世界范围的通用语言;华语排第二位,占48.08%;客家话、马来语各自只占约10%。

由此可见,尽管客家华人对作为社群象征的客家话倾注了浓厚的情感,但他们对其功利性和社会地位的价值评价远不及此。这反映了多语环境下亚庇客家华人语言态度上的矛盾和挣扎,这种复杂的心理在青年一代中尤为显著。

2. 对身边客家人刻意不用客家话的态度

这个问题考察的是受访者对客家话的语言忠诚度。如图12所示,对于身边会说客家话的客家人不用客家话交流,25.00%的受访者觉得这样不好,明明会说客家话却故意不说,数典忘祖,令人生厌;48.08%觉得无所谓,只要双方能顺畅地沟通,使用什么语言都行;还有26.92%觉得相比说客家话,说华语更好,客家话只有老一辈人常说,使用范围和交际功能都不及华语。这一方面反映了亚庇客家华人对多种语言共存共用的认同和包容;另一方面,尽管他们情感上仍保持着对祖辈代代相传的客家话的热爱，但对客家话的语言忠诚度已经趋近微弱，因而面对身边客语使用者互相交流不说客家话的行为显得格外淡然，甚至还有不少人的价值判断超越主观情感，认为说华语才是客语使用者之间交际时更好的选择。

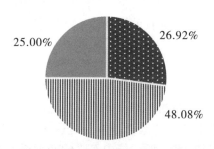

■ 觉得这样不好　　■ 觉得无所谓　　■ 觉得说华语比较好

图12　受访者对身边客语使用者刻意不用客家话的态度

（三）行为倾向层面

语言态度中的行为倾向层面是指语言使用者在语言交际时偏向于使用或不使用某种语言，当该语言是使用者祖辈传继的民族语言或社群共通语时，这一行为在一定程度上反映了语言使用者对该语言的语言忠诚度和语言忧患意识。我们的调查重点在于受访者使用客家话的行为倾向，判断依据为是否会要求后辈说客家话，其中包括"父辈对我"和"我对后辈"的要求。（见表4）

表4　各年龄段样本使用客家话的行为倾向统计

项目	年龄段	会要求	不会要求	不刻意要求，但平时会讲客家话
父辈对我	14～34 岁	20.00%	51.43%	28.57%
	35～59 岁	25.64%	15.38%	58.97%
	60 岁及以上	36.67%	6.67%	56.67%
我对后辈	14～34 岁	28.57%	48.57%	22.86%
	35～59 岁	28.21%	28.21%	43.59%
	60 岁及以上	43.33%	10.00%	46.67%

通过分析表4的数据，我们发现，在被问及是否会要求后辈说客家话时，不论是长辈对自己还是自己对后辈，老年和中年受访者都是选择"不刻意要求，但平时会讲客家话"的最多，而青年受访者则是选择"不会"的最多。其次，"会要求说客家话"的比例由老年至青年逐渐减少，"不会要求说客家话"的比例则是逐渐增加。这表明亚庇客家华人对后辈语言使用的行为倾向存在一定的代际差异，在多语言共存的大环境下，客家话的使用逐渐边缘化。

五、结　语

通过对问卷结果的统计和分析，综合得出以下结论：

从语言能力来看，老年华人的母语基本上是客家话，青年华人多数是华语。华语和客家话是亚庇客家华人听说能力最强的两种语言，但客家话的传承出现断层，后继使用者匮乏，其作为当地华人社群共同语的地位逐渐被华语取代。此外，年轻一代亚庇客家华人掌握得较好的语言只有华语、英语和马来语3种，老一辈华人则还能熟练运用客家话等汉语方言。

从语言使用来看，华语是亚庇客家华人日常使用频率最高的语言。客家话的使用范围逐渐缩小到家庭生活，并很可能在不久的将来成为仅在中老年华人间使用的社群用语。除华语外，英语、马来语是青年华人在各交际场合较常用的语言，这3种语言是未来亚庇客家华人语言使用的主流。

从语言态度来看，亚庇客家华人从老年到青年对客家话的态度在认知、感情和价值评判，再到行为倾向3个层面上均呈现递减的趋势。不仅如此，多数受访者已经察觉到本地客家话存在一定程度的代际差异。目前，亚庇客家话的使用群体趋于老龄化，若不加以传承和保护，其濒危程度将进一步加剧。

【参考文献】

[1] 陈晓锦. 东南亚华人社区汉语方言概要 [M]. 广州：世界图书出版广东有限公司, 2014.

[2] 冯广艺. 论语言态度的三种表现 [J]. 语言研究, 2013 (2).

[3] 河合洋尚. 马来西亚沙巴州的客家人：关于移民、认同感、文化标志的初步报告 [J]. 客家研究辑刊, 2013 (1).

[4] 洪丽芬. 马来西亚语言教育政策的变化及对华人的影响 [J]. 八桂侨刊, 2008 (3).

[5] 冷剑波. 巴色会与广东客家人下南洋关系考略 [J]. 汕头大学学报 (人文社会科学版), 2014 (6).

[6] 王晓梅. 马来西亚柔佛州客家民系的语言转用 [C] // 张双庆, 刘镇发. 第七届国际客方言研讨会论文集. 香港：香港中文大学中国文化研究所, 2008.

［7］游汝杰，邹嘉彦. 社会语言学教程［M］. 2版. 上海：复旦大学出版社，2009.

［8］张德来. 沙巴的客家人：客家华人贡献沙巴州现代化之探讨［M］. 亚庇：沙巴神学院，2002.

［9］张宏武. 马来西亚的多语生态环境及其动态平衡性［J］. 天津外国语大学学报，2019（1）.

［10］庄初升，刘镇发. 巴色会传教士与客家方言研究［J］. 韶关学院学报，2002（7）.

印度尼西亚棉兰市闽南方言的音系特点

William（蔡汶桦）

（厦门大学）

【摘　要】 本文以在印尼棉兰市田野调查所获得的语料为依据，描述了棉兰闽南语的音系，并进一步将棉兰闽南语与中国厦漳泉闽南语语音进行比较。

【关键词】 闽南语　棉兰　语音　比较

一、棉兰及棉兰华人简介

Medan，中文称之为"棉兰"。其位于苏门答腊岛东北部日里河畔，是一个港口城市，也是印度尼西亚共和国的第三大城市。其北临马六甲海峡与马来西亚槟城相望，东、南、西接 Deli Serdang 县，南、西与苏门答腊岛省相邻，介于北纬 3°30′～3°43′、东经 98°35′～98°44′之间。

棉兰是多民族多文化的城市，由于城市里居住着不同的民族，自然也存在各种各样的语言，其中有作为国语的印尼语、不同祖籍华族之间共同语闽南语、印度人母语淡米尔语，以及棉兰土著当地语言爪哇语和马达语。棉兰华人一般掌握 4 种语言，即正规与非正规的棉兰式印尼语、英语、大陆式和台湾式的华语，以及棉兰闽南语。

如上文所说，在印尼棉兰，华人中福建籍的华人占多数，因此，棉兰华人一般将棉兰闽南语称为"福建话"。这里所谓的"福建话"，是福建籍华人与不同祖籍华人的通用语，是棉兰华人在家庭中和社会生活中一种重要的交际工具。其语音特点较倾向于中国漳州闽南语，是棉兰华人语言中的强势语言。此外，棉兰还有一种闽南语变体，当地人称之为"重"或"Bagan 话"。

首先，我们谈一谈"重"这个词。所谓的"重"，相当于"土"，即"土话"。在交流过程中，如果棉兰华人发现对方所说的棉兰闽南语并不是主流的闽南语的话，往往会跟对方说，"汝讲的话真重"（你说的话有点土）。下文将这个口音的棉兰闽南语称为"重福建话"。棉兰华人给它这个称呼是有原因的。由于住在郊区的华人尤其是老一辈的棉兰华人一般以泉州闽南语来交流，所以泉州闽南语在棉兰当地被公认为是比较"土"的闽南语。目前，住在郊区的中青两代的棉兰华人由于与棉兰市中心的福建籍华人频繁地接触，因此会有意识或无意识地改变自己的口音。根据本文的主要发音合作人蔡顺发先生的口述，蔡顺发先生原本在家里所说的闽南语是泉州闽南语，但是由于他接触的社会环境较常用漳州闽南语，所以他不得不将自己的泉州闽南语改为漳州腔的闽南语。现在蔡顺发先生在家里使用漳州闽南语跟自己的孩子说话，而跟其母亲说话则有时用漳州闽南语，有时用泉州闽南语。蔡顺发先生除了跟其母亲用泉州闽南语交流，还会跟"Bagan 人"说泉州闽南语。

前面我们提到了两个概念，即"Bagan 人"和"Bagan 话"。首先，我们需要了解一下什么是"Bagan"。"Bagan"是"Bagansiapiapi"的简称，中文名为"巴眼亚比"，是印尼廖内省 Rokan Hilir 区的行政区。该地方靠近国际公海水道的马六甲海峡，人口为 73360 人，其中华人占了 90%（侯兴泉、曾娣佳，2018：118）。居住在此地的华人是来自中国福建省厦门市同安区的中国移民。按照巴眼亚比当地华人的口传，他们的祖辈当时与泰国宋卡当地居民发生了冲突，才被迫坐船来到这个地方。

综上所述，棉兰华人所说闽南语存在内部的差异。按照棉兰华人对"福建话"的分类，即可分为"福建话"及"重福建话"（或"巴眼话"）两种口音。本文所研究的棉兰闽南语是指棉兰"福建话"和"重福建话"。

有关棉兰闽南方言研究的主要有陈晓锦（2014）《东南亚华人社区汉语方言概要》。其著作研究范围很广，涉及东南亚若干国家中的若干汉语方言；该书从语音、词汇、语法及语言生活 4 个方面对所调查的方言进行了研究，印尼棉兰闽南语也进入其研究范围。不过，陈晓锦关于棉兰闽南语的研究存在可以改善的地方。例如：在发音人方面，陈氏所调查的发音人是出生在印尼棉兰的华人，但居住地是印尼首都雅加达（陈晓锦，2014：1336）；在语音方面，陈氏描写了棉兰闽南语的音系并与中古音系进行比较，但是未进一步探讨棉兰闽南语的音系与中国厦漳泉闽南语的关系；在词汇方面，其研究中所收录的词语仅有 600 个左右，未能够全面地反映棉兰闽南语的词汇面貌。综上所述，进行棉兰闽南语语音、词汇研究是非常有必要的。下面，我们将对棉兰闽南语语音系统进行描写，并将其与中国厦漳泉闽南语进行比较。

本研究所用棉兰闽南语的语料都来自田野调查。棉兰闽南语的主要发音人蔡顺发，男，1966 年生，在印度尼西亚棉兰出生并长大，是第三代华人，祖籍福建南安东田镇，高中学历，从小就会说棉兰闽南语，学校老师用印尼语教学。现在，蔡顺发在棉兰开修车店。

而关于厦漳泉闽南语声韵调，本文借鉴了《闽南方言大词典》（周长楫，2006：引论 14～17）。

二、棉兰闽南语音系

（一）声母

p 爬步赔皮　　pʰ 扶斧配普　　(m) 骂媒妹暝　　b 马墓梅母
t 茶肚猪啄　　tʰ 涂吐柱铁　　(n) 脑篮染卵　　l 南老鹿露
ts 蛇煮脐草　　tsʰ 斜粗厝初　　　　　　　　　dz 字尿热仁　s 沙数世狮
k 家假价公　　kʰ 去起许区　　(ŋ) 猫藕　　　　g 吴五外牛　h 火货花鱼　Ø 芋鞋矮羊

说明：

（1）[m] [n] [ŋ] 与 [b] [l] [g] 是同一音位不同的变体。[b] [l] [g] 受到鼻化韵的影响就会读成 [m] [n] [ŋ]。

（2）舌尖前不送气清塞擦音 [dz] 发音时，接近舌叶不送气浊塞擦音 [dʒ]。[dz] 声母字读成 [dʒ] 可能受到印尼语的影响。

（3）[ts] [tsʰ] [s] 逢齐齿呼韵母时，实际读成 [tɕ] [tɕʰ] [ɕ]。

（4）零声母 [Ø] 实际上开头有微弱的 [ʔ]。

（二）韵母

1. 阴声韵

	i 棉比米死	u 妇舅旧推
a 焦若饱炒	ia 谢斜蚁车	ua 大化话头
o 好抱帽膏	io 招桥烧摇	
e 体第短地		ue 袜飞灰跟
ɛ 下茶家爸		
ə 飞火灰过		
ɔ 粗鹅古炉		
ai 师知眉菜		uai 怪粥歪乖
au 漏到脑后	iau 条柱数搅	
	iu 救抽手修	ui 对梯开水

2. 鼻化韵

ã 胆三篮衫　　　　　iã 件正声听　　　　　uã 碗汗盘看
ẽ 骂
ɛ̃ 姓青星
ɔ̃ 两　　　　　　　　iɔ̃ 舀想场伤
　　　　　　　　　　　　　　　　　　　　　uãi 关
　　　　　　　　　　iãu 猫
　　　　　　　　　　iũ 舀想场伤　　　　　uĩ 软园饭酸
　　　　　　　　　　ĩ 天边染钱
ãi
ãu 熬

3. 阳声韵（包括声化韵）

m̩ 姆
am 淡西痰蚶　　　　iam 镘针险减
əm 参
ɔm 潖
　　　　　　　　　　im 林心淹沉
an 汉牵陈蛮　　　　ian 免连变剪　　　　　uan 番悬罐丸
　　　　　　　　　　in 紧眠新信　　　　　un 文闰粉滚
ŋ̍ 桁霜中央
aŋ 放红望聋　　　　iaŋ 凉双
ɔŋ 讲风墓爽　　　　iɔŋ 良用羹相
　　　　　　　　　　iŋ 间还省冗

4. 入声韵

ap 杂合十　　　　　iap 粒接帖
ɔp 䏶
　　　　　　　　　　ip 湿入翕
at 别结节察　　　　iat 结曳橘扢　　　　　uat 发泼法斡
　　　　　　　　　　it 实日笔一　　　　　ut 出滑秃骨
ak 北六读壳　　　　iak 摔迹煏逼

ɔkʔ 毒国木福　　　　　iɔkʔ 雀褥玉
　　　　　　　　　　　ikʔ 齿物鳖熟
aʔ 百角踏拍　　　　　iaʔ 削拆食页　　　　　uaʔ 阔割热屈
oʔ 薄桌索粕　　　　　ioʔ 席着箬药
eʔ 白麦　　　　　　　　　　　　　　　　　　ueʔ 月袜血八
εʔ 隔压擘客
əʔ 呃
ɔʔ 鹿膜
　　　　　　　　　　　iʔ 缺舌铁蚀　　　　　uʔ 嘟乱托
auʔ 落啮　　　　　　　　　　　　　　　　　　uiʔ 血魅蜢

5. 带 -ʔ 韵尾的鼻化入声韵

ãʔ 跂　　　　　　　　iãʔ
ẽʔ 挟
ɔ̃ʔ 膜
　　　　　　　　　　　　　　　　　　　　　　uãiʔ
　　　　　　　　　　　ĩʔ 物捏

说明：

(1) 棉兰闽南语的韵母一共有 77 个，包括成音节的 [m̩] 与 [ŋ̍]。

(2) "竹""青""菊""钉""间""伤""肿""拣""色""熟""种""穿""激""生""影""枪""闲""还""省""趋""笼""能""研""愚""性""清""顶""千""爿""即""重""先" 的韵腹的实际读音介于一号元音 [i] 和二号元音 [e] 之间，即 [ɪ]。本文将其统一归入为 [i]。

（三）声调

棉兰闽南话声调见表1。

表 1　棉南闽南话声调

调类	调值	例字
阴平	44	先光
阳平	24	娘头
阴上	53	起顶

续上表

调类	调值	例字
去声	31	父暗
入声	32	月日

说明：

（1）阳上、阴去与阳去合并为去声，实际调值为31。

（2）阴入与阳入合并为入声，其调值为32。

（四）连续变调

棉南闽南话连续变调见表2。

表2　棉南闽南话连续变调

原调	变调
阴平	阳去
阳平	阳去
阴上	阴平
去声	①古清音声母，阴上；②古浊音声母，阴去
入声	①古清音声母，逢［-ʔ］韵尾变成阴上，逢［-p］［-t］［-k］韵尾变成阳入；②古浊音声母，阴去

说明：

（1）阴平调在连续变调系统中有两种模式。一种是不发生变调，阴平不变调的情况应是泉州闽南话连续变调格局的痕迹。泉州闽南话的阴平调在连续变调系统中是保持不变的；另一种是发生变调，即阴平变成阳去，前字是阴平，后字无论什么调类，前字均变成阳去。

（2）前字是阳平，后字无论什么调类，前字均变成阳去。

（3）前字是阴上，后字无论什么调类，前字均变成阴平。

（4）去声调在连续变调系统中也有两种情况。一种是前字为去声古清音声母，后字无论什么调类，前字均变成阴上；另一种是前字为去声古浊音声母，后字无论什么调类，前字均变成阴去。

（5）入声情况比较复杂。前字是入声古清音声母可分为两种情况。一种是，凡韵尾是喉塞韵尾［ʔ］的，无论后字是什么调类，前字均变成阴上；另一种是，凡韵尾是［-p］［-t］［-k］的，无论后字是什么调类，前字均变成阴去。

三、棉兰闽南语与福建闽南语的比较

棉兰闽南语的语音虽然发生了变化，但基本上可以与中国厦门、漳州、泉州的闽南语进行交流。下面将简单地介绍棉兰闽南语与中国厦门、漳州、泉州的闽南语在语音方面的一些差异。

（一）声母比较

从表3我们可以看出，四地闽南语的声母系统基本一致。它们之间的不同点是棉兰与漳州均有［dz］声母，而厦门与泉州并没有这个声母。在发中古日母字时，发音人第一反应是以漳州声母［dz］来念。如果继续追问发音人是否有其他读音时，他才会发出含有泉州声母［l］的词。由此看来，我们可以看到中古日母字在日常生活中一般读成［dz］。

表3　棉兰与中国厦门、漳州、泉州闽南语声母的差异

方言点	唇音				舌音、舌齿音						舌根音、喉音				零声母
棉兰	p	pʰ	m	b	t	tʰ	n	l	ts	tsʰ	dz	s	k	kʰ	ŋ	g	h	Ø
厦门	p	pʰ	m	b	t	tʰ	n	l	ts	tsʰ		s	k	kʰ	ŋ	g	h	Ø
泉州	p	pʰ	m	b	t	tʰ	n	l	ts	tsʰ		s	k	kʰ	ŋ	g	h	Ø
漳州	p	pʰ	m	b	t	tʰ	n	l	ts	tsʰ	dz	s	k	kʰ	ŋ	g	h	Ø

这里有两个有趣的现象。一是关于"韧"和"迹"的读音。"韧"声母在厦、漳、泉都读舌尖中、浊、边音［l］，而棉兰闽南语读［dz］。再者，中古精母字"迹"，厦门和泉州均读［lia?］，而在棉兰闽南语中却有两读，即［lia?］与［dzia?］。二是能说华语的老一代棉兰华人一般在说华语时将［ʐ］念成［dz］，如"人"［dzen］、"肉"［dzou］。

从发音合作人对中古日母字的第一读法，"韧"和"迹"的读音以及念华语［ʐ］声母字读成［dz］，我们可以推断［dz］在棉兰闽南语及华语中被普遍使用。

（二）韵母比较

棉兰与中国厦门、漳州、泉州闽南语韵母比较见表4至表10。

表4　阴声韵比较

棉兰	a	e	o	ɔ	ɛ	ə		i	u	ai	au	ia	io	iu	iau	ua	ue	ui	uai
厦门	a	e	o	ɔ				i	u	ai	au	ia	io	iu	iau	ua	ue	ui	uai
泉州	a	e	o	ɔ	ə	ɯ		i	u	ai	au	ia	io	iu	iau	ua	ue	ui	uai
漳州	a	e	o	ɔ	ɛ			i	u	ai	au	ia	io	iu	iau	ua	ue	ui	uai

表5　鼻化韵比较

棉兰	ã	ẽ	ɔ̃	ɛ̃	ĩ	ãi	ãu	ĩã	ĩɔ̃	ĩũ	ĩãũ	ũã	ũĩ	ũãĩ
厦门	ã	ẽ	ɔ̃		ĩ	ãi	ãu	ĩã		ĩũ	ĩãũ	ũã	ũĩ	ũãĩ
泉州	ã	ẽ	ɔ̃		ĩ	ãi	ãu	ĩã		ĩũ	ĩãũ	ũã	ũĩ	ũãĩ
漳州	ã		ɔ̃	ɛ̃	ĩ	ãi	ãu	ĩã	ĩɔ̃	ĩũ	ĩãũ	ũã	ũĩ	ũãĩ

表6　阳声韵（包括声化韵）比较

棉兰	m	im	am	ɔm	əm	iam	in	un	an	ian	uan	ŋ	iŋ	aŋ	iaŋ		ɔŋ	iɔŋ
厦门	m	im	am			iam	in	un	an	ian	uan	ŋ	iŋ	aŋ	iaŋ		ɔŋ	iɔŋ
泉州	m	im	am		əm	iam	in	un	an	ian	uan	ŋ	iŋ	aŋ	iaŋ	uaŋ	ɔŋ	iɔŋ
漳州	m	im	am	ɔm		iam	in	un	an	ian	uan	ŋ	iŋ	aŋ	iaŋ		ɔŋ	iɔŋ

表7　入声韵比较（1）

棉兰	ip	ap	iap	ɔp	it	ut	at	iat	uat	ik	ak	iak	ɔk	iɔk
厦门	ip	ap	iap		it	ut	at	iat	uat	ik	ak	iak	ɔk	iɔk
泉州	ip	ap	iap		it	ut	at	iat	uat	ik	ak	iak	ɔk	iɔk
漳州	ip	ap	iap	ɔp	it	ut	at	iat	uat	ik	ak	iak	ɔk	iɔk

表8　入声韵比较（2）

棉兰	aʔ	eʔ	oʔ	ɔʔ	iʔ	uʔ	əʔ	ɛʔ
厦门	aʔ	eʔ	oʔ	ɔʔ	iʔ	uʔ		
泉州	aʔ	eʔ	oʔ	ɔʔ	iʔ	uʔ	əʔ	
漳州	aʔ	eʔ	oʔ	ɔʔ	iʔ	uʔ		ɛʔ

表9 入声韵比较（3）

棉兰	iaʔ	uaʔ	ueʔ	uiʔ		ioʔ		auʔ		uaiʔ
厦门	iaʔ	uaʔ	ueʔ	uiʔ	iuʔ	ioʔ		auʔ	iauʔ	uaiʔ
泉州	iaʔ	uaʔ	ueʔ	uiʔ	iuʔ	ioʔ		auʔ	iauʔ	uaiʔ
漳州	iaʔ	uaʔ	ueʔ	uiʔ	iuʔ	ioʔ	ɔiʔ	auʔ	iauʔ	uaiʔ

表10 带［-ʔ］韵尾的鼻化入声韵比较

棉兰	ãʔ	ẽʔ	ɔ̃ʔ	ĩʔ		iãʔ		ãuʔ	iãuʔ	uãiʔ
厦门	ãʔ	ẽʔ	ɔ̃ʔ	ĩʔ		iãʔ	uẽʔ	ãuʔ	iãuʔ	uãiʔ
泉州	ãʔ	ẽʔ	ɔ̃ʔ	ĩʔ		iãʔ	uẽʔ	ãuʔ	iãuʔ	uãiʔ
漳州	ãʔ	ẽʔ	ɔ̃ʔ	ĩʔ	ɛ̃ʔ	iãʔ	uẽʔ	ãuʔ	iãuʔ	uãiʔ

从表4至表10可以看出：

（1）棉兰闽南语韵母有与漳州地区相同的［ɛ］［ɛ̃］［ɛ̃ʔ］［ɔm］［ɔp］［iɔ］，也有与泉州地区相同的［ẽ］［əm］［əʔ］。

（2）有一些字，在闽南3个地区会有不同的读音。如果将厦门、泉州和漳州作为参数，会出现以下几种情况：①厦门、泉州、漳州三地读音相同；②厦门、泉州两地读音相同而与漳州地区的读音不同；③厦门、漳州两地读音相同而与泉州地区的读音不同；④厦、漳、泉三地的读音都不相同。在棉兰闽南语里，以上提到的字一般会有一种读音，有时会有两个以上读音。在日常生活中，一字多读是普遍现象。表11对厦门、泉州、漳州三地区不同韵母的读音在棉兰闽南语中的读音情况进行举例说明（括号里的读音表示不是棉兰闽南语的强势腔）：

表11 厦门、泉州、漳州三地不同韵母的读音在棉兰闽南语中的读音情况

例字	厦门	泉州	漳州	棉兰
龄	i	i	ɛ	ɛ、i
尼摁盲暝硬	i	i	ɛ	ɛ、(i)
奶	i	in	iŋ	iŋ、en、(in)
骂	e	a	ɛ	ɛ、e、(a)
被	e	ə	ue	ue、(ə)
妹	e	ə	ai (uai)	uai、(ə)

续上表

例字	厦门	泉州	漳州	棉兰
糜	e	ə	ai、uai	uai、(ə)
坐块袋短	e	ə	e	e、(ə)
皮	e	ə	ue	ue、(ə)
下爸爬把马茶家纱假价嫁牙虾	e	e	ɛ	ɛ、(e)
果火货和灰飞柿尾美未吹找跟过	e	ə	ue	ue、(ə)
明	e	in（ua）	ɛ	ɛ、e、ua
麻	a	a	ua	a、ua
罩	ã	au	ã	a、au、ã
考	o	ɔ	o	o
葡	u	u	ɔ、o	u
母	u	u	o	u、(o)
荔	ai	ian（ui）	e（ai）	ai
相	io（ã）	a	io	io、ã、a
臽	io	io	iɔ	io、(iɔ)
娘量羊丈场痒厂唱墙上伤尚想箱姜香	iũ	iũ	iɔ̃	iɔ̃、(iũ)
底	ue	(iaʔ) ue	e	e、(ue)
多鞋矮批买细洗鸡街契地	ue	ue	e	e、(ue)
瓜花话	ue	ue	ua	ua、(ue)
揽	am	am	aŋ	am
溇	am	am	ɔm	ɔm、(am)
新	im	in	im	im、in
针	iam	am	iam	iam、am

续上表

例字	厦门	泉州	漳州	棉兰
店	iam	uĩ	iam	iam
巾根近芹银	un	un	in	in、(un)
蒜	uan	ŋ	uan	uan
钉	iŋ	an	iŋ	iŋ
省	iŋ	iŋ	i、ɛ̃	iŋ、ɛ̃
用	iŋ	iŋ	iɔŋ	iɔŋ、(iŋ)
弓	iŋ	iŋ	iɔŋ	iŋ
甥	iŋ	ŋ	iŋ	iŋ
反	iŋ	uĩ	an	iŋ、(an)
闲升前笼先	iŋ	uĩ	iŋ	iŋ
讲	ɔŋ	aŋ	ɔŋ	ɔŋ、(aŋ)
双	iaŋ	aŋ	iaŋ	iaŋ、aŋ
毛	ŋ	ŋ	ɔ	ɔ、ŋ
掌	ŋ	ŋ	iŋ	ŋ
卵软问门饭转断川砖酸算栓碗顿黄光煅旋	ŋ	ŋ	uĩ	ŋ、uĩ
德熟竹烛	ik	iak	ik	ik
色	ik	iak	ik	ik、(iak)
摔	iak	ak	iak	iak、ak
雀	iɔk	iɔk	iak	iɔ、(iak)
压伯白擘麦格隔客读	eʔ	eʔ	ɛʔ	ɛʔ、eʔ
袜	eʔ	əʔ	ueʔ	ueʔ、(əʔ)
蜢	eʔ	uiʔ	ɛʔ	ɛʔ、(uiʔ)
狭八节楔	ueʔ	ueʔ	eʔ	eʔ、(ueʔ)
哈	a、at	aʔ	aʔ、at	aʔ、at

(三) 声调比较

声调方面,我们可以从调类和调值两个方面进行讨论。

就调类而言,福建三地闽南语的主要差异有以下两点:一是泉州闽南语的去声不分阴阳,而厦、漳有分阴阳;二是厦门、漳州的阳上与阳去合并变成阳去调。因此,厦门、漳州的上声不分阴阳,只有阴上调。而泉州上声分阴阳。至于棉兰调类的情况很有意思,它具备了泉州与厦门、漳州的特点:一是拥有泉州特点,即阴去和阳去合并为去声;二是拥有厦门、漳州的特点,即阳上跑到去声调。(见表12)

表12 厦门、泉州、漳州、棉兰四地声调比较

地区	平		上		去		入	
	阴	阳	阴	阳	阴	阳	阴	阳
厦门	44	24	53	—	21	22	32	4
泉州	33	24	55	22	41		5	24
漳州	44	13	53	—	21	22	32	121
棉兰	44	24	53	—	31		32	

就调类而言,阴平、阳平在福建三地与棉兰的调型基本一致,调值也相当接近。不过,整体来看,棉兰闽南语的阴平和阳平的调值较接近厦门;泉州的阴上和阴入与厦、漳调型、调值差别较大。而棉兰阴上和阴入与厦、漳一致;泉州去声不分阴阳,与厦、漳去声分阴阳情况不同。棉兰闽南语的去声与泉州情况类似,即不分阴阳,调值也较接近泉州;福建三地的阳入调型各不相同,厦门为高短促,泉州为低升调,漳州为升降。而棉兰闽南语的阳入调型与福建三地不同,即降调。

四、结 论

本文通过对印尼棉兰闽南语的音系描写与比较,发现棉兰闽南语的音系具有中国厦门、漳州、泉州闽南语的混合特征:其声母更接近漳州方言,其韵母及声调系统混合福建三地的特征。另外,棉兰闽南语会出现一字多读的现象,主要体现在拥有福建三地闽南语的读音。由此可见,棉兰闽南语是福建闽南不同地方闽南语整合的方言。

【参考文献】

[1] 陈晓锦. 东南亚华人社区汉语方言概要［M］. 广州：世界图书出版广东有限公司，2014.
[2] 高然. 印尼苏门答腊北部的闽南方言［C］//东南亚华人语言研究. 北京：北京语言文化大学出版社，2000.
[3] 侯兴泉，曾娣佳. 印度尼西亚廖内省峇眼话的方言系属［C］//漂洋万里觅乡音：第五届海外汉语方言国际研讨会论文集. 广州：世界图书出版广东有限公司，2018.
[4] 林宝卿. 闽南方言与古汉语同源词典［M］. 厦门：厦门大学出版社，1999.
[5] 杨宏云. 印尼棉兰华侨华人史［M］. 厦门：厦门大学出版社，2016.
[6] 周长楫. 闽南方言大词典［M］. 福州：福建人民出版社，2006.
[7] 周长楫，周清海. 新加坡闽南话概说［M］. 厦门：厦门大学出版社，2000.

越南广宁省归侨粤语的语言接触问题*

黄高飞

(岭南师范学院文学与传媒学院)

【摘　要】 越南广宁省流行钦廉片粤语，是观察语言接触的一个理想模型。其北部是广西钦廉片粤语的大本营，东边是大海，西边是越南语的分布区域，南边是广府粤语的地盘。本文通过考察相关的语音项目，展示语音接触变化的地域表现，从动态的角度揭示语音接触的音变特点，同时，对影响语音变化的因素也做了系统的分析。

【关键词】 越南广宁省　归侨　粤语　语言接触

一、概　况

越南广宁省的地理位置比较特殊，其北部是广宁归侨粤语的祖籍地——广西防城港，南边是强势方言——广府特色的海防粤语。广宁归侨粤语处于其间，其中某些语音成分的表现可以清晰地反映这种地理特点。

这种地域性的语音表现是两头小、中间大，即北部、南部的方言点广宁粤语的特色相对较少，中部腹地方言点的广宁粤语特色较多。芒街为北部，下居为北部和中部的过渡地带；锦普县、姑苏岛群岛属于中部，横蒲、汪秘属于南部，锦普市为中部和南部的过渡地带。芒街作为中越边境的重要关口之一，往返其间的人员较多。芒街粤语除了受防城粤语影响之外，还受中国境内的广府粤语影响。不过，从芒街粤语的语音特点来看，广府粤语影响的强度还不算太大；横蒲、汪秘的影响来自越南海防，影响力度较大。所以，南北语言情况表现为不完全对称。同时，由于下居曾经是旧海宁省的省会，或许常有赴越的广府商人流寓其间，其有些语音特点比芒街更具广府特色。下面结合具体例子展开说明。

（1）效摄开口一等的读音。广西防城港粤语效开一今读［ɐu］，海防归侨

---

* 本文系 2017 年教育部人文社会科学研究项目"环北部湾地区海岛汉语方言调查与研究"（17YJC740026）的阶段性成果。

粤语效开一今读［ou］，具体情况见表1。

表1 效摄开口一等今读地域的分布

方言点		今读
防城港		［ɐu］
北	芒街	［ɐu / ou / ʊɐu］
过渡地带	下居	［ou］
中	锦普县	［ɐu］
	姑苏岛	［ɐu］
过渡地带	锦普市	［ɐu / ou / ʊɐu］
南	横菩	［ou］
	汪秘	［ou］
海防		［ou］

从表1可以看出防城粤语进入越南广宁境内其效摄开口一等由北到南的语音表现为：［ɐu］＞［ʊɐu］＞［ou］＞［ɐu］＞［ʊɐu］＞［ou］。

（2）蟹摄开口三、四等保持高元音［i］的情况。蟹摄开口三、四等在防城港粤语、广宁粤语、海防粤语均出现了不同程度的裂化，今读主要为［ɐi］。不过，这个韵摄还有一部分字保持了高元音［i］的读法，它们的语音表现也能反映地域的关系。（见表2）

表2 蟹摄开口三四等今读的地域分布

方言点		今读	数量
防城港		蔽敝弊币［pi²¹］、蓖［pi⁵⁵］、箅［pi²¹/pi³³］、陛［pi³³］、厉励丽［li²¹］、脐［tʃi²¹］	11
北	芒街（大槐陈）	厉［li²¹］、脐［ʃi²¹］	2
过渡地带	下居	蓖［pi⁵⁴］、箅［pi²¹］、脐［ʃi²¹］	3
中	锦普县	蓖［pi⁵⁵］、箅［pi²¹］、敝弊币毙［pi²¹］、陛［pi²¹］、厉励［li²¹］、挤［tʃʰi²¹］、脐［tʃʰi²¹］	11
	姑苏岛群岛（青仑山）	蓖［pi⁵⁵］、箅［pi²¹］、敝弊币毙［pi²¹/pɐi²¹/pɐi²¹］、陛［pɐi²¹］、厉［li²¹］、脐［tʃʰi²¹］	9
过渡地带	锦普市	蓖［pi⁵⁵］、币［pi²¹］、毙［pi²¹］、脐［tʃʰi²¹］	4

续上表

方言点		今读	数量
南	横菩	苤 [pi⁵⁴]、闭 [pɪ³³]、箅 [pɪ⁵⁴]、脐 [tʃʰi²¹]	4
	汪秘	苤 [pi⁵⁵]、箅 [pi²¹/pei²¹]、厉 [lɪ²¹]、脐 [tʃʰi²¹]	4
海防		—	0

蟹摄开口三、四等保留高元音不裂化的字数也体现了广宁归侨粤语在南北分布的特点：少（2个、3个）—多（11个、9个）—少（4个、4个、4个）。

（3）边擦音 ɬ 的字数。今读边擦音 [ɬ] 的字数也可以反映越南广宁省归侨粤语受地域特点的影响。（见表3）

表3 边擦音 [ɬ] 的地域分布

方言点		数量
北	防城港	156
	芒街（大槐陈）	142
过渡地带	下居	162
中	锦普县	158
	姑苏岛群岛（青仑山）	161
过渡地带	锦普市	144
南	横菩	74
	汪秘	54
海防		0

从北到南读边擦音的字的数量也是从少到多再到少，其分布也能体现地域的特点。

（4）匣母细音今读 [h-][j-] 的情况。防城粤语匣母细音绝大部分读 [h-]，少数读 [j-]；海防粤语绝大部分读 [j-]，少数读 [h-]，正好形成相反的对称。广宁归侨粤语匣母细音的今读情况也可以反映这种地域特色。（见表4）

表4 匣母细音今读的地域分布

方言点		今读	
		[h-]	[j-]
	防城港	13	2
北	芒街（大槐陈）	8	6
过渡地带	下居	9	5
中	锦普县	12	3
	姑苏岛群岛（青仑山）	11	4
过渡地带	锦普市	7	8
南	横菩	7	8
	汪秘	8	8
	海防	2	13

广宁省南部的横菩、汪秘粤语受到海防粤语的影响较大，有些语音明显与广宁粤语不同而与海防粤语一致。例如，广宁粤语普遍缺乏撮口呼，但是横菩粤语的山摄合口三等部分字、臻摄合口部分字读撮口［yn］或类似撮口的［ɵn］；汪秘粤语臻摄合口也出现了类似撮口呼的［ɵn］，现举例如下。（见表5）

表5 部分广宁归侨粤语今读撮口呼例字

方言点	音韵地位	例字
横菩	山摄合口三等	旋［ʃyn²¹］、转［tʃyn³⁵］、传［tʃʰyn²¹］、篆［ʃyn²¹］、专砖［tʃyn⁵⁴］、川穿［tʃʰyn⁵⁴］、串［tʃʰyn³³］、喘［tʃʰyn³⁵］、船［ʃyn²¹］、雪［ʃyt³］、拙［tʃyt³］、说［ʃyt³］
	臻摄合口	寸［tʃʰyn³³］、损［ʃyn³⁵］、准［tʃɵn³⁵］、蠢［tʃʰɵn³⁵］、顺［ʃɵn²¹］、舜［ʃɵn²¹］、润闰［jɵn²¹］、术白~［ʃɵt²¹］、率蟀［ʃɵt⁵］、出［tʃʰɵt⁵］
汪秘	臻摄合口	敦墩［tɵn⁵⁵］、囤［tɵn²¹］、盾［tʰɵn³⁵］、论仑［lɵn²¹］、逊［ʃɵn³⁵］；伦沦轮［lɵn²¹］、律［lɵt²¹］、俊［tʃɵn³³］、荀［ʃɵn²¹］、笋［ʃɵn³⁵］、迅［ʃɵn³³］、旬循巡［tʃʰɵn²¹］、殉［ʃɵn²¹］、术白~［ʃɵt²¹］、率蟀［ʃɵt⁵］、春［tʃɵn⁵⁵］、准［tʃɵn³⁵］、顺舜［ʃɵn²¹］、纯醇［ʃɵn²¹］、润［jɵn²¹］、术艺~述［ʃɵt²¹］

综上，广宁归侨粤语语音的现状与广宁省独特的地理环境有很大的关系。在海防还没兴盛之前，广宁归侨粤语只是受到广西防城港粤语的影响，随着海防的兴起，广宁归侨粤语开始向北渗透，距离最近的地方最先被波及，受影响的程度与距离远近成正比。

越南广宁省归侨返回中国已经超过 35 年了，他们不可避免地要与当地的汉语方言接触、互动。在这个过程中，语言在具体的语境中会发生哪些变化、这些变化会有什么样的规律，这些都是很值得探讨的问题。因此，本文拟通过越南广宁归侨粤语的语篇来做一个动态的观察。

二、语篇中的语音表现

回到广东的越南广宁归侨被分配到 23 个农场。这些农场分别分布在客家方言区、粤方言区和闽方言区。每个农场本身的语言状况就比较复杂，有一些农场还同时安排了印度尼西亚、马来西亚等国的归侨，所以双语或多语（汉语、山瑶话和越南语）和双方言或多方言（粤语、客家话和少数闽语）的人口普遍存在。一般而言，广宁粤语在各个农场都是主流交际语言。值得注意的是，在闽语区（粤东的揭阳和粤西的雷州），成年越南归侨与当地人交流时使用的语言是带有浓重粤语口音的普通话，因为当地的闽语人口几乎不懂粤语，而广宁归侨又不懂闽语，所以只能采用全国的通语来交流。下面是雷州奋勇农场归侨跟当地人讲的粤式普通话：

①猪肉还没有煲腍。（猪肉还没有炖烂。）ʧi^{33} jou^{55} hai^{35} mei^{35} jɐu^{21} pou^{33} nɐm^{35}．

②他今天过来喝酒。tʰa^{33} ʧin^{33} tʰɛn^{33} ko^{55} lai^{35} ho^{33} ʧɐu^{21}．

这种粤式普通话就是折合粤语与普通话的语音形式和词汇来表达的。例①中的"煲""腍"就是典型的粤方言词汇，例①、例②中的［ʧ-］［ɐu］则是普通话没有而粤语比较常见的音。

总体而言，广宁归侨粤语回流以后受广府粤语的影响比较明显。主要表现在下面两个方面。

（一）文白异读

广宁归侨粤语原来似乎并没有系统的文白异读现象，而观察发音人在表达层面的语音表现，则可以看到某些字在字音层面与语篇层面存在不同，这种分

别类似于文白的差异。"都"字在单字和语篇中的读音情况见表6。下面是具体的例子。（仅将出现音变的句子列出）

表6 "都"字在单字和语篇中的读音情况

买干柴与买棺材	大槐华侨农场（朱亚宝，锦普市）		广州话
都（共5例）	单字：[tu^{55}]	语篇：[tou^{55}]	[tou^{55}]

③哦，棺材系嘛？边度都有！（哦，棺材对吗？哪里都有！）ɔ^{35}, kun^{55} tʃʰɔi^{21} hɐi^{21} ma^{35}? pin^{55} tou^{21} tou^{55} jɐu^{35}!

④嗰人呢，佢睇，呀，嗰度全部都摆棺材，屌。（这个人呢，他一看，呀，这里全部都摆着棺材，操。）kɔ^{55} jɐn^{21} nɛ^{55}, kʰei^{33} tʰei^{35}, ja^{55}, kɔ^{35} tou^{21} tʃʰin^{21} pu^{21} tou^{55} pai^{35} kun^{55} tʃʰɔi^{21}, tiu^{35}.

⑤我懂，我乜嘢都识。（我懂，我什么都知道。）wɔ^{21} tuŋ^{35}, ŋɔ^{35} mɐt^{5} jɛ^{35} tou^{55} ʃɪk^{5}.

"人"字在单字和语篇中的读音情况见表7。

表7 "人"字在单字和语篇中的读音情况

买干柴与买棺材	大槐华侨农场（朱亚宝，锦普市）		广州话
人（共6例）	单字：[ɲiɐn^{21}]	语篇：[jɐn^{21}]	[jɐn^{21}]

⑥即系佢上边佢嗰人烧惯柴嘅嘛。（就是他上边的人烧惯柴了啊。）tʃɪk^{5} hɐi^{21} kʰei^{35} ʃɐŋ^{21} pin^{35} kʰei^{35} kɔ^{33} jɐn^{21} ʃiu^{55} kʷan^{33} tʃʰai^{21} kɔ^{42} ma^{33}.

⑦佢问到个本地人呢，嗰老亨，就七十几岁啊。（他问到了一个本地人，那老头，就七十多岁了。）kʰei^{35} mɐn^{21} tou^{35} kɔ^{33} pun^{35} ti^{21} jɐn^{21} nɛ^{55}, kɔ^{33} lou^{35} hɐŋ^{55}, tʃɐu^{21} tʃʰɐt^{5} ʃɐp^{21} ki^{35} ʃui^{33} a^{33}.

⑧佢又讲啲唔讲啲嘅，佢个老人唔识讲嗰啲普通话。（他又说一些不说一些这样，他这个老人不会说那些普通话。）kʰei^{35} jɐu^{21} kɔŋ^{35} ti^{55} m^{21} kɔŋ^{35} ti^{55} kɐm^{35}, kʰei^{35} kɔ^{33} lou^{35} jɐn^{21} m^{21} ʃɪk^{5} kɔŋ^{35} kɔ^{35} ti^{55} pʰu^{35} tʰuŋ^{55} wa^{35}.

"相"字在单字和语篇中的读音情况见表8。

表8 "相"字在单字和语篇中的读音情况

买扇	大槐华侨农场（陈就，芒街）		广州话
相（共1例）	单字：[ɬɛŋ⁵⁵]	语篇：[ʃɛŋ⁵⁵]	[ʃɛŋ⁵⁵]

⑨即系佢打比方来讲呢，嗰啲越南话同埋白话，佢就，捞𠊎，佢就有一种即系大家互相，即系有一种，啊，点讲啊？（即是打比方来说吧，那些越南话和白话，它就，和𠊎话，它就有一种就是大家互相，就是有一种，嗯，怎么说呢？）tʃɪk⁵ hɐi²¹ kʰei³³ ta³⁵ pi³⁵ fɔŋ⁵⁵ lɔi²¹ kɔŋ³⁵ nɛ⁵⁵，kɔ³⁵ tit⁵ jit³ nam²¹ wa²¹ tʰuŋ²¹ mai²¹ pɐk²¹ wa²¹，kʰɪ³⁵ tʃɐu²¹，lou⁵⁵ ŋai⁵⁵，kʰei³⁵ tʃɐu²¹ jɐu³⁵ ɐt⁵ tʃuŋ³⁵ tʃɪk⁵ hɐi²¹ tai²¹ ka⁵⁵ fu²¹ ʃɛŋ⁵⁵，tʃɪk⁵ hɐi²¹ jɐu³⁵ jɐt⁵ tʃuŋ³⁵，a²¹，tim³⁵ kɔŋ³⁵ a³³？

"母"字在单字和语篇中的读音情况见表9。

表9 "母"字在单字和语篇中的读音情况

买扇	大槐华侨农场（陈就，芒街）		广州话
母（共1例）	单字：[mu³⁵]	语篇：[mou³⁵]	[mou³⁵]

⑩即系讲："屌佢老母你啦，你讲我系猪，我讲你系牛啦。"系冇？（就是说："操他妈的，你说我是猪，我说你是牛呢。"是不是？）tʃɪk⁵ hɐi²¹ kɔŋ³⁵："tiu³⁵ kʰei³³ lou³⁵ mou³⁵ nei³⁵ la⁵⁵，nɪ³⁵ kɔŋ³⁵ ŋɔ³⁵ hɐi²¹ tʃi⁵⁵，ŋɔ³⁵ kɔŋ³⁵ nei³⁵ hɐi²¹ ŋɐu²¹ la⁵⁵."hɐi²¹ mou⁴²？

"消""雪"在单字和语篇中的读音情况见表10。

表10 "消""雪"在单字和语篇中的读音情况

我到消雪岭的经过	消雪岭华侨农场（陈启欢，芒街）		广州话
消（共7例）	单字：[ɬiu⁵⁵]	语篇：[ʃiu⁵⁵]	[ʃiu⁵⁵]
雪（共7例）	单字：[ɬit³]	语篇：[ʃɵt³]	[ʃyt³]

⑪噉话啦，消息传开啦，一传开噉啊人心惶惶，啊，人心惶惶啦。（这样的话，消息传开了，一传开呢就人心惶惶了，啊，人心惶惶了。）kɐm³⁵ wa²¹ la³³，ʃiu⁵⁵ ʃɪk⁵ tʃʰin²¹ hɔi⁵⁵ la³³，jɐt⁵ tʃʰin²¹ hɔi⁵⁵ kɐm³⁵ a³³ jɐn²¹ ʃɐm⁵⁵ wɔŋ⁵⁵ wɔŋ⁵⁵，a³³，jɐn²¹ ʃɐm⁵⁵ wɔŋ⁵⁵ wɔŋ⁵⁵ la³³。

⑫消雪岭当时有好多广州知青啯嘛，广州知青来嘅，同埋有啲南下干部。（消雪岭当时有很多广州知青的啊，广州知青来的，和一些南下干部。）ʃiu⁵⁵ ʃɵt³ lɛŋ³⁵ tɔŋ⁵⁵ ʃi²¹ jeu³⁵ hou³⁵ tɔ⁵⁵ kɔŋ³⁵ tʃeu⁵⁵ tʃi³³ tʃʰɪŋ⁵³ kɔ⁴² ma³³, kɔŋ³⁵ tʃeu⁵⁴ tʃi³³ tʃʰɪŋ⁵³ lei²¹ kɛ²¹, tʰuŋ²¹ mai²¹ jeu³⁵ tit⁵ nam²¹ ha²¹ kɔn³³ pu²¹.

⑬当时我哋都唔想来嘅，话消雪岭可能好多雪嘅，好冻嘅，好冻嘅。（当时我们都不想来的，说消雪岭可能有很多雪的，很冷的，很冷的。）tɔŋ⁵⁴ ʃi²¹ ŋ³⁵ tei²¹ tou⁵⁴ m̩²¹ ʃɛŋ³⁵ lɔi²¹ kɛ²¹, wa²¹ ʃiu⁵⁵ ʃɵt³ lɛŋ³⁵ hɔ³⁵ nɐŋ²¹ hou³⁵ tɔ⁵⁵ ʃɵt³ kɛ²¹, hou³⁵ tuŋ³³ kɛ²¹, hou³⁵ tuŋ³³ kɛ²¹.

上述语篇中这些字的读音很明显是受广府粤语影响而产生的读音。尽管例子不算多，但是这种现象很值得注意。某些字在字音层面上的读音是其原有的层次，而在语篇中的读音则是外来的层次。原有的层次是读书音（广宁归侨粤语没有系统的文白层，口语音与读书音无明显的差别），外来的层次则只出现在说话交际的场合，有点类似于白读音。这与传统意义上的文白异读不同。传统的文白异读一般指文读层是外来的层次，它一般是读书识字所使用的语音；白读层是原有的层次，是日常说话时所使用的语音。广宁归侨回国至今35～36年，现在45岁以上的成人在回国以前大多已经完成小学学业。他们在越南学习汉语时采用的教学语言主要是广宁粤语，所以他们的读书音系统已经定型。回国后，尽管主流粤语的影响非常强劲，但是书面语的层次已经根深蒂固，外来层次只能从口语的层面先进入归侨的语言中。这与通过科教形式进入方言的文读层是明显不同的。

（二）读音反复

与广府粤语读音不同的一些字，在越南广宁归侨粤语的语篇中读音不稳定，它们时而读广州话的读音（或根据广州话类推的读音），时而读广宁粤语的读音，甚至两个相同的字在同一句话中读音也可能不同。现简单举例说明。

⑭读到十啊到十六十七岁呢，就，国家就，越南政府就培养我啦，就叫我<u>去</u>学党校。读书，读完书<u>去</u>学党校。tok²¹ tou³³ ʃep²¹ a³³ tou³³ ʃep²¹ lok²¹ ʃep²¹ tʃʰet⁵ ɬui³³ nɛ⁵⁵, tʃeu²¹, kɔk³ ka⁵⁵ tʃeu²¹, jit³ nam²¹ tʃɪŋ³³ fu³⁵ tʃeu²¹ pʰui²¹ jɐŋ²⁴ ŋɔ²⁴ la³³, tʃeu²¹ kiu²¹ ŋɔ²⁴ hi²¹ hɔk²¹ tɔŋ²⁴ hau²¹. tok²¹ ʃi⁵⁵, tok²¹ jin²¹ ʃi⁵⁵ hei³³ hɔk²¹ tɔŋ²⁴ hau²¹. （我的教育背景。李发兴，博罗杨村华侨柑桔场，原居广宁下居）

例⑭中，"去"一共出现了两次：前一个读［hi³³］，这是广宁归侨粤语固有的读音，后一个读［hei³³］，这是受广府粤语影响而产生的读音。"去"，广州话读［høy³³］，越南广宁归侨粤语没有撮口呼，折合的语音就变成［hei³³］。

⑮佢有一个原，有一个古代留落呢，你结婚，你未拜过祖公啊，即系唔得同嗰女仔瞓，唔得同嗰女仔在屋企瞓。[它有一个原（因），有一个古代留下来的（传统），你结婚，你还没拜过祖宗呢，就是不能和那个女孩子睡觉，不能和那个女孩子在家里睡觉。] kʰi²⁴ jeu²⁴ jet⁵ kɔ³³ jin²¹, jeu²⁴ jet⁵ kɔ³³ ku²⁴ tɔi²¹ leu²¹ lɔk²¹ nɛ⁵⁵, ni²⁴ kit³ fen⁵⁵, ni²⁴ mi²¹ pai³³ kɔ³³ tʃu²⁴ koŋ⁵⁵ a⁴², tʃɪk⁵ hei²¹ m̩²¹ tek⁵ tʰoŋ²¹ kɔ²⁴ ni²⁴ tʃei²⁴ fen³³, m̩²¹ tek⁵ tʰoŋ²¹ kɔ²⁴ nui²⁴ tʃei²⁴ tʃʰɔi²⁴ ok⁵ ki²⁴ fen³³. （一桩错意杀人案。李发兴，博罗杨村华侨柑桔场，原居广宁下居）

例⑮中，"女仔"出现了两次：前一个"女"读［ni²⁴］，是下居粤语的固有读音；后一个"女"读［nui²⁴］，明显是受广府粤语影响而产生的读音。"女"，广府粤语读［nøy¹³］，越南广宁归侨粤语没有撮口呼，所以其读音折合为［nui³⁵］。

⑯即系从前我哋仲小嗰时，仲系好后生嗰时，嗰阵啊，即撑个船仔去康海，去康海卖货啊嘛。[就是以前我们还小的时候，还是很年轻的时候，那时候啊，撑着一只小船去康海（现下龙市），去康海卖货啊。] tʃɪk⁵ hei²¹ tʃʰuŋ²¹ tʃʰin²¹ ŋɔ³⁵ tɪ²¹ tʃuŋ²¹ ʃiu³⁵ kɔ³⁵ ʃi²¹, tʃuŋ²¹ hei²¹ hou³⁵ heu²¹ ʃaŋ⁵⁵ kɔ³⁵ ʃi²¹, kɔ³³ tʃen⁵⁵ a²¹, tʃɪk⁵ tʰeŋ⁵⁵ kɔ³³ ʃin²¹ tʃei³⁵ hi³³ hɔŋ⁵⁵ hɔi³⁵, hi³³ hɔŋ⁵⁵ hɔi³⁵ mai²¹ fɔ³³ a⁴² ma³³. （年轻时的一次经历，孙裕，三水迳口华侨农场，原居广宁横菩）

⑰今后呢都要小心啦。kɐm⁵⁵ hɐu²¹ nɛ⁵⁵ tou⁵⁵ jiu³³ ɬiu³⁵ ɬɐm⁵⁵ la³³. （今后啊，都要小心了。）（年轻时的一次经历。孙裕，三水迳口华侨农场，原居广宁横菩）

例⑯、例⑰均出现"小"字，例⑯读［ʃiu³⁵］，例⑰读［ɬiu³⁵］，两者的差别在于声母的不同。［ʃiu³⁵］是广府粤语的读音，［ɬiu³⁵］是横菩归侨粤语的固有读音。

⑱噉因为佢迷信喔，又听巫婆讲，就回到，又等，一直等到第二日天光，先叫人来挖，噉样叫人来挖系挖到啦，但系你咁长时间，挖得个老公出来，但已经死咗。（这样因为她迷信，又听了巫婆的话，就回到家，就等，一直等到第二天天亮，才叫人来挖，这样叫人来挖是把人挖出来了，但是隔了这么长的时间，把老公挖出来了，但是已经死了。）kɐm³⁵ jen⁵⁵ wei²¹ kʰi³⁵ mei²¹ ɬen³³ wo³³, jeu²¹ teŋ⁵⁵ mu⁵⁵ pʰɔ²¹ kɔŋ³⁵, tʃeu²¹ wui²¹ tou³⁵, jeu²¹ teŋ³⁵, jet⁵ tʃɪk²¹ teŋ³⁵ tou³³ tei²¹ n̠i²¹ n̠iet³¹ tʰin⁵⁵ kɔŋ⁵⁵, ʃin⁵⁵ kiu³³ n̠ien²¹ lɔi²¹ wat³, kɐm³⁵ jeŋ³⁵ kiu³³ jɐn²¹ lɔi²¹ wat³ hɐi²¹ wat³ tɐu³⁵ la³³, tan²¹ hɐi²¹ nei³⁵ kɐm³⁵ tʃʰɐŋ²¹ ʃi²¹ kan⁵⁵, wat³ tɐk⁵ kɔ³³ lou³⁵ kuŋ⁵⁵ tʃʰɐt⁵ lɐi²¹, tan²¹ ji³⁵ kɪŋ⁵⁵ ʃei³⁵ tʃʰɔ³⁵.（迷信的人。官世辉，三水迳口华侨农场，原居广宁下居）

例⑱中，"人"有两个读音，一个读［n̠ien²¹］，一个读［jɐn²¹］，前者是下居归侨粤语的固有读音，后者是受广府粤语影响而产生的读音。

⑲扇呢，就系我哋，即系白话讲系喫嘎啦，系嘛？即系越南话讲系喫嘢即系扇啦。ʃin³³ ni⁵⁵, tʃeu²¹ hɐi²¹ ŋ³⁵ ti²¹, tʃɪk⁵ hɐi²¹ pek²¹ wa²¹ kɔŋ³⁵ hɐi²¹ hɐt⁵ kɔ⁴² la³³, hɐi²¹ ma³⁵? tʃɪk⁵ hɐi²¹ jit³ nam²¹ wa²¹ kɔŋ³⁵ hɐi²¹ hɐt⁵ jɛ³⁵ tʃɪk⁵ hɐi²¹ ʃin³³ la³³.（扇呢，就是我们，就是白话说的吃，对吧？就是越南语说吃东西就是扇）（买扇。陈就，恩平大槐华侨农场，原居广宁芒街）

⑳买扇呢即系讲佢听唔到啦，佢越南妹佢话即系扇呢讲系喫嘢啦。（买扇，就是说他听不懂，越南妹说扇，是说吃东西。）mai³⁵ ʃin³³ nɛ⁵⁵ tʃɪk⁵ hɐi²¹ kɔŋ³⁵ kʰi²¹ tʰeŋ⁵⁵ m̩²¹ tou³⁵ la³³, kʰei³⁵ jit³ nam²¹ mui³⁵ kʰei⁵ wa²¹ tʃɪk⁵ hɐi²¹ ʃin³³ nɛ⁵⁵ kɔŋ³⁵ hɐi²¹ hɐt⁵ n̠ie³⁵ la⁵⁵.（买扇。陈就，恩平大槐华侨农场，原居广宁芒街）

例⑲、例⑳均出现"嘢"字，前者读［jɛ³⁵］，是广府粤语的读音；后者读［n̠ie³⁵］，是芒街粤语的固有读音。

读音反复是语言接触强度较低或时间较短的表现。广宁华人回国时间才30多年，如果有足够长的时间，广府粤语的成分有可能会形成新的文读层，或最终全面覆盖其原有层次。因为广宁粤语与广府粤语本来就是关系非常密切的姊妹方言，它们的音系非常接近，广宁归侨粤语要向广府粤语靠拢是非常容易的。徐通锵先生指出："因为同源的音类在不同的姊妹方言中的不同语音表现形式为形成文白异读提供了可能的客观条件。只要语言的表达有需要，就可以在音系许可的范围内，通过'移花接木'的方式向姊妹方言（一般都是权威方言）借用同源音类的语音表现形式，形成叠置，以重新调整音系中音类分合的布局。"（1991：353）

三、语音变化的特点

汉语方言的接触音变，徐通锵先生曾以浙江宁波方言和山西闻喜、祁县方言为主线，深入讨论汉语方言接触性音变问题，提出了"叠置式变异"的理论（1991）。叠置式音变的主要特点是，引入"竞争"的概念，离析音节内声、韵、调的文白成分，用以观察弱势方言在强势方言作用下的语音变化规律。徐先生通过对比使用同一方言的老中青不同人群的语音差异或同一区域不同方言点的语音情况来观察语音的变化，离析原有层次和外来层次，从理论上阐述"叠置式变异"在语言原始形式构拟中的价值和意义。同时，通过比较同一方言不同代之间的读音特点来预测未来该方言语音发展的方向。这一理论模型在今天的方言研究中仍然具有指导意义。

现有的接触性音变研究主要是比较不同语言或方言音系的语音表现来观察其变化，这是静态的研究。而语境中的接触性音变仍缺乏细节性的观察和关注。青年语法学派认为语音的变化是连续的、渐变的；词汇扩散理论则认为语音的变化是突然的、离散的，而这种变化在词汇中的扩散却是渐变的、连续的。如前所述，广宁归侨粤语明显受到主流粤语的影响，而其与广府粤语又相当接近，音系近似，词汇系统大致相同，因而音变方式有其自身的特点。主要体现在两方面：①声母的变化是突然的、离散的；②韵母的变化是渐变的、连续的。越南广宁归侨粤语融合了离散式音变与连续式音变的特点，但是又略有不同。

四、声母的音变特点

广宁归侨粤语中声母在语境中的接触性变化是突变的，没有音变的中间环节，同时，这种变化也是离散的，不整齐、无规律，同一个字的读音在这句话中用的是广府粤语的声母，在另一句话中用的是广宁归侨粤语的声母。现举例如下。

㉑ʧɪk⁵hei²¹ta³⁵pe²¹foŋ⁵⁵kɔŋ³⁵, kʰei³³ʧu⁵⁵ nɛ⁵⁵jit³nam²¹ wa²¹ nɛ⁵⁵ʧeu²¹kiu³³
即 系 打 比 方 讲，佢 □ 呢 越 南 话 呢 就 叫
ʧou³³a³³ʃuk⁵, ŋai⁵⁵jen²¹nɛ⁵⁵ʧeu²¹kɔŋ³⁵hei²¹ kɔ³³ʧi⁵⁵la³³. ʧɪk⁵hei²¹ ŋai⁵⁵n̠ien²¹
作 阿 叔，佢 人 呢 就 讲 系 嗰 猪 啦。 即 系 佢 人
kɔ³³ ŋai⁵⁵wa²¹ kɔŋ³⁵kɔ³⁵ʧi⁵⁵, ʧeu²¹wa²¹ kɔ³⁵ʧi⁵⁵la³³, hei²¹mei²¹?
个 佢 话 讲 嗰 猪， 就 话 嗰 猪 啦， 系 咪？
（买扇。陈就，芒街）

㉒kɛm³⁵ni⁵⁵kei³³jɪŋ³³ŋam³³, ʧeu²¹nau²¹kʰei³⁵kɔ³³ "kʷat²¹" nɛ⁵⁵, "kʷat²¹"
噉 呢 句 应 啱， 就 闹 佢 个 "映" 呢， "映"

tʃeu²¹ hei²¹ nau²¹ jɛn²¹ nit⁵ ŋai⁵⁵ wa²¹, nau²¹ jɛn²¹ kɛ³³.
就　　系　　闹　人　　呢　偓　话，　闹　人　　嘅。

（买扇。陈就，芒街）

例㉑、例㉒中"人"出现了4次，其中声母为[ȵ]的有一次，为[j]的有3次。"人"在广府粤语与越南广宁归侨粤语中的韵母和声调相同，读[ȵ]的是芒街白话原有的读音，读[j]的为广府粤语影响而产生的读音，中间没有过渡的形式。

㉓kɐm³⁵ jɛn⁵⁵ wei²¹ kʰi³⁵ mei²¹ fɛn³³ wɔ³³, jeu²¹ tɛŋ⁵⁵ mu⁵⁵ pʰɔ²¹ kɔŋ³⁵, tʃeu²¹
　　　嗷　　因　为　佢　迷　信　喔，　又　听　巫　婆　讲，　就
wui²¹ tou³⁵, jeu²¹ tɛŋ³⁵, jet⁵ tʃik²¹ tɛŋ³⁵ tou³³ tei²¹ ȵi²¹ ȵiet²¹ tʰin⁵⁵ kɔŋ⁵⁵, ʃin⁵⁵ kiu³³
回　到，　又　等，　一　直　等　到　第　二　日　天　光，　先　叫
ȵiɛn²¹ lɔi²¹ wat³, kɐm³⁵ jɛn³⁵ kiu³³ jɛn²¹ lɔi²¹ wat³ hei²¹ wat³ tɐu³⁵ la³³, tan²¹ hei²¹ nei³⁵
人　　来　挖，　嗷　样　叫　人　　来　挖　系　挖　到　啦，但　系　你
kɐm³⁵ tʃʰɛŋ²¹ ʃi²¹ kan⁵⁵, wat³ tɐk⁵ kɔ³³ lou²¹ kuŋ⁵⁵ tʃʰet⁵ lei²¹, tan²¹ ji³⁵ kɪŋ⁵⁵ ʃei³⁵ tʃɔ³⁵.
咁　长　时　间，　挖　得　个　老　公　出　来，　但　已　经　死　咗。
kɐm³⁵ kɔ³⁵ ti³³ tʃʰɛn³⁵ tʃʰɪk⁵ pʰɐŋ²¹ jeu³⁵ lɔi²¹ teu³³ nɛ⁵⁵ tʃeu²¹ mai²¹ jin³³ kʰɪ³⁵, "ni³⁵
嗷　　嗰　啲　亲　戚　朋　友　来　到　呢　就　埋　怨　佢，"你
wei²¹ mɛ⁵⁵ mou³⁵ lɐp³⁵ tʃɪk⁵ kiu³³ ȵiɛn²¹ lɔi²¹ pɔŋ⁵⁵ wat³ tʃʰet⁵, ni³⁵ ʃɛn³³ ȵiɛn²¹ mu⁵⁵
为　乜　无　立　即　叫　人　　来　帮　挖　出，你　信　人　　巫
pʰɔ²¹ kɔŋ³⁵, jiu³³ tei²¹ ȵi²¹ ȵiet²¹, wat³ tʃʰet²¹ lɔi²¹ teu⁵⁵ mou³⁵ juŋ²¹ la³⁵."
婆　讲，　要　第　二　日，　挖　出　来　都　无　用　啦。"

（迷信的人。官世辉，下居）

㉔jeu³⁵ jet⁵ tʃɛŋ⁵⁵ jeu²¹ lɛn²¹ nɛ⁵⁵, tʃeu²¹ a³³ tʃʰɛm²¹ tʃɔ³⁵, tʃʰɛm²¹ tʃɔ³⁵ nɛ⁵⁵, tʃeu²¹
　　　有　一　张　邮　轮　呢，　就　啊　沉　咗，　沉　咗　呢，　就
ti⁵⁵ ȵiɛn²¹ tʃeu²¹ mei²¹ lɐp²¹ lɐp²¹ lin²¹ lin²¹ lɔ⁵⁵ hei²¹ ma³⁵? jeu²¹ mei²¹ jeu²¹ fan⁵⁵
啲　人　　就　谜　立　立　乱　乱　咯　系　嘛？又　谜　游　返
ʃɛŋ³⁵ ŋɔn²¹, kɐm³⁵ mei²¹ jeu²¹ fan⁵⁵ ʃɛŋ³⁵ ŋɔn⁵⁵ nɛ⁵⁵, tʃeu²¹ jeu³⁵ luk⁵ kɔ³³ hei²¹ nui³⁵
上　岸，　嗷　谜　游　返　上　岸　呢，　就　有　六　个　系　女
jɛn²¹, tʃeu²¹ jeu²¹ jet⁵ kɔ³³ hei²¹ nam²¹ jɛn²¹, kɐm³⁵ kɔ³³, tʃɪk⁵ hei²¹ ʃɛŋ³⁵ tʃɔ³⁵ ŋɔn²¹
人，　就　有　一　个　系　男　人，　嗷　个，　即　系　上　咗　岸
la³³, tʃɪk⁵ hei²¹ tai²¹ ka³³ tou⁵⁵ hei²¹, kɔ³³ tʃɛk⁵ nam²¹ jɛn²¹ ni tʃeu²¹ mou³⁵ ɔi³³ tɐk⁵
啦，　即　系　大　家　都　系，　嗰　只　男　人　　呢　就　冇　爱　得

jɛŋ²¹ kɔ³⁵ luk²¹ tʃɛk³ nui³⁵ jɐn²¹.
赢　嗰　六　只　女　人。

（沉船之后。孙裕，横菩）

例㉓、例㉔的情况与例㉑、例㉒相同，起变化的都是声母，声母的音变没有过渡形式。

㉕kɐm³⁵ mɐi²¹ jɐt²¹ jɐt²¹ hei³⁵ tou²¹ tʰei³⁵，kɐm³⁵ kɔ³³，jɐt⁵ jɐt²¹　pi³⁵ ɐt⁵ jɐt²¹，
　　噉　　咪　　日　日　系　度　睇，　噉　个，　一　日　比　一　日，
jɐt⁵ jɐt²¹　pi³⁵ jɐt⁵ jɐt²¹，kɔ³³ ti⁵⁴ hɔk²¹ ʃɐŋ⁵⁴，wa²¹ jɐn²¹ hɔk²¹ ʃɐŋ⁵⁴、lou³⁵ ɬi⁵⁴,
一　日　比一　日，　嗰　啲　学　生，　华　人学　生、老　师,
wa²¹ kʰiu²¹ lou³⁵ ɬi⁵⁴，tʃɐu³⁵ tʃɔ³⁵ la³³，tʃi³³ ʃɪk⁵ fɐn²¹ tʃi³ tʃɐu³⁵ la³³，kɔ³³ fan⁵⁴ tʃuŋ⁵⁴
华　侨　老　师，　走　咗　啦，　知　识　分　子　走　啦，　过　返　中
kɔk³⁵ la³³.
国　　啦。

（我到消雪岭的经过。陈启欢，芒街）

㉖tʃɪk⁵ hei²¹ kɔ³⁵ tit⁵ wa²¹ jɐn²¹ a³³ kɔ³⁵ tit⁵，ni³⁵ tʰei³⁵ ŋɔ³⁵，ŋɔ³⁵ tʰei³⁵ ni³⁵,
　　即　系　嗰　啲　华　人　啊　嗰　啲，　你　睇　我，　我　睇　你,
jɐu³⁵ tit⁵ hei²¹ tʃɐu³⁵ la⁵⁴，jɐu³⁵ tit⁵ a²¹ mai ka⁵⁴ tʃʰan³⁵ la⁵⁴，jɐu³⁵ tit⁵，ɔ³⁵,
有　啲　系　走　啦，　有　啲　啊　卖　家　产　啦，　有　啲，　哦,
hou²¹ kʰɪ²¹ nɛ⁵⁴，jit³ nam²¹ mou³⁵ kɔ³³ ki³⁵ n̠iɐt²¹，jit³ nam²¹ tʃɐu²¹ tʃʰɐt⁵ tʃʰɐt⁵
后　期　呢，　越　南　有　过　几　日，　越　南　就，　7　7
a³³ tʃʰɐt⁵ pat³ nin²¹ tʃɐu²¹，nin²¹ tʃʰɔ⁵⁴，luk²¹ jit²，ŋ³⁵ jit² a³³，mɐi²¹ hei²¹ ɬi³³
啊　7　8　年　就，　年　初，　六　月，　五　月　啊，　咪　系　四
jit²¹ a³³ ɬam⁵⁴ jit²¹，tʃɐu²¹ hɔi⁵⁴ tʃʰi³⁵ ʔun²¹ jɐn²¹ mɐn²¹ pi²¹，jɐt⁵? wun²¹ jɐn²¹ mɐn²¹
月　啊　三　月，　就　开　始　换　人　民　币，　一　换　人　民
pi²¹ tʃɐu²¹ lun²¹ la³³，jɐn²¹ ɬɐm⁵⁴ wɔŋ⁵⁴ wɔŋ⁵⁴，tʃɐu²¹ m̩²¹ pi³⁵ ne³⁵ a³³，jɐt⁵ ka³³
币　就　乱　啦，　人　心　惶　惶，　就　唔　畀　你　啊，　一　家
jɐn²¹ jɐt⁵ fu²¹ jɐn²¹ jɐt⁵ kɔ³³ jɐn²¹ tɐk⁵ ki³⁵ tɔ⁵⁴ tʃʰin³⁵ la³³，nɪ³⁵ ki³⁵ tɔ⁵⁴ tʃʰin³⁵ tu⁵
人　一　户　人　一　个　人　得　几　多　钱　啦，　你　几　多　钱　都
tʃʰuŋ⁵⁴ kuŋ⁵⁴ la³³.
充　　公　　啦。

（我到消雪岭的经过。陈启欢，芒街）

例㉕、例㉖中，"日"字一共出现7次，[n̠]是原有的层次，[j]是借自

广府粤语的层次。

㉗mou²¹ hɐi²¹ tʰɐu²¹ kʰau³³,   tʃɪk⁵ hɐi²¹ ji³³ ʃi⁵⁴,   ŋɔ³⁵ tei²¹ ji³³ ɬi⁵⁴ tʃɪk⁵ hɐi²¹
　冇　系　投　靠，　　即 系 意 <u>思</u>，　我　哋意<u>思</u>即　系
ji³³ ɬi⁵⁴ kɔŋ³⁵,   tʰɐŋ³⁵ jɐn²¹ tei²¹ tit⁵ tʃʰɪŋ²¹ kʰɔŋ³³ tim³⁵ jɐŋ³⁵,   kɐu³³ kɪŋ³⁵ hɐi²¹ mɛ⁵⁴
意 <u>思</u>讲，等 人 哋 啲 情 况　点 样， 究　竟 系 咩
wui²¹ ʃi²¹ a³³.
回　事 啊。

（我到消雪岭的经过。陈启欢，芒街）

例㉗中，"思"一共出现 3 次，其中［ʃ］为广府粤语的读音，［ɬ］是广宁归侨粤语的读音，中间也没有过渡形式。

㉘kɔ²⁴ tʃɛk³ kɐk³ li²¹ ok⁵ nɛ⁵⁵ tʃɐu²¹ fɔŋ³³ ʃui²⁴ jam³³ ti²¹ nɛ⁵⁵,   kʰei²⁴ tʰɐi²⁴ ʃui²⁴.
　嗰　只　隔 离 屋 呢　就　放 水　洇 地 呢，　佢　睇 水。
tiu²⁴ nɛt⁴² man²⁴ man²⁴ tou²⁴ tei²¹ tou²⁴ kʰɪ²¹ nɛ⁵⁵ tʃɐu²¹,   jɐt⁵ man²⁴ lɛŋ²⁴ ɬam⁵⁵
屌　□　晚　晚　都　睇　到　佢 呢 就，　一　晚　两　三
tim²¹ tʃɔŋ⁵⁵ tu⁵⁵ mei²¹ fɐn³³ kɐu²¹ kɛ²⁴,   ni⁵⁵ kɔ²¹ tʃɐt⁵ ȵi⁵⁵,   jɪŋ⁵⁵ kɔi⁵⁵ nɛ⁵⁵ tʃɐu²¹
点　钟　都　未　瞓　觉　嘅，　呢 个 佢 儿，　应　该 呢 就
jɐu²⁴ mɐn³³ tʰɐi²¹ tʃʰɐt⁵ jin²¹. ha⁴². ɬɔ²⁴ ji²⁴ nɛ⁵⁵ kʰi²⁴ jɐu²⁴ kɔ²¹ <u>him²¹</u> ji²¹ lɔ?³.
有　问　题　出　现。哈。所 以 呢 佢 有 嗰 <u>嫌</u> 疑 咯。
ŋɔ²⁴ ti²¹ lɔk²¹ ti⁵⁵ lou⁵⁵ kʰei²⁴ kʰɪŋ²⁴ kʰɪŋ⁵⁵ kɔŋ²⁴ kɔŋ²⁴ ha²⁴ nɛ⁵⁵,   kʰei²⁴ tʃɐu²¹ tʰɐi²⁴
我　哋　落 啲 捞 佢 倾 倾 讲 讲 下 呢， 佢　就　睇
tʃʰɐt⁵ ɐt⁵ tit⁵,   tʃi⁵⁵ tou³³ jɐu²⁴ jɐt⁵ kɔ³³ <u>him²¹ ji²¹</u>.
出　一 啲，知　道　有 一 个 <u>嫌　疑</u>。

（一桩错意杀人案。李发兴，下居）

㉙jiu³³ hɔŋ³³ tʃei³³ nɛ⁵⁵ tɐŋ²⁴ jin²¹ kɔ³³ kɔŋ⁵⁵ ɔn⁵⁵ lɔi²¹,   lou⁵⁵ kɔ²⁴ ɛ³³ ɬi⁵⁵ fat³
　要　控 制 呢 等 县 个 公 安 来， 捞 嗰 诶 司 法
kɔŋ⁵⁵ ɔn⁵⁵ lɔi²¹ tʃi⁵⁵ tɐk⁵ tʃɔk³ ȵin²¹ kɔ⁴² wa³³,   ŋɔ²⁴ ti²¹ nɛ⁵⁵ tʃɐu²¹,   a³³,   tʃɪk⁵ hɐi²¹
公　安　来 正 得 捉 人 嚒 哇， 我 哋 呢 就， 啊， 即 系
hɪŋ²¹ ti²¹ ʃɐŋ²¹ tɔŋ⁵⁵ tʃʰɛŋ²¹ kɔ²⁴ tit⁵ ŋɔ²¹ tei²¹ tɐk⁵ tʃɔk³ a⁴² ma³³,   ni²⁴ kʰei²¹ tʰa⁵⁵ <u>jim²¹</u>
刑　事　上　当　场　嗰 啲 我 哋 得 捉 啊 嘛， 你　其　他 <u>嫌</u>
ji²¹ fan²¹ ŋɔ²⁴ ti²¹ mou²⁴ tɐk⁵ tʃɔk³ kɔ⁴² ma³³,   hɔ²⁴?   jiu³³ tou³³ kɐm²⁴ tʃʰɐt³ jin²¹、
疑　犯　我　哋　冇　得　捉 嚒 嘛，嗬？ 要 到 检 察 院、

fat³ jin²¹ lɔk²¹ lɔi²¹ tou³³, lɔk³ lɔi²¹ tou³³.
法 院 落 来 到， 落 来 到。

（一桩错意杀人案。李发兴，下居）

例㉘、例㉙中，"嫌疑"出现了3次，"嫌"读[him²¹]的是广宁归侨粤语的读音，读[jim²¹]则是广府粤语的读音。

四、韵母的音变特点

广宁归侨粤语的韵母在与广府粤语接触的过程中产生的音变与声母的情况不同。如果将语境中同一个字的不同语音表现排列起来，则可以观察得到其变化的脉络，这种变化是连续性的。现举例如下。

㉚ ʔi⁵⁴ kɔ³³ mɐn³³ tʰei²¹ ʃɐŋ²¹ nɛ⁵⁴, nei³⁵ tʃeu²¹ jɪŋ⁵⁴ kɔi⁵⁴, jɪŋ⁵⁴ kɔi⁵⁴ nɪ³⁵ tou⁵⁴
　　□ 个 问 题 上 呢， 你 就 应 该， 应 该 你 都
tʰɛŋ⁵⁴ kɔ³³ la³³, ʔi⁵⁴ kɔ³³ jiu³³ kɔŋ³⁵ tʃʰei²¹ ʃei³³ a³³.
听 过 啦， □ 个 要 讲 长 世 啊。

（我到消雪岭的经过。陈启欢，芒街）

㉛ tʃɔi³³ kɔŋ³⁵ tʃʰa⁵⁴ tit⁵ kɛ²¹, jɐk²¹ kɔ³⁵ ni³⁵ fan⁵⁴ tou³³ jit³ nam²¹ nɛ⁵⁴, nei³⁵ fan⁵⁴
　　再 讲 差 啲 嘅， 若 果 你 返 到 越 南 呢， 你 返
tou³³ tʃuŋ⁵⁴ kɔk³⁵ nɛ⁵⁴, tʃuŋ⁵⁴ kɔk³ jɐn²¹ nɛ⁵⁴, pa³⁵ nei³⁵ tit³ wa²¹ jɐn²¹, fɔŋ³³ ni³⁵
到 中 国 呢， 中 国 人 呢， 把 你 啲 华 人， 放 你
tou³³, leu²¹ fɔŋ³³ tou³³ tai²¹ ɬei⁵⁴ pɐk⁵, mou³⁵ jɐn²¹ ʔin⁵⁴ kɔ³³ tɪ²¹ fɔŋ⁵⁴.
到， 流 放 到 大 西 北， 冇 人 烟 个 地 方。

（我到消雪岭的经过。陈启欢，芒街）

㉜ jɐn⁵⁴ wei²¹ ne³⁵ tʃuŋ⁵⁴ kɔk³⁵ kɔ³³ wa²¹ jɐn²¹ hei³⁵ jit³ nam²¹, kɐn⁵⁴ jit³ nam²¹
　　因 为 你 中 国 个 华 人 系 越 南， 跟 越 南
kɔ³³, jɐt⁵ ʃi²¹ tʰuŋ²¹ jɐn²¹, hɔ³⁵ tʃʰam⁵⁴ kʷɐn⁵⁴, hei²¹ ma³⁵?
个， 一 视 同 仁， 可 参 军， 系 嘛？

（我到消雪岭的经过。陈启欢，芒街）

㉝ kɐm²⁴ kɔ³³ ne²⁴ jɐt⁵ ŋan⁵⁵ ok⁵ kɐm²⁴ tai²¹, hei²¹ mou²⁴?
　　噉 个 你 一 间 屋 咁 大， 系 冇？

（一桩错意杀人案。李发兴，下居）

㉞ ni²⁴ mɛ⁵⁵ ŋɔ²⁴ ti²¹ tu⁵⁵ ʃɪk⁵ liu²⁴ ni²⁴ la³³, hei²¹ ni²⁴ ʃat³ kɛ³³, ha⁴², oŋ⁵⁵ tʃʰɔi²⁴
　你 咩 我 哋 都 识了 你 啦, 系 你 杀 嘅, 哈, 壅 在
pin⁵⁵ tɛŋ²¹ nei²⁴ tʃi²⁴ jeu²⁴ kɔŋ²⁴ tʃɛ⁵⁵.
边 定 你 只 有 讲 啫。

(一桩错意杀人案。李发兴, 下居)

"你" 在广府粤语中读 [nei³⁵], 在越南广宁归侨粤语中读 [ni³⁵],
例㉚~例㉞可以观察其向广府粤语靠拢的动态过程: [ni³⁵] — [nɪ³⁵] —
[ne³⁵] — [nei³⁵]。当然, 这个音变的过程不一定每个阶段都要经历, 这些读
音可以以变体的形式自由出现。

㉟ kɐm²⁴ kɔ³³ tou³³ kɐn⁵⁵ mi²⁴ kʰɐn²⁴ lɔi²¹ ki²⁴ nin²¹ nɛ⁵⁵ tʃeu²¹, tʃei²⁴ ni²⁴,
　噉 个 到 跟 尾 近 来 几 年 呢 就, 仔 女,
ŋɔ²⁴ ti⁵⁵ tʃei²⁴ ni²⁴ tai²¹ lɔʔ³, tek⁵ tok²¹ ʃi⁵⁵ lɔʔ³, tek⁵ tok²¹ ʃi⁵⁵ kʰɪ²⁴ tʰu⁵⁵ mou²⁴ pi⁵⁵
我 啲 仔 女 大 咯, 得 读 书 咯, 得 读 书 佢 都 冇 畀
ni²⁴ tok²¹ tʃoŋ⁵⁵ mɐn²¹ tia²¹, hɔ²⁴?
你 读 中 文 嗲, 嗬?

(我的教育背景。李发兴, 下居)

㊱ ŋɔ²⁴ ti²¹ kɔ³³ kɔŋ²¹ tʃʰɐt⁵ lɔi²¹ ŋɔ²⁴ ti²¹ tu⁵⁵ hou²⁴ kan⁵⁵ nan²¹. mɐn²¹ faʔ² nɛ⁵⁵,
　我 哋 个 讲 出 来 我 哋 都 好 艰 难。 文 化 呢,
tʃeu²¹ hou²⁴ tei⁵⁵ kɔ⁴² la³³, tʰoŋ²¹ ka⁵⁵ ha²⁴ kɐm²⁴ jɐŋ²⁴ nɛ⁵⁵ tou⁵⁵ hei²¹ ŋɔ²⁴ ti⁵⁵ tʃui³³
就 好 低 咯 啦, 同 家 下 噉 样 呢 都 系 我 啲 最
tɔ⁵⁵ hei²¹ tʃʰɔ⁵⁵ tʃoŋ⁵⁵ tʃʰɪŋ²¹ tu²¹ kɐm²⁴ lɔ⁵⁵.
多 系 初 中 程 度 咁 啰。

(我的教育背景。李发兴, 下居)

㊲ ʃɔ³⁵ ji³⁵ ŋɔ³⁵ tei²¹ hei³⁵ mɔŋ⁵⁴ kai⁵⁴ kɔ³³ pin⁵⁴ pi³⁵ kau³³ hɐŋ²¹ wɐn²¹. mɐt⁵ jɛ³⁵
　所 以 我 哋 系 芒 街 嗰 边 比 较 行 运。 乜 嘢
tou⁵⁴ hɔ³⁵ ji³⁵ mai²¹ ʃai³³, mɐt⁵ tou⁵⁴ hɔ³⁵ ji³⁵ nɔ³⁵ fan⁵⁴ kɔ³⁵ kɔ³⁵ pin⁵⁴. ʃɔ³⁵ ji³⁵
都 可 以 卖 晒, 乜 都 可 以 攞 翻 过 嗰 边。 所 以
ŋɔ³⁵ tei²¹ hei³⁵ mɔŋ⁵⁴ kai⁵⁴ pin²¹ nɛ⁵⁴, hɔ³⁵ ji³⁵ kɔŋ³⁵ tek⁵⁴ tʃʰa̠⁵⁴ m²¹ tɔ⁵⁴ pɐk³⁵
我 哋 系 芒 街 边 呢, 可 以 讲 得 差 唔 多 百
fɐn²¹ pɐk³ tʰu⁵⁴ hɔ³⁵ ji³⁵ kɔŋ³⁵ tek⁵ man²¹ man⁵⁴ tʰɐn³³, man²¹ man⁵⁴ tʰɐn³³.
分 百 都 可 以 讲 得 慢 慢 褪, 慢 慢 褪。

(我到消雪岭的经过。陈启欢, 芒街)

㊳ ŋɔ³⁵ ti²¹ kɔ³³, hei³⁵ kɔŋ³⁵ nıŋ²¹, tʰuŋ²¹ mai²¹ kɔŋ³⁵ ʃei⁵⁴ kɔ³³ hi³³ heu²¹
　　我　哋个，　系　广　宁，　同　埋广西个气　候
hou³⁵ tʃip³⁵ kɐn²¹, fi⁵⁴ ʃɛŋ²¹ tʃip³⁵ kɐn²¹, ʃɐŋ⁵⁴ ʔut²¹ fɔŋ⁵⁴ ʃık⁵ a³³, ȵi³⁵ jin²¹ a³³,
好　接　近，　非　常　接　近，　生　活　方　式　啊，语　言　啊，
ha⁴², tu⁵⁴ hei²¹ tʃip³⁵ kɐn²¹. ʃɔ³⁵ ji³⁵ kɔ²¹ kɔ²¹ tu⁵⁴ ʃɐŋ³⁵ hei³⁵ kɔŋ³⁵ ʃei⁵⁴.
哈，　都　系　接　近．　所以个个　都　想　系　广　西．

（我到消雪岭的经过。陈启欢，芒街）

"都"在广府粤语中读为［tou⁵⁵］，在广宁归侨粤语中读为［tu⁵⁵］。在广府粤语的影响下，广宁归侨粤语的"都"出现了［tu⁵⁵］［tºu⁵⁵］［tou⁵⁵］3种形式。其中，［tºu⁵⁵］在听感上既像［tu⁵⁵］，又像［tou⁵⁵］。

综上，广宁归侨粤语出现接触性音变的声母和韵母的语音表现不一样。这种不同反映了语言中声母和韵母有本质的不同，声母发音空间的弹性小而韵母发生音移的弹性较大。

同时，我们也注意到，越南广宁归侨粤语在广府粤语的影响下最容易发生音变的语言成分是功能词，如人称代词"你""佢"、人称代词复数后缀"哋"、总括副词"都"、否定副词"唔"等；其次是常用词，如"三""四""死""去""日""女""嘢"等。这与语言接触的一般规律是一致的。

六、语音变化的心理因素

越南广宁归侨从越南回到祖国，原有的语言生活环境发生了剧变。归侨们要适应和融入当地社会，会主动或被动地接受当地方言或主流方言的影响。随着回国时间的增长，权威方言的成分大量进入归侨的言语交际中，以至于在交际的层面上，他们潜意识的第一反应就是外来的成分。我们在采集语料时，经常会遇到同一个词异言重复的现象，即说话人先用权威方言的语音说，可能突然意识到这个读音不是母语的读音，又马上改口用母语的读音来读。举词汇的例子如下。

㊴ jɐn⁵⁵ wei²¹ tou³³ kɐn⁵⁵ mi²⁴ nɛ⁵⁵, ki³³ jɛt⁵ kai²⁴ fɔŋ³³, tou³³ lɐi²¹ łɐn²⁴ ʃɐŋ²⁴
　　因　为　到　跟　尾呢，　佢一　解　放，　到　黎笋　上
kɔ³³ ʃi²¹ heu²¹ nɛ⁵⁵, kʰi²⁴ tʃʰeu²¹ mou²⁴ pi⁵⁵ tɔk⁵ ni⁵⁵ kɔ³³ kɔ²⁴ kɔ³³ tʃɔŋ⁵⁵ mɐn²¹ lɔʔ³,
个　时　候　呢，　佢　就　冇　畀　读　呢　个　嗰个中　文　咯，

tʃɐu²¹ kɔi²⁴ pin³³ nɜ⁵⁵ tok²¹ jit³ mɐn²¹ , tʃʰin²¹ kɔ²¹ jit³ nam²¹ , pɐt⁵ lɐn²¹ ni²⁴ mɜ⁵⁵
就　改　变　呢　读　越　文， 全　个　越　南， 不　论　你　咩
mɐn²¹ tʃok²¹ , tu⁵⁵ jiu³³ , tʰoŋ²¹ tʃoŋ⁵⁵ kɔk³ kɐm²⁴ , tʃɪk⁵ hɐi²¹ kɔŋ²⁴ pʰu²⁴ tʰoŋ⁵⁵ wa²¹ ,
民　族，　都　要，　同　中　国　噉， 即　系　讲　普　通　话，
tʃɪk⁵ hɐi²¹ jit²¹ nam²¹ wa²¹ lɔ⁵⁵ .
即　系　越　南　话　啰。

（我的教育背景。李发兴，下居）

㊵ kɐm³⁵ ma³³ tʃʰɐŋ⁵⁵ tou³³ ni⁵⁵ kɔ³³ , ni⁵⁵ kɔ³³ , kɔ³⁵ ti²¹ tai²¹ fɔ²¹ ʃin²¹ nɛ⁵⁵ ,
　噉　啊　撑　到　呢个，呢个，嗰啲　大　火　船　呢，
kʰɪ³³ kɔ³³ tʃʰin²¹ tʰɐu²¹ kɔ⁵⁵ tou²¹ a²¹ . kɐm³⁵ a³³ tʰɛŋ⁵⁵ kɐn²¹ kʰei³⁵ hɐŋ³⁵ la²¹ pa⁵⁵ ,
佢　嗰　前　头　嗰　度　啊。 噉　啊　听　近　佢　响　喇　叭，
tʃɐu²¹ m²¹ tʃi⁵⁵ kʰi³⁵ hɐi²¹ hɐŋ³⁵ fo²¹ u³³ mɐt²¹ jɛ³⁵.
就　唔　知　佢　系　响　做　乜　嘢。

（年轻时的一次经历。孙裕，横菩）

例㊴、例㊵出现了代词的异言重复现象。近指代词，广州话为"呢个"［ni⁵⁵kɔ³³］、"呢啲"［ni⁵⁵ti⁵⁵］，广宁归侨粤语为"嗰个"［kɔ³⁵kɔ³³］、"嗰只"［kɔ³⁵ʃɛk³］、"嗰啲"［kɔ³⁵tit⁵］。发音人先说了广州话的词语，突然发现不对，马上调整成母语。

㊶ kʰei³³ kʰi³³ kɔ³³ ji³³ ʃi⁵⁵ nau²¹ tɐk⁵ hou³⁵ tʃʰɛŋ²¹ hou³⁵ tʃʰɛŋ²¹ ʃi²¹ kan⁵⁵ .
　佢　佢　嗰　意　思　闹　得　好　长　好　长　时　间。

（年轻时的一次经历。孙裕，横菩）

第三人称代词"佢"在广州话中读［kʰøy³⁵］，越南广宁归侨粤语读［ki³³］［ki³⁵］或［kʰi³³］［kʰi³⁵］。受广府粤语影响，广宁粤语"佢"产生了［kʰei³³］的读法。例㊶中，发音人在说话的无意识状态中，先说了［kʰei³³］的读音，但是话一出口，就意识到说的不是母语的读音，于是马上改口说了母语的读音［kʰi³³］。

㊷ mou²¹ hɐi²¹ tʰɐu²¹ kʰau³³ , tʃɪk⁵ hɐi²¹ ji³³ ʃi⁵⁴ , ŋ³⁵ tei²¹ ji³³ ɬi⁵⁴ tʃɪk⁵ hɐi²¹
　唔　系　投　靠，　即　系　意　思，　我　哋　意　思　即　系
ji³³ ɬi⁵⁴ kɔŋ³⁵ , tʰɛŋ³⁵ jɐn²¹ tei²¹ tit⁵ tʃʰɪŋ²¹ kʰɔŋ³³ tim³⁵ jɛŋ³⁵ , kɐu³³ kɪŋ³⁵ hɐi²¹ mɛ⁵⁴
意　思　讲，　等　人　哋　啲　情　况　点　样，　究　竟　系　咩

152

wui²¹ ʃi²¹ a³³.
回 事 啊。

（我到消雪岭的经过。陈启欢，芒街）

"意思"，发音人第一次说的是广州话的读音［ji³³ʃi⁵⁴］，说出来之后意识到不是母语的读音，马上调整，接着重复了两遍母语的读音。

从上述的表现看，归侨在对待母语和外来影响时存在矛盾心理。一方面，他们很希望能够保留自己的母语，另一方面又不得不使用权威方言进行交流。长期接触和使用广府粤语，使他们逐渐淡化了母语的语感，在交流层面的第一反应就已经不是母语的成分，可见这种影响不容小觑。

为了应对权威方言的影响，归侨粤语的一些读音出现音核孪生的现象。这种韵腹复合音听起来既像广州音，又像广宁归侨粤语的读音。举例如下。

㊸ ha⁴² , tou³³ ŋɔ²⁴ ti³¹ nɛ⁵⁵ tʃɐu²¹ kɔk³ ka⁵⁵ , tu⁵⁵ ɬin³³ jit³ nam²¹ tʃɪŋ³³ fu²⁴ nɛ⁵⁵
 哈， 到 我 哋 呢 就 国 家， 都 算 越 南 政 府 呢
tʃɐu²¹ tʰei²⁴ tɐk⁵ hi²⁴ ŋɔ²⁴ ti³¹ , tºu⁵⁵ pʰui²¹ jɐŋ²⁴ ŋɔ²⁴ ti³¹ tok²¹ tʃɔ²⁴ ɬi³³ nin²¹ ,
 就 睇 得 起 我 哋， 都 培 养 我 哋 读 咗 四 年，
tok²¹ tʃɔ²⁴ ɬi³³ nin²¹ , tok²¹ tʃɔ²⁴ ɬi³³ nin²¹ kɔ³³ jit³ mɐn²¹ , jit³ nam²¹ ʃi⁵⁵.
 读 咗 四 年， 读 咗 四 年 个 越 文， 越 南 书。

（我的教育背景）

广宁归侨粤语 "都" 音［tu⁵⁵］，例㊸的 "都" 音［tºu⁵⁵］，这个音在听感上既像广州音［tou⁵⁵］，又像广宁归侨粤语的［tu⁵⁵］，是很明显的 "骑墙派" 的表现。说话者想采用权威方言的语音，但是潜意识里又不愿放弃本方言的读音，因而采取折中的办法，在发音的时候自然就产生这种音核孪生的现象。

㊹ kɐm³⁵ kɔ⁴² tʃɐu²¹ tʃi³⁵ fan²¹ , fat³ , fɐn⁵⁴ , fɐn⁵⁴ nit⁵ jɐn²¹ , tʃɐu²¹ fɐn⁵⁴ ni⁵⁴ tit⁵
 噉 个 就 煮 饭， 发， 分， 分 □ 人， 就 分 呢 啲
jɐn²¹. ɐt⁵ tou³³ tʃuŋ⁵⁴ tʃɐu²¹ hi³³ ʃɪk²¹ , ɐt⁵ tou³³ tʃuŋ⁵⁴ jɐu²¹ hei³³ lɔ³⁵ fan²¹ jɐu²¹
人。 一 到 钟 就 去 食， 一 到 钟 又 去 攞 饭 又
ʃɪk²¹ , jɐu³⁵ ɲiuk²¹ jɐu³⁵ ɲiɛ³⁵. ei⁴² , kɐm³⁵ kʰi³⁵ tʃip³ tɔi²¹ jɐu²¹ ki³⁵ hºou³⁵ a³³.
 食， 有 肉 有 嘢。 诶， 噉 佢 接 待 又 几 好 啊。

（我到消雪岭的经过）

广宁归侨粤语"好"读［hɐu³⁵］，广府粤语读［hou³⁵］，例㊹"好"读［hᵘou³⁵］，主元音融入［ɐ］和［o］的音色，听起来既像［ɐu］，也像［ou］。

㊺ kɐm³⁵ kɔ⁴² kʰei³⁵ ŋai⁵⁵ lou³⁵ nɛ⁵⁵ tʃɪk⁵ hɐi²¹ kʷat²¹ nɛ⁵⁵ tɔŋ³³ nau²¹ <u>ne³⁵</u> kɔ³³
　　嗷　嗰　佢　偃　佬　呢　即　系　哄　呢　当　闹　<u>你</u>　个
ji³³ ɬi⁵⁵ kɔ³³ kɐm³⁵ kɔ⁴².
意　思　嗰　嗷　个。

（买扇）

"你"广宁归侨粤语音［ni³⁵］，广州话音［nei³⁵］。例㊺"你"读［ne³⁵］，这个音从听感上也处于［ni³⁵］与［nei³⁵］之间。

七、接触性音变的影响因素

拉波夫（Labov, 1985）对美国纽约市英语的 r 进行考察，指出语言变异与控制因素之间存在一种函数关系，而常见的控制因素有风格、年龄、阶层等。拉波夫的研究开启了社会语言学研究的新时代，其后的研究大多都采纳其理论和方法。

从宏观的角度看，影响越南广宁归侨语言变异的因素主要有生活环境、个人经历、归国时的年龄等几个方面。

（一）生活环境

归侨回国后被安排在不同的华侨农场，这些农场周边的语言环境对他们的方言有明显的影响（主要是 15 岁以后的归侨，第二、第三代归侨后代的语言状况则更加复杂）。以普宁华侨农场、博罗杨村华侨柑桔场、阳江岗美华侨农场和三水迳口华侨农场为例。

普宁华侨农场华侨人口为 6000 人左右，是一个中等规模的农场，位于粤东闽—客语区的包围之中，最近的大南山华侨农场与之相距约 70 千米，因而归侨除了可以通过影视作品接触广府粤语之外，几乎处于被隔绝的状态。因为闽语与粤语的差距大，同时，农场还有来自印度尼西亚、马来西亚等国的华侨，所以广宁归侨在家庭以外的场合都是用普通话进行交流的。因此，普宁华侨农场归侨的粤语保持得比较好，我们走访过几个归侨家庭，成年人的口音里很少有广府粤语的成分。

博罗杨村华侨柑桔场处于粤客方言交界处，粤语和客家话的人口相当。杨

村华侨柑桔场有归侨人口7000多人，20世纪90年代华侨农场下放地方管辖，杨村华侨柑桔场曾经一度划归杨村镇。但是，由于归侨人口较多，事务复杂，后来只能一分为二，柑桔场成立杨侨镇，可见归侨势力的强大。我们走访侨村时了解到，附近一些本地人口也在学习归侨的粤语。观察发音人李发兴先生的语音状况，其发生语音变异的仅限于"你""佢""哋""人""女""都"等少数几个字。

阳江岗美华侨农场处于两阳粤语的包围中，两阳粤语与广府粤语有一定的区别。岗美华侨农场原有归侨人口2000多人，近年来，外迁人数不断增加，现有越南归侨人口1300多人，归侨原籍比较集中，主要来自下居、芒街和姑苏岛三地。该农场地形相对封闭，越南归侨与其他12个国家的归侨相处其中，婚姻往来都在归侨内部；近年来，由于土地、福利等问题，归侨与当地政府关系紧张，外人不易进入其中。因此，岗美华侨农场归侨的方言保留得比较好。发音人骆祖成先生的口音几乎没有广府粤语的成分。

三水迳口华侨农场位于粤语的腹地，所处的位置为"清三四"（清远、三水、四会）的交界处。迳口华侨农场下划地方管理后成立了南山镇，南山镇人口为2.3万人左右，归侨人口约2430人。由于农场所在地较为开阔，农场连队与当地村落杂处，归侨与当地居民接触较多，所以归侨几乎都会说广府口音的粤语。如果不做要求，他们在公众场合都会以夹杂广府粤语成分的广宁粤语进行交流。

（二）个人经历

个人经历会对语言产生影响，这是毫无疑问的。归侨的个人经历对他们的方言产生的影响也非常明显。我们先来看看单字方面边擦音［ɬ］在原籍相同、经历不同的归侨当中的分布情况。芒街归侨粤语的边擦音一共有170个字，表11是博罗杨村华侨柑桔场姚日强、韶关消雪岭华侨农场陈启欢、恩平大槐华侨农场陈就和阳江岗美华侨农场骆祖成的读音情况。

表11　边擦音［ɬ］在部分归侨中的读音情况

	杨侨姚（字）	消雪岭陈（字）	大槐陈（字）	岗美骆（字）
［ɬ］	159	135	143	155
非［ɬ］	10	24	27	4
两读	1	4	0	2

杨侨姚、消雪岭陈都曾经是农场的侨联主席，任上经常要与省内外的侨联联系，经常要到省内外的华侨农场出差；大槐陈是第二代的农场干部，目前是爱侨村的村委会主任，因为他懂越南语，会经常到江门等地做翻译，也经常为对越商贸做向导。所以，这3人受广府粤语的影响比较大，特别是大槐陈，本来读 [ɬ] 的声母，在其单字中读非 [ɬ] 的已经达到27个。而岗美骆则不同，归国前几乎没有离开过姑苏岛群岛，回国后主要生活在岗美华侨农场，没有当过干部，几乎没有外出的经历，除去无效和误读的字，其读非 [ɬ] 的字只有4个。可见个人的经历对语言的变异有很直接的关系。这是单字的情况。

在交际的层面，我们观察杨侨姚与人交流几乎是广府粤语的口音，其一开口就是较为标准的广府粤语。在调查中，我们要求他用芒街白话说一段话，他的表达已经很不流利了。消雪岭陈与大槐陈在交际的层面也是夹杂了较多广府粤语的成分，而岗美骆的语音中则几乎没有发现有广府粤语的痕迹。

（三）归国时的年龄

回国时的年龄与归侨的语言变异也有一定的关系。在14位发音人中，只有一位是15岁回国的（大槐陈），其余均在25岁以上。25岁以后，语言已经基本定型，而且已经失去再受教育的机会，他们的语言已经固定了；而大槐陈在回国后刚好可以继续读初中，因此他的语言还有一定的可塑性。表12以"你"的读音来说明。

表12 "你"的读音与越南归侨回国年龄情况的比较

"你"的读音	大槐陈	消雪岭陈	杨侨李	大槐朱	迳口孙	迳口官
	归国年龄 15岁	归国年龄 27岁	归国年龄 36岁	归国年龄 26岁	归国年龄 30岁	归国年龄 39岁
[ni]	0	13	19	3	2	4
[nei]	6	21	4	1	0	1
[nɪ/ne]	2	10	3	1	0	0

"你"读 [ni] 是广宁粤语固有的读音，25岁以后归国的华侨几乎都还保留着这一读音。除了消雪岭陈外，在交际的层面 [ni] 还占据着很大的比例。大槐陈的情况与他们不同，在语篇中没见到 [ni] 的出现，读 [nei] 的反而占了很大的比例。

在接触到的发音人的语音中几乎均未发现有农场当地次方言的成分，而在大槐陈的语音中却发现了当地次方言的影子，例如：

㊻ kʰei³⁵ wa²¹："tʃɛ³⁵ a⁴² mai³⁵ ʃin³³ la²¹。" kʰei³⁵ wa²¹："tʃu⁵⁵ ɔi³³
  佢　话："姐 啊 买 扇 啦。" 佢　话："□
kuŋ³³ ʃin³³ tə²¹ tou⁴²。" kʰui³³ tʃɐu²¹ jit³ nam²¹ wa la³³，"mai³⁵ ʃin³³" nɛ⁵⁵，ŋ³⁵
□　□　□　□。" 佢　就 越 南 话 啦，"买 扇" 呢，我
tɛ²¹ pɐk²¹ wa²¹ la³³，hɐi²¹ mou⁴²？
哋 白 话 啦，系 冇？

（买扇）

恩平话中，"佢"读 [kʰui³³]，大槐陈在无意中说出了这个音。

综上，归国年龄是影响语音变异的一个重要的因素。

生活环境、个人经历以及归国时的年龄这几个因素并不是截然分开的，而总是纠缠在一起，共同影响和制约着归侨的语言生活。因此，这个问题非常复杂。

【参考文献】

[1] 北京大学中国语言文学系语言学教研室. 汉语方音字汇 [M]. 2版. 北京：语文出版社，2003.

[2] 蔡权. 广西廉州方言音系 [J]. 方言，1987 (1)：49 – 57.

[3] 陈保亚. 音变原因、音变方向和音系协合 [J]. 西南师范大学学报（社会科学版），1989 (3)：41 – 45.

[4] 陈保亚. 语言接触导致汉语方言分化的两种模式 [J]. 北京大学学报（哲学社会科学版），2005 (2)：43 – 50.

[5] 陈晓锦. 东南亚华人社区汉语方言概要 [M]. 广州：世界图书出版广东有限公司，2014.

[6] 陈晓锦，陈滔. 广西北海市粤方言调查研究 [M]. 北京：中国社会科学出版社，2005.

[7] 陈晓锦，黄高飞. 海洋方言：汉语方言研究新视角 [N]. 中国社会科学报，2014 – 04 – 14.

[8] 丁崇明. 语言变异的部分原因及变异种类 [J]. 北京师范大学学报（人文社科版），2000 (6)：117 – 121.

[9] 黄绮烨. 广西防城港粤语语音研究 [D]. 广州：暨南大学硕士毕业论文，2013.

[10] 黄伟. 防城话语音系统 [J]. 桂林师范高等专科学校学报，2009 (3)：1 – 10.

[11] 黄昭艳. 广西沿海地区汉语方言及其研究概述 [J]. 广西社会科学，2012 (4)：159 – 163.

[12] 李如龙. 论语言接触的类型、方式和过程 [J]. 青海民族研究, 2013 (4): 163-166.
[13] 梁猷刚. 广西钦州地区的语言分布 [J]. 方言, 1986 (3): 219-221.
[14] 陆波. 广西钦州钦廉片方言音韵研究 [D]. 南宁: 广西大学, 2006.
[15] 陶维英. 越南历代疆域 [M]. 钟民岩, 译. 北京: 商务印书馆, 1973.
[16] 威廉·拉波夫. 纽约市百货公司 (r) 的社会分层 [M] //祝畹瑾. 社会语言学译文集. 北京: 北京大学出版社, 1985.
[17] 吴福祥. 关于语言接触引发的演变 [J]. 民族语文, 2007 (2).
[18] 谢建猷. 广西汉语方言研究 [M]. 南宁: 广西人民出版社, 2007.
[19] 徐通锵. 历史语言学 [M]. 北京: 商务印书馆, 1991.
[20] 詹伯慧, 张日昇. 珠江三角洲方言词汇对照 [M]. 广州: 广东人民出版社, 1988.
[21] 庄初升. 试论汉语方言岛 [J]. 学术研究, 1996 (3): 66-69.
[22] 庄初升. 岭南地区水上居民 (疍家) 的方言 [J]. 文化遗产, 2009 (3): 126-132.

中高级阶段泰国学生汉语语篇复现手段偏误研究

陈虹羽

(湛江幼儿师范专科学校)

【摘　要】 词汇衔接分为复现手段和同现手段。本文以泰国华侨崇圣大学和玛哈沙拉坎大学的中高级阶段学生为研究对象,主要考察他们在汉语课堂习作中复现手段的使用情况,并对他们使用复现手段出现的偏误进行归类,寻找其偏误形成的原因,提出教学建议。

【关键词】 语篇　复现手段　偏误　泰国学生

一、引　言

汉语语篇偏误分析研究在20世纪90年代才开始受到对外汉语教学界的重视,并有了很大的进展。综观语篇偏误分析研究的成果,我们目前见到的文章大部分是关于留学生语篇衔接偏误研究,其中,对泰国学生的写作中的词汇衔接研究还相对薄弱。在此,本文以中高级阶段的泰国学生为研究对象,研究他们在习作中复现手段的使用情况,并根据偏误形成的原因,提出一些相关教学建议,希望能为语篇偏误研究提供一些参考。

韩礼德和哈桑把复现手段分为5类,分别是原词复现、同近义词语复现、上下义词复现、概括复现和其他形式。根据他们的分类,我们可以知道复现关系是指某些词以原词、同义词、近义词、上下义词、概括词的形式重复出现在语篇中。语篇中的句子通过这样一些方式,达到互相衔接。

本文的语料来源有两部分:第一部分来自玛哈沙拉坎大学二至四年级学生的课堂作文,共201篇;第二部分来自泰国华侨崇圣大学三年级学生的习作,共115篇。这两部分语料共120207字。为了让语料的偏误展现得更加清晰,笔者在不影响语义的情况下对其进行了适当的修改。

二、复现手段使用中的几种偏误类型

在留学生的习作中,可以看到这种段落:

①我们骑摩托车要戴安全帽。骑摩托车戴安全帽帮助我们躲避刮风跟危险。所以每个人必须戴安全帽。为了减少事故,我们骑摩托车要戴安全帽。

在例①短短的一个自然段中,"戴安全帽"这个短语出现了 4 次,恰好在每句话中均出现了一次。在这样的段落中,单独地看每句话是没有问题的,但是,这些句群组成的自然段会让人觉得啰唆和累赘。

笔者在 316 篇泰国留学生的课堂作文中,找出一部分复现手段使用不当的例子。就目前的语料来看,笔者把它们分为以下几种偏误类型。

(一)未使用原词复现手段而产生的偏误

什么是原词复现手段?笔者用一段中国学生的作文例子来解释:

②在九寨沟首先卷入眼帘的就是葱葱绿绿的植被,许多奇花异草争奇斗艳,好像谁生怕被评为"最低等的花"。九寨沟处处可见清澈透底的湖,在每个湖,能见度都平均高达 20 米,有的都能看到湖底,湖底的颜色五彩缤纷,从红色到紫色,从黄色到蓝色,几乎要把所有的颜色都包括了。四川人们都说,九寨沟不仅是自然遗产,更是我国不可侵犯的自然景观。

例②这段话中的"九寨沟"便是原词复现。

在此,笔者首先节选了一些泰国留学生的作文中段与段之间未使用原词复现手段的例子:

③我的家乡在玛哈沙拉坎府,在泰国的东北部,那里有美丽的风景,还有适宜的天气,人民生活得很简单。

除了生活还有乐器。·乐器很有名,其中最出名的就是长鼓。每年有一个很重要的节日,就是长鼓节日。·有长鼓比赛。谁比赛赢了,公主还给他们奖金。我每年跟爸爸去看。我觉得·很好听。

在例③的第二段话中,有 3 个地方应该使用原词复现手段,第一个是应在"乐器"前加上"我家乡的",两段话共用一个主语会使语义表达不完整。第二个是在"有长鼓比赛"前面加上"节日里",第三个是在"我觉得"的后面加上"长鼓"。

以下 3 个例子中句子与句子间未使用原词复现手段:

④有的人认为毕业以后应该去·读研究生,因为去中国学习比在泰国学习更好。

⑤首先,戴安全帽的好处是在发生事故的时候可以不让自己受伤,我每次看到发生事故时·,都是不喜欢戴安全帽的人。

⑥一见到他走出机场通道,我就跑去找他,这时我发现他瘦了。本来他很胖,后来可能因为没钱吃饭了·,一想到他在云南吃不上饭的日子我就很心痛。我决定在他回来以后好好照顾他。

例④在第一个分句中没有交代清楚要去哪里学习,笔者认为在"读研究生"前加上"中国",使用原词复现,这样和后面一句搭配起来,语义更加明了。例⑤的后两个分句语义有问题,容易令人误会为"凡是发生事故的,都是不戴安全帽的人"。这句话的意思与事实相悖,如果在"发生事故时"后面加上"受伤的",会更加符合客观事实,也使语义更为明确。例⑥则应该把第二句话中"本来他很胖"后面的分句改为"后来可能因为没钱吃饭就瘦了下来"。其中,"瘦了"和第一句中"发现他瘦了"原词复现,而且,"本来他很胖"后面也需要用"瘦了"这个状态来说明一下现在"他"的体型如何。

(二)过分使用原词复现手段而产生的偏误

段与段之间过分使用原词复现手段的例子如下:

⑦骑摩托车的时候要戴安全帽,因为现在路上有很多车。不像以前的时候车不多。人每天都走路。现在不管去哪里都看见那么多车,在城市里下班时也堵车还有撞车。骑摩托车会很危险,如果不小心的话就会撞车。因为骑摩托车时速度更快的。

骑摩托车首先要戴安全帽,如果不戴会让自己受伤,其次会发生事故,比如撞车,最后为了自己能跟自己的爱人在一起,不让他们担心。

在路上骑摩托车时要戴安全帽,因为我觉得在路上骑车时很危险的,谁也不知道什么时候会撞车,所以在路上不能粗心。下雨时更可能发生事故,骑车看路会不清楚。如果这时候撞车了自己的爱人会是什么感受。要想跟爱人一起生活不管是骑摩托车还是汽车都要戴安全帽和系安全带。

例⑦是留学生写的一篇作文。在这3段话中,每段话的第一句均有"骑摩托车要戴安全帽"。除此之外,每段话都会出现"撞车"一词,在第二、第三段都出现"和爱人一起"。这让人感觉文章词汇匮乏,不会用句子。整篇文章虽长，但对"骑摩托车要戴安全帽"这个议论话题却只有 3 个理据。

有些留学生在写一些记叙文时，对不同的地方或物体却总用一个词语来描述。这样不仅显得他们词汇量匮乏，而且也不能正确地表达出他们所想描述的情况。例如：

⑧在泰国的北部，人们的职业是农民，这里有很多美丽的山。在南部有很多美丽的山，有很多美丽的海洋。在中央有很多美丽的山，有很多美丽的海洋，有很多人口。

⑨潘敏是我的好朋友，她很漂亮，她的皮肤好白，她的眼睛很漂亮，她的鼻子很漂亮，她的嘴唇很漂亮。

⑩阿 Sa 的身材比较瘦，但是很性感。……她短发的时候很像女孩子，好可爱，一见就喜欢，她的眉毛比较性感，跟她的眼睛比较合适。……她的嘴比较小，但是很性感，当她说话的时候，嘴好像我儿子的嘴。

例⑧对泰国的北部、南部、中部的山和海洋的描写都只用一个形容词——"美丽"，不能体现出泰国各个地域的特色。在例⑨中，泰国学生对潘敏一连用了 4 个 "漂亮"来形容。这样描写一个人的相貌未免过于简单，难以让读者联想出潘敏的模样，不如改为"眼睛很大，鼻子很高，嘴唇很红润"，以上几个形容词都不难掌握，运用起来也会显得作者词汇量丰富。例⑩是泰国学生描写一个明星的外表，但无论是描写其身材、眉毛还是嘴唇，一律用 "性感"这个形容词。也许是因为作者认为"性感"一词十分特别，所以一而再，再而三地使用，可是中国人对眉毛的修饰，一般不用"性感"，可以说"眉毛弯弯像柳叶"，或者说"眉似新月"。如果留学生觉得难以掌握，也可以说"眉毛弯弯"或者"眉毛很细"。此外，嘴巴是可以用"性感"来形容的，可是留学生在最后一句说阿 Sa 的嘴"好像我儿子的嘴"，既然如此，"性感"在这里就不合适了，因为在中国，一般不用"性感"来形容小孩子的嘴。笔者认为，应该把最后一个"性感"改成"娇嫩"或者"红润"。

（三）误用和漏用上下义词而产生的偏误

在这里先举例介绍一下上下义词：

无数颗星星在茫无边际的宇宙中运动着。我们看得见的星星，绝大多数是恒星。看上去，它们好像是冷的，但实际上每颗恒星都是一个火热的太阳。

这段话中的"星星""恒星""太阳"就是上下义词复现。在泰国学生的习作中,这类偏误出现得较少,以下选几例来说明:

⑪您好!我是来自泰国的留学生,名字叫黎淑清。2001年,我在泰国读高中毕业了以后,我就跟父母说:"我想学中文,想了解一下你们祖国的语言文化。"他们听了后很赞同我的想法。

⑫我的家乡在黎逸府,它位于东北部,是一个富饶的地方,有很多树木,那里天气非常好,风景很美丽。

⑬我觉得有机会来外国了,应该不止来积累知识而已,而且还要积累新经验,不然我的人生就太平凡了……最后我们计划先去深圳旅游,要是有时间的话再去杭州西湖。

⑭还有汉语书法是我很喜欢的。

在例⑪中的第一句话,作者就交代了自己是泰国学生。据笔者了解,作者的父母只是喜欢唱邓丽君的歌,中国并不是她父母的"祖国",所以中文并不是他们"祖国的语言文化",作者在此误用了上下义词的复现。在例⑫中,第二分句中没写明黎逸府位于哪里的东北部,因此,应该在"它位于"的后面加上"泰国的"。例⑬中的"外国"与下面所说的"深圳"和"杭州西湖"不属于上下义关系,应该改为"中国"。例⑭缺少上下义词复现,应该在后面加上"中国文化之一"。

三、复现手段使用不当的偏误原因

笔者对留学生的复现手段使用偏误做了统计,统计结果见表1、图1。

表1 留学生复现手段使用偏误

偏误类型	偏误数目	偏误所占百分比
未使用原词复现手段	16	15.7%
过分使用原词复现手段	78	76.5%
误用和漏用上下义词	8	7.8%

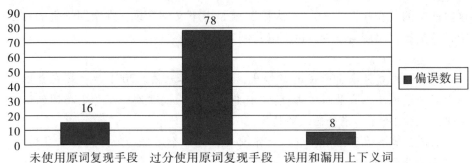

图1 留学生复现手段使用偏误

从统计数据我们可以看出,3类偏误中,过分使用原词复现手段的偏误最多,占76.5%,而未使用原词复现手段的偏误仅占15.7%。这与学生要求语义表达完整的认知心理有关。

通过分析调查,笔者认为造成偏误的原因有以下4个。

(一) 汉语教师语篇意识薄弱

为说明问题,笔者节选一段初级汉语教师的修改记录:

在北部,人口职业是农夫{改为"人们的职业是农民"},有很多山美丽{改为"有很多美丽的山"}。在南部有很多山美丽{改为"有很多美丽的山"},有很多美丽海洋{改为"有很多美丽的海洋"}。在中央有很多美丽山{改为"有很多美丽的山"},有很多美丽海洋{改为"有很多美丽的海洋"},有很多人口。

笔者在检查留学生习作的修改记录时发现,初级汉语教师对作文进行修改的时候,大部分人只停留在句子层面,没有宏观地看整篇文章。如上述例子,教师在修改作文时,只纠正了词语的定中关系,在改正后的几个分句中,依然使用"美丽"一词。

(二) 教材和工具书的不完善

在《发展汉语·高级汉语写作(上)》中,运用的一篇写作范文是这样的:"香港应该感谢成龙,他使人称赞:香港有这么好的演员!有这么好的电影!有这么好的功夫!"在这篇范文中,也一连用了3个"好"。编者在选择范文时,也没有注意到避免词语的重复。而在这本教材中,仅有第五和第六单元讲到语篇的衔接与连贯,而且大部分讲的是语法衔接,词汇衔接仅讲解了如何利用原词复现衔接上下文,并没有说明该如何避免重复以及误用上下义词。

在泰国学生普遍使用的工具书《泰汉词典》中,"มาก"这个词对应的中文仅有"多""许多""众多""繁多""大量",可是"มาก"这个词还承载着一个很重要的意义是"很",如"很漂亮"是"สวยมาก",可是在泰汉词典中却未提及。

(三)留学生母语的负迁移

据笔者采访发现,许多泰国学生看到作文题目习惯先用泰语构思,再逐字用中文来翻译。泰国学生学习词汇的时候,一般是一个中文单词对应着几个泰语词语的解释,因此,在翻译的过程中原词复现的概率骤然上升。

(四)留学生对不熟悉词汇采取回避策略

笔者观察发现,中国学生写作文习惯用同/近义词复现,而泰国留学生更倾向于用原词复现,究其原因,无非是他们的汉语词汇量小,即使是认识的词,对其运用也不够灵活,在写作中用词选择范围就窄了。

四、结 语

泰国学生汉语语篇复现关系的偏误可以折射出对外汉语语篇教学的现状。在描写偏误类型、分析偏误原因的基础上,笔者提出改进语篇教学的建议:首先是初级汉语教学者应该树立语篇意识,把语篇教学贯穿到教学的各个环节,比如,在会话和写作练习中,建议留学生用另外一个词来替换其过多使用的词语;其次是注重增加学生的词汇量,对外汉语教学者除了平时多让留学生背单词以外,还可以在阅读教学中,让学生找出课文中的上下义词、同/近义词来丰富学生的词汇量;最后是培养留学生直接用中文的思维来构思整篇文章的能力,减少翻译过程中母语负迁移的不良影响。

本文从漏用、冗余、误用3个方面描写泰国学生复现手段的使用偏误,并提出一些教学建议,希望能给对外汉语语篇教学带来一些新的启示。但是,由于本人学术水平有限,不精通泰语,无法就留学生的母语对汉语习得的影响给予充分的解释。笔者会在日后的学习和实习中多加改进,继续探讨和研究留学生语篇偏误方面的问题。

【参考文献】

[1] 储诚志. 知识图式、篇章构造与汉语阅读教学［J］. 世界汉语教学，1994（2）.
[2] 冯晓玲. 基于语篇衔接理论的留学生汉语写作偏误分析［D］. 济南：山东大学，2010.
[3] 冯新宏. 高年级留学生汉语语篇显性衔接偏误分析［D］. 西安：陕西师范大学，2008.
[4] 黄国文. 语篇分析概要［M］. 湖南：湖南教育出版社，1988.
[5] 胡壮麟. 语篇的衔接与连贯［M］. 上海：上海外语教育出版社，2006.
[6] 姜望琪. 语篇语言学研究［M］. 北京：北京大学出版社，2011.
[7] 刘宝. 中高级阶段泰国学生汉语叙述体篇章词汇衔接偏误类型考察［J］. 语文学刊，2012（5）.
[8] 聂仁发. 现代汉语语篇研究［M］. 浙江：浙江大学出版社，2009.
[9] 屈承熹. 汉语篇章语法［M］. 北京：北京语言大学出版社，2006.
[10] 徐纠纠. 《现代汉语篇章语言学》［M］. 北京：商务印书馆，2010.
[11] HALLIDAY M A K，HASAN R. Cohesion in English［M］. 北京：外语教学与研究出版社，2001.

厦门大学马来西亚分校华族生本族语与方言习得评测及族群认知[*]

金 美

(厦门大学国家语言资源监测与研究教育教材中心)

【摘 要】本文调查资料采自笔者在厦门大学马来西亚分校中文系任教期间基于课程教学需要所建"厦大马校中文系2016—2017级本科生语言文字语料库"中的"语言习得与学习语料库"。笔者自行设计问卷及相关调查资料并在2017年9月至2018年2月间针对本系2016级、2017级的马来西亚华族学生进行了关于语言习得与学习的调查。这次调查采取3种方式:问卷调查、课堂上语言背景相关内容的自我介绍及课下的面对面访谈。本文通过华族学生语言习得与学习状况及水平的四级自我评测调查问卷的分析,并参考自我介绍及访谈内容,考察了华族生本族语与方言习得及使用的水平。调查表明,88%的华族生从小最早学会的语言是汉语,且分别有10%和70%的人认为自己的汉语很标准和标准,其余的人填答了汉语方言和英语、马来语等。而在母语、本族语、母方言3个选项中,多达90%的华族生"母语"选择了汉语,另有5%选择粤语,3%选择闽南语,分别有1%选择潮州话的和海南话。"本族语"选择汉语的66%,另有闽南话、客家话、粤语的占比依次为11%、8%、7%,其余8%是海南话、潮州话、卡达山语和马来语。"母方言"的选择依次是闽南话35%、粤语28%、客家话15%、汉语11%,另有11%是其他语言和方言。这些数据表明,大部分华族生对汉民族共同语普通话、汉语方言及华族族群高度认同。同时,本文还结合华族学生的家庭与社会语境,对其语言认知与语言态度呈现的族群认同意识进行了分析。华族学生家族语言和方言结构及文化背景单纯的,族群认同意识明晰;而族群语言代际构成复杂、族群文化认知范围广的,则族群认同意识模糊。

【关键词】马来西亚 华族生 母语 (母)方言 本族语 评测图表

---

[*] 本文系国家语委"十三五"科研规划2019年度重点项目"汉字文化圈主要国家(地区)中小学母语教育教学资源建设状况调查与研究"(ZDI135-84)成果。

一、导　言

中国厦门大学马来西亚分校（下文简称"厦大马校"）位于马来西亚首都吉隆坡（Kuala Lumpur）西南45千米的雪兰莪州（Selangor）的雪邦县（Sepang）沙叻丁宜（Salak Tinggi），距离吉隆坡国际机场约15千米，距离马来西亚国家行政中心布城（Putrajaya）约20千米，占地约900亩[①]。截至2018年，厦大马校拥有4000余名来自马来西亚、中国等22个国家和地区的学生。

从厦大马校中文系首次招生的2016级及后继2017级的招生情况来看，2016级计划招收89名本科生（含69名华族学生和20名大陆学生[②]），2017级计划招收74名本科生（含54名华族生和20名大陆生）。但实际招生数，以及入校后由于复读、转系、退学和休学等各种复杂原因，导致学生人数发生较大变动。因此，学生入校后，在本文2017年9月开始的半年调查时间内，2016级实有61名在册学生，其中，华族生46名，大陆生15名；2017级实有72名在册学生，其中，华族生51名，大陆生21名。因此，2016级和2017级两届华族生共计97名。基于课堂教学的需要，笔者在两个年级全覆盖发放、回收问卷后，选取了85份华族生有效问卷作为本文的调研对象，有效问卷数占两个年级全部华族生人数的88%。这85份问卷中，含2016级43份、2017级42份。为便于将来的追踪回访调查，本文按照本族生的学号顺序，将2016级的43份问卷编号为1号至43号，将2017级的42份问卷编号为44号至85号。在进行问卷调查的同时，笔者又在课堂上让学生就家庭和个人语言及方言状况问题逐一做自我介绍并进行讨论，课下再对他们进行个别访谈，重点访谈上述有效问卷占比88%的那部分华族生，访谈时间从2017年9月持续到2018年2月。在完成3种方式的调查（问卷调查、课堂自我介绍及讨论与课下的个别访谈）之后，调查资料全部建档收入笔者所建的"厦大马校中文系2016—2017本科生语言文字语料库"。调查问卷、自我介绍和访谈提纲的内容分别见本文附录中的附录一、附录二和附录三。

华族生的语言习得与学习的心态和水平，离不开对其三大语境——家庭、社会和学校的考察，也要联系其族群的迁移历史与现状来深入挖掘，进而探析

---

① 1亩约为667平方米。
② 由于华族学生在本国填写正式表格时，"种族"一栏一般填写"Cina"（华族），非正式或金融类表格如银行表格则不要求填写，因此下文简称"华族生"。大陆学生下文简称"大陆生"。

其语言认知、语言态度和族群认同等重要问题。

在调查问卷中，笔者分别设计了两个开放型问题和两个封闭型问题来让华族生进行自我评测，以此来考察他们的语言与方言认知、语言与方言态度所呈现的族群认同意识。其中，第一、第三个问题是开放型问题。问题一是：你的第一语言是什么？问题三是：你的母语/母方言是什么？本族语是什么？第二、第四个问题是封闭型问题，要求华族生按自身日常语言交流运用的实际状况、以4个等级标准来对第一语言和方言的习得水平进行自我评测。问题二是：你第一语言的语音、词汇、语法和文字的水平如何？问题四是：（除第一语言的方言以外）你通过学习获得的其他方言的语音、词汇、语法和文字的水平如何？

4个评测等级是：1级为很标准，2级为标准，3级为不标准但能交流，4级为不标准故交流困难。

二、从华族生对第一语言的称名看语言认知和语言态度

问题一：你的第一语言是什么？

在问卷填答前，笔者作为调查人，对"第一语言"的含义进行解说，强调这里的"第一语言"是指从小最早学会的语言或方言，并非使用频率最高的或使用年限最长的语言或方言。不限定华族生只使用"普通话"的称名，提出各人可按照自己习惯的称谓来指称汉民族共同语，并对中外汉语学界新兴的"大华语"一词进行解释，介绍2016年李宇明在《全球华语大词典》的序言《华人智慧，华人情怀》中把"大华语"定义为"以普通话/国语为基础的全世界华人的共同语"。

从85名华族生对其从小最早学会的第一语言这个问题填答的结果来看，填写第一语言为华语/华文、中文、汉语、普通话等"大华语"的是74人，占87%；其余占比13%的11名华族生填写了广东话、英文/英语、福建话、潮州话和马来语，其中，广东话、福建话和潮州话这3种汉语方言共占比8%，英文/英语共占3%，马来语占1%。很显然，绝大部分华族生的第一语言是"大华语"。

我们进一步从语言和方言概念称名的细目的占比来看，85名华族生第一语言的不同称名的百分比从高到低依次是：华语或华文共占38%，中文占25%，汉语占19%，普通话占6%，广东话或粤语共占6%，英文或英语共占3%，余下的福建话、潮州话和马来语各占1%。华族生所使用的这些不同概念称名所占的百分比见表1和图1。

表1　85名华族生从小最早学会的第一语言对照

马来西亚称名	细目	人数		百分比	
大华语	华语	28	32	33%	38%
	华文	4		5%	
	中文	21		25%	
	汉语	16		19%	
	普通话	5		6%	
广东话	粤语	5		6%	
英文	英语	3		3%	
福建话	闽南话	1		1%	
潮州话	潮汕话	1		1%	
马来语	马来语	1		1%	

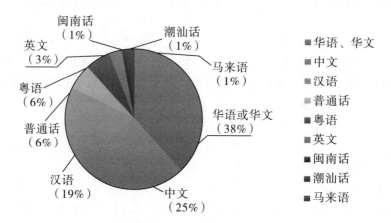

图1　85名华族生从小最早学会的第一语言百分比

华族生使用第一语言的概念称名的特色之处，还在于选填了"大华语"的这74人使用了"华语""华文""中文""汉语""普通话"5种称名来指称"大华语"。这5种不同的称名，74名华族生中使用的百分比分别是："华语"和"华文"共占43%，"中文"占28%，"汉语"占22%，"普通话"占7%。见表2、图2。

表2　74名华族生"大华语"4种称名百分比

马来西亚称名	大华语				
细目	华语	华文	中文	汉语	普通话
人数	28	4	21	16	5
	32				
百分比	38%	5%	28%	22%	7%
	43%				

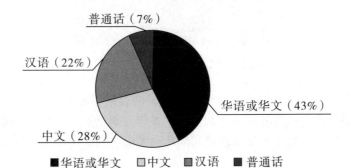

图2　74名华族生"大华语"4种称名百分比对照

图2和表2说明，马来西亚华族生用于指称汉语，目前使用人数最多、最常用的称名是"华语"和"华文"，在大华语的5个称名中，二者合计人数占比近一半，其中称"华语"的最多，占38%。其次是"中文"，占比近1/3。称名"汉语"的人数只有约1/5，而人数最少的称名是"普通话"，仅有7%。跟语言上主要认同"华语""华文"相对应，华族生族群称名的认同也是"华族""华人"，而不是"汉族""汉人"。这一点在面对面访谈中也得到了印证。

根据华族生向笔者提供的其家族在马来西亚新、旧表格中填写"种族"一栏的图片文字，我们可以了解到当代华族族群称名的实况。图3、图4和图5是来源于不同时期的马来西亚华族在"种族"（bangsa/keturunan）一栏填写"客家""华族"等称名的文字。

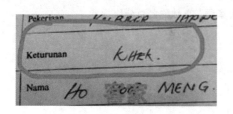
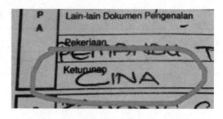

图3 "KHEK"（客家） 　　　图4 "CINA"（华族，无英文）

图5 "CINA"（华族，有英文）

比较图3、图4、图5，马来西亚华人旧的表格在种族一栏所填写的文字，具体到了华人内部的族群分类称名，说广东话（粤语）、福建话（闽南话）和客家话等不同方言的华人族群所填写的称名不同，到了现在才通称为"CINA"（华族）。

三、华族生第一语言的语音、词汇、语法和文字习得现况水平自我评测

问题二：你第一语言的语音、词汇、语法和文字的水平如何？

（一）第一语言为"大华语"的语音、词汇、语法和文字的水平

本文在实施调查的问卷中，让华族生针对自己的语言习得和语言学习水平进行自我评测，评测的标准按他们在实际生活中对语音、词汇、语法和文字的使用交流水平分为4级：1级为很标准，2级为标准，3级为不标准但能交流，4级为不标准故交流困难。

具体来看，74名华族生大华语的语音、词汇、语法和文字水平在4个等级评测中的百分比见表3和图6中柱状图数据。

厦门大学马来西亚分校华族生本族语与方言习得评测及族群认知

表3 第一语言为"大华语"的74名华族生语音、词汇、语法和文字的水平评测

语音水平	人数	占比	词汇水平	人数	占比	语法水平	人数	占比	文字水平	人数	占比
1级	8	11%	1级	9	12%	1级	6	8%	1级	9	12%
2级	50	68%	2级	55	74%	2级	50	68%	2级	56	76%
3级	16	21%	3级	10	14%	3级	18	24%	3级	9	12%
4级	0	0%	4级	0	0%	4级	0	0%	4级	0	0%

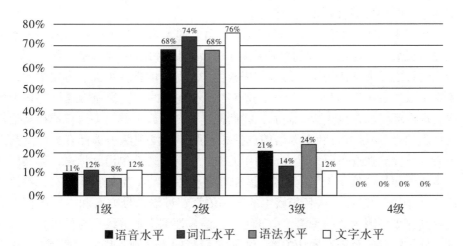

图6 第一语言为"大华语"的74名华族生大华语的
语音、词汇、语法和文字水平评测

表4、图6中，针对自己的语音、词汇、语法和文字4个方面的语言水平进行评测，选1级的华族生占在8%～12%，选2级的占68%～76%，选3级的占12%～24%，没有人选4级。可见，大部分华族生认为自己的第一语言"大华语"的语音、词汇、语法和文字的水平都达到了标准甚至很标准的水平，选1级和2级的合计占比高至八九成。尤其在2级这个"标准"等级上比较集中，语音和语法水平均占68%，词汇和文字水平分别占74%和76%。这些华族生绝大部分都是早年移民到马来西亚的华人的后代，在马来西亚多语环境中出生长大，然而，他们大部分最早接触习得的语言却不是当地语言，也不是祖籍地的汉语方言，而是自己祖籍地的汉民族共同语，而且大部分人对自己第一语言水平的评测是"标准"和"很标准"，这样的语言认知与语言态度，说明了当代马来西亚大部分华人家庭语言的格局跟国内汉族家庭语言的格局是基本一致的，呈现出了他们对华语和华族族群高认同度的特点。

（二）第一语言为"大华语"以外其他语言和方言的语音、词汇、语法和文字水平

在接受问卷调查的 85 名华族生中，除了上述 74 人第一语言选择了"大华语"，余下占比 12% 的 11 人第一语言选择了其他语言和方言。通过他们的问卷陈述、自我介绍和与其面对面访谈获知，这些第一语言选择了其他语言和方言的华族生，大多都有其家庭语境或族群社区语境等方面的特殊原因。

以下是第一语言为其他语言和方言的 11 名华族生语音、词汇、语法和文字的水平的相关图表和相应分析。

从表 4、图 7 来看，选择粤语为第一语音的 5 名华族生的粤语的语言水平评测等级最高，超过半数的华族生在语音、词汇和语法的水平等级上选了 1 级。这较之于大华语为第一语言的华族生水平等级的选择更高、占比更大，后者选 1 级的占比仅为 8%～12%。这 5 人从小到大的家庭交流沟通语言均为粤语，家庭环境的作用很大。同时，我们把这 5 名华族生的第一语言选择与他们在后面的母语/母方言和本族语的选择相对照，就发现两项选择有关联，甚至具有一致性。在选粤语为母方言的 4 人中，有一人还选粤语为母语，但其所选的本族语却是"客家语"，其客家语和粤语水平相当（客家语等级 2），都比华语高（华语等级 3）。这名华族生的第一语言、母语、母方言和本族语都没有选择其等级评测为 3 的华语。由此可见，语言评测水平等级也与母语、母方言和本族语的族群意识有密切关系，水平等级高的语言则其族群归属感强。4 人中还有一人说自己生长于吉隆坡、祖籍福建，但是已经不会说闽南话了。5 人中唯有一名华族生选了闽南语为母方言，但特别说明自己虽然祖籍福建，却有 3 个因素导致自己母方言闽南语水平很低（4 级）：一是出生地吉隆坡本地华人大部分用粤语交流；二是家庭的主要交流语言是粤语；三是接触港剧，受到粤语的影响更大。

表4　第一语言为粤语的 5 名华族生语音、词汇、语法和文字的水平评测

语音水平	人数	占比	词汇水平	人数	占比	语法水平	人数	占比	文字水平	人数	占比
1级	3	60%	1级	3	60%	1级	3	60%	1级	2	40%
2级	1	20%	2级	1	20%	2级	1	20%	2级	2	40%
3级	1	20%	3级	1	20%	3级	1	20%	3级	1	20%
4级	0	0%	3级	0	0%	3级	0	0%	3级	0	0%

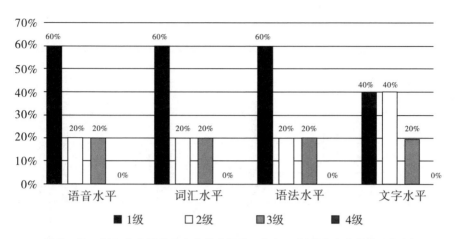

图 7 第一语言为粤语的 5 名华族生语音、词汇、语法和文字的水平评测

由表 5、图 8 和表 6 可见,第一语言为英语、闽南话、潮州话、马来语的 6 名华族生,其语言和方言的语音、词汇、语法和文字的水平都不太高,绝大多数选项都填答了 2 级和 3 级,个别人还填答了 4 级;选 1 级的只有英语语法 1 人次,选 2 级的 11 人次,选 3 级的 11 人次,选 4 级的 1 人次。有近一半的人选了 3 级"不标准但能交流"。唯一选英语语法 1 级的学生语音评测 3 级、词汇评测 2 级,而这位学生的父亲是印度籍、母亲是华人,该生从小就一直跟父亲及父亲家族的人说英语,跟母亲及母亲家族的人说粤语。其后面填答的问题三中的母语是汉语、母方言是广东话。其对汉语和英语的 4 级等级水平所做的填答完全相同,自认为这两种语言的水平差不多。近半数的人次选 3 级,这说明他们的语音、词汇、语法和文字水平都不太高。因为选填"大华语"为第一语言的 74 名华族生中,选 3 级的各项占比仅为 12%～24%,没有人选答 4 级。

表 5　第一语言为英语的 3 名华族生语音、词汇、语法和文字的水平评测

语音水平	人数	占比	词汇水平	人数	占比	语法水平	人数	占比	文字水平	人数	占比
1 级	0	0%	1 级	0	0%	1 级	1	33%	1 级	0	0%
2 级	0	0%	2 级	2	67%	2 级	1	33%	2 级	2	67%
3 级	3	100%	3 级	1	33%	3 级	1	33%	3 级	1	33%
4 级	0	0%	4 级	0	0%	4 级	0	0%	4 级	0	0%

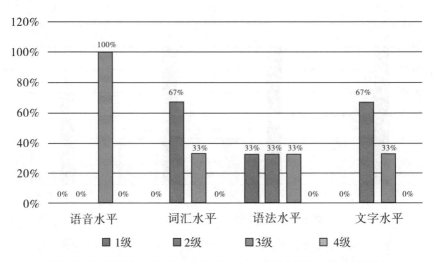

图8 第一语言为英语的3名华族生语音、词汇、语法和文字的水平评测

表6 第一语言为闽南话、潮州话、马来语的华族生语音、词汇、语法和文字水平评测

方言水平	闽南话				潮州话				马来语			
	1级	2级	3级	4级	1级	2级	3级	4级	1级	2级	3级	4级
语音水平	0	1	0	0	0	0	1	0	0	1	0	0
词汇水平	0	1	0	0	0	0	1	0	0	0	1	0
语法水平	0	1	0	0	0	1	0	0	0	0	1	0
文字水平	0	1	0	0	0	0	0	1	0	1	0	0
总人数	1人				1人				1人			

四、华族生母语/母方言和本族语选择与方言习得评测呈现的族群认同

(一) 华族生对母语/母方言和本族语选择呈现的族群认同

问题三：你的母语/母方言是什么？本族语是什么？

发放问卷时，调查人并未就这个问题向填答的华族生解释什么是母语、母方言和本族语，意在使其客观真实地呈现心目中的相关认知、认同。只是说明，如果自己从小同时习得了父母各自不同的汉语方言时，可以填答两个母方言，但如果是在华人社群中通过人际交流从小习得某种汉语方言，就不算作母方言，如吉隆坡地区，华人各族群通用方言以粤语为多，因此，很多华人通过社群交流习得，其水平甚至超过了自己的母方言闽南话和客家话等。部分华族生对"母语/母方言"和"本族语"这3项的认识不清，没有填写，而有的华族生则3项各填写了多种语言和方言。因此，这3项的各项总人数统计出来并非都是85人，是少于85人或多于85人，见表7、图9。比如，有一位华族生在自我介绍和访谈时说自己不是正宗的华人，其祖籍福建，在家跟父亲、妹妹和父亲家族说闽南话，跟母亲及母亲家族说粤语，跟客家人外婆说客家话，因外公的妈妈是马来西亚本地土著卡达山族，其基于寻根的愿望学习卡达山语并把它选填为本族语之一。这位多语学生调查问卷上的母语写了闽南话、粤语和华语，本族语写了闽南话、粤语、华语、客家话和卡达山语，这样，其1人就填写了3个母语、5个本族语。由此可见，其家族族群语言代际构成复杂、族群文化认知范围广，因而族群认同意识模糊。反之，那些家族语言和方言结构和文化背景单纯的华族生，族群意识就很明晰。

由表7、图9可知，85名华族生中，多达90%的人选择了大华语作为母语，并有66%的人选择了大华语作为本族语，母语和本族语的选择倾向于大华语，说明大部分华族生对华族族群的高度认同。选择其他方言为母语的依次有粤语（5%）、闽南语（3%）、潮州话（1%）和海南话（1%）。

表7　华族生对母语/母方言和本族语的选择百分比

语种	母语		母方言		本族语	
	人数	百分比	人数	百分比	人数	百分比
大华语	71	90%	6	11%	57	66%
粤语	4	5%	15	28%	6	7%
闽南话	2	3%	19	35%	10	11%
客家话	0	0%	8	15%	7	8%
潮州话	1	1%	3	5%	2	2%
福州话	0	0%	1	2%	0	0%
海南话	1	1%	1	2%	3	4%
湖南话	0	0%	1	2%	0	0%
卡达山语	0	0%	0	0%	1	1%
马来语	0	0%	0	0%	1	1%
总共	79	100%	54	100%	87	100%

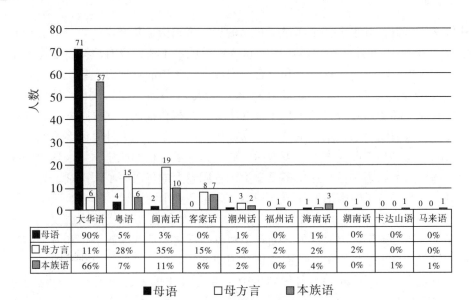

图9 华族生对母语/母方言和本族语的选择的百分比

表7中，选择母方言为大华语的只有6个人，占比仅11%，这说明在华族生心目中，"母方言"的概念通常就是官话系统以外的其他汉语方言。当在访谈中询问他们是否知晓"官话方言"的概念时，大部分人说不知道。他们认为，在马来西亚华人中，方言就是指官话以外的、主要是沿海地区的汉语方言，如他们心目中的方言概念就是指马来西亚华人中常见的福建话（闽南话）、广东话（粤语）、客家话、潮州话（潮汕话）、海南话、福州话等。因此，在"母语/母方言"和"本族语"这3项中，大华语以外的方言和语言的填答所占比例，"母方言"这一项比较高、比较突出，从高到低依次是闽南话（35%）、粤语（28%）、客家话（15%），它们都比大华语高，大华语为（11%）。余下的方言所选答的人就比较少了，潮州话3人（占5%），福州话、海南话和湖南话各有1人（各占2%）。华族生填答"母方言"这一项的方言分布广、占比大，说明他们的方言意识强，方言认知度高，大部分人的母方言掌握程度较好。

再看表7中华族生对本族语一栏的填答，66%的人选择了大华语，说明了尽管在明确自己有母方言，并且多数人依然熟练掌握并用于交际的前提下，他们依然大多会选择大华语作为其本族族群语，族群意识依然向华族靠拢。此外，本族语选择闽南话、客家话、粤语的占比分别为11%、8%、7%。尽管有一些华族生特别说明自己已不会听说闽南话和客家话这两种方言了，但依然认同这两种方言为"本族语"，反之，粤语的普及程度比它们高，但本族语认知、族群认同感反而不如闽南话和客家话族群。本族语填答人数更少的是海南话和潮州话，分别占 4% 和 2%。本族语填答人数最少的是卡达山语和马来语，各有 1 人（各占 1%）。这两人的情况都比较特殊，前者如上所述，是因为这位多语学生外公的妈妈是马来西亚本地土著卡达山族，为了寻根，其主动学习卡达山语，并在填答本族语时把多种语言和方言并列填入其中，并非单独选择卡达山语作为本族语。而唯一的一名选填马来语为本族语的华族生，其母语填答"中文"，母方言填答"客家语"，均为习得，而其马来语虽然水平等级在 2级，但写明是通过小学 6 年、中学 6 年在学校的学习获得，实为经过中小学课堂教学的系统学习而获得，并非在家庭或社会交流中自然习得。且马来语的排序在其中文、粤语和客家语之后，说明可熟练交流的程度实际上不如前三者，既然如此，其为何把马来语选为唯一的本族语？这应该是个人的族群心理倾向所致。在马来西亚，本土族群（如马来族）和土著族群（如卡达山族）享有一些政治、经济、教育文化等方面的优惠倾斜政策，同时，政府也有意营造少数族群如华族的归属感和荣耀感。因此，就制定族群优惠与消除族群隔阂的国家政策，在马来西亚媒体和社会上一直存在激烈的讨论。2014 年，有人提出为了消除民族分歧和种族歧视，应删除马来西亚人填写的各类表格中的"种族"一栏。这个提议引起了马来西亚民众的广泛热议，但最终并未通过和实施，华族内部也存在意见分歧，并非一致赞同。

（二）华族生方言习得评测呈现的族群认同

问题四：（除第一语言的方言以外）你通过学习获得的其他方言是什么？语音、词汇、语法和文字的水平如何？

1. 华族生习得方言的种类与使用人数

本文的调查问卷向华族生征询除了前述选答为第一语言的方言以外，其通过习得获得的其他方言是什么。在问卷最后还要求："以能交流为准，按照时间先后，将你学习的语言和方言排序，再把上述所有语言和方言进行总排序。"从学生整体问卷的填答情况来看，有的前面问题或后面问题的回答存在缺漏，有的前后答问的内容重复。本文经过梳理、整合其卷面的通篇回答，再结合其自我介绍和访谈内容，互相补充，下面的各图表基本上可完整地呈现出他们方言掌握的总体面貌（个别人将民族共同语——大华语和马来语归入方言的答项）。

从表 8、图 10 的统计数据来看，华族生排列在第一位的使用交流程度最高的"方言一"有 83 人，这些人都可以使用至少一种方言交流。其中，粤语使用人数最多，占 51%；闽南话次之，占 34%；客家话和潮州话分别占 10% 和 4%；福州话和湖南话最少，各有一人。

华族生有 56 人列出了"方言二",这些华族生都至少会使用两种方言交流。其中,粤语的使用人数还是最多,占 39%;其次是闽南话,占 30%;再次是客家话,占 20%;潮州话人数较少,占 7%;最后是大华语和海南话,各有一人。

华族生有 17 人列出了"方言三",这些华族生至少可以用 3 种方言交流。人数最多的是闽南话和客家话,人数相等,分别占比 35%;其次有大华语、粤语、潮州话、海南话、马来语,各一人,共 5 人。

华族生只有 3 人列出了"方言四",其中,客家话 2 人,卡达山语有 1 人。这 3 名华族生可以使用 4 种不同的方言来交流,并且其中并未包括英语这样的马来西亚华族生都通晓的外国语。

表 8 华族生使用交流程度从高到低的方言及人数

方言类	大华语	粤语	闽南话	客家话	潮州话	福州话	海南话	湖南话	卡达山语	马来语	总人数
方言一	0	42（51%）	28（34%）	8（10%）	3（4%）	1	0	1	0	0	83
方言二	1	22（39%）	17（30%）	11（20%）	4（7%）	0	1	0	0	0	56
方言三	1	1	6（35%）	6（35%）	1	0	1	0	0	1	17
方言四	0	0	0	2	0	0	0	0	1	0	3

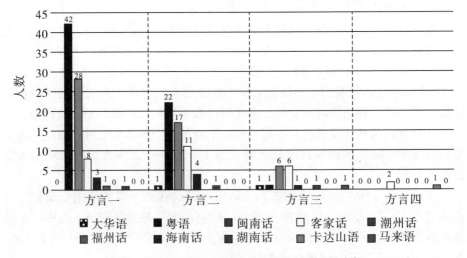

图 10 华族生使用交流程度从高到低的方言及人数

实际上，马来西亚华族生除了习得的各种方言以外，还按照马来西亚政府教育部的规定，从进入小学开始就要系统学习马来语和英语，这是必修的语言课程。所以，上述有一名华族生把马来语作为习得的方言来填答，是一个特殊情况。上文已对此进行阐释，这名华族生选答的第一语言和母语均为中文，习得方言一为粤语、方言二为客家语，马来语选填为本族语，但又说明是通过在中小学的学习掌握的。

总体来看，华族生们除了都通晓华语、英语和马来语这三大语言外，还掌握至少一门汉语方言，前面虽然选闽南话为母方言和本族语的人分别占到35%和11%，超过选粤语的28%和7%，但是从表8、图10掌握各方言的人数来看，选粤语为方言一（51%）和方言二（39%）的人都比选闽南话为方言一（34%）和方言二（30%）的人多。这说明，不少华族生已经丢失了他们的母方言和本族语闽南语，转而习得了粤语。相比闽语和粤语这两大马来西亚华族的强势方言，客家话不仅族群认同度低，而且方言流失情况更为严重。从上文可知，认同客家话为母方言和本族语的人本来就不多，仅分别有15%和8%，再看这里方言交流掌握程度的统计数据，在总人数83人中选客家话为方言一的只有10%，在总人数56人中选客家话为方言二的只有20%。选方言三的17人中，仅有一个人选了粤语，选闽南话和客家话的分别有6人，到了方言三，华族生的方言水平就已经很低了，下文评测水平等级显示，闽南话和客家话方言三各6人，都是3人为3级（不标准但能交流），3人为4级（不标准故交流困难）。而方言四只有3人，其中，2人说客家话，1人说卡达山语。

2. 华族生习得方言的语音、词汇、语法和文字水平评测

从表9、图11对华族生方言一当中的粤语、闽南话、客家话、潮州话4种使用人数较多的方言使用水平评测的统计数据来看，粤语和闽南话的水平较高，多为2级（标准）和3级（不标准但能交流）。在语音、词汇、语法、文字4个方面，粤语2级占比38%～45%、3级占比45%～52%，闽南话2级占比14%～32%，3级占比54%～61%。两者的1级（很标准）和4级（不标准故交流困难）都较少，粤语的4级极少。粤语1级在语音、词汇、语法上各有1人填答，4级的4项均有人填答，占比7%～12%；闽南话1级仅在词汇上有1人填答，4级的4项也都有人填答且占比多达14%～29%。显然，相比之下，华族生们的粤语更好一些，2级（标准）平均比闽南话高出10～20个百分点，而3级（不标准但能交流）比闽南话低约10个百分点，4级（不标准故交流困难）比闽南话低7～17个百分点。

与闽南话、粤语相比，华族生方言一选客家话的8人和选潮州话的3人的评测水平就比较低了，尤其是潮州话。在语音、词汇、语法、文字4个方面，客家话没有人选填1级，2级占比25%～38%，3级占比38%～50%，4级占比25%。潮州话没有人选填1级和2级、3级和4级的占比均为33%～67%。由此可见，客家话没有人选"很标准"，选"标准"的人为25%～38%，大部分选了3、4级；潮州话没有人选"很标准"和"标准"，选3级和4级的人数相等。这说明客家话有38%～50%的人，潮州话有33%～67%的人是"不标准但能交流"；客家话有25%的人，潮州话有33%～67%的人是"不标准故交流困难"。

表9　华族生方言一（粤语、闽南话、客家话、潮州话）的语音、词汇、语法和文字的水平占比

语种	等级	文字水平		语音水平		词汇水平		语法水平		总人数
		人数	占比	人数	占比	人数	占比	人数	占比	
粤语	1级	1	2%	1	2%	1	2%	0	0%	42
	2级	16	38%	19	45%	17	40%	17	40%	
	3级	22	52%	19	45%	20	48%	20	48%	
	4级	3	7%	3	7%	4	10%	5	12%	
闽南话	1级	0	0%	0	0%	1	4%	0	0%	28
	2级	9	32%	6	21%	5	18%	4	14%	
	3级	15	54%	16	57%	17	61%	16	57%	
	4级	4	14%	6	21%	5	18%	8	29%	
客家话	1级	0	0%	0	0%	0	0%	0	0%	8
	2级	3	38%	3	38%	3	38%	2	25%	
	3级	3	38%	3	38%	3	38%	4	50%	
	4级	2	25%	2	25%	2	25%	2	25%	
潮州话	1级	0	0%	0	0%	0	0%	0	0%	3
	2级	0	0%	0	0%	0	0%	0	0%	
	3级	1	33%	1	33%	2	67%	1	33%	
	4级	2	67%	2	67%	1	33%	2	67%	

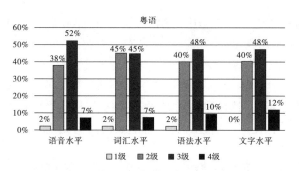
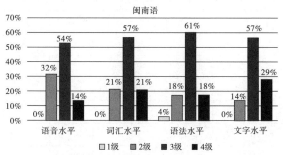
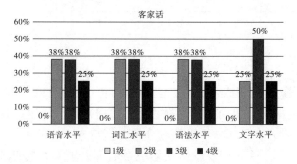
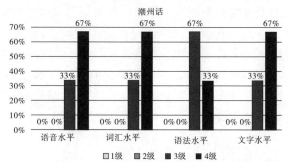

图 11 华族生方言一（粤语、闽南话、客家话、潮州话）的语音、词汇、语法和文字的水平占比

从表10对华族生方言一当中的福州话、湖南话这两种使用人数较少的方言使用水平评测的人数和水平来看，仅各有一人选填，福州话语音、词汇、语法水平选填为3级，湖南话仅语音水平选填了3级，均为"不标准但能交流"；福州话文字水平选填了4级，湖南话词汇、语法、文字水平选填了4级，均为"不标准故交流困难"。这两种方言都没有人选择1级"很标准"和2级"标准"，说明华族生在使用它们进行交流时不顺畅甚至交流困难。

表10 华族生方言一（福州话、湖南话）的语音、词汇、语法和文字的水平等级及人数

语种	等级	语音水平	词汇水平	语法水平	文字水平	总人数
福州话	1级	0	0	0	0	1
	2级	0	0	0	0	
	3级	1	1	1	0	
	4级	0	0	0	1	
湖南话	1级	0	0	0	0	1
	2级	0	0	0	0	
	3级	1	0	0	0	
	4级	0	1	1	1	

从表11、图12对华族生方言二当中的粤语、闽南话、客家话、潮州话4种使用人数较多的方言使用水平评测的统计数据来看，依然是粤语的评测水平最高，总人数22人在2、3、4级都有分布。但与方言一的4级人数仅3~5人相比，人数增加到了5~10人，且方言一各有1人填答1级的语音、词汇和语法选项，方言二的1级没有人填答。显然，在粤语等级水平和人数上，选方言二的都不如选方言一的。其余方言的情况也近似。闽南话17人，除了1人在语法上分布在2级，其余选项全都分布在3、4级，但在前面方言一中，闽南话分布在2级的占比14%~32%，不像这里只有1人。客家话11人虽跟粤语一样在2、3、4级都有分布但人数只有粤语的一半。潮州话只有4人，其中，约1/4的选项在2级和3级，其余3/4的选项全在4级。

具体来看各方言的百分比数据,在语音、词汇、语法、文字 4 个方面,粤语 2 级的占比 9%～14%,3 级占比 45%～64%,4 级占比 23%～45%;闽南话 2 级的占比 6%(仅 1 人),3 级占比 47%～59%,4 级占比 41%～53%;客家话 2 级和 3 级的占比都是 36%～45%,4 级占比 18%;潮州话 2 级的占比 25%(仅 1 人),3 级占比 25%～75%,4 级占比 25%～100%,方言二的潮州话文字水平 4 人全选填了 4 级,因而是 100%。

表 11　华族生方言二(粤语、闽南话、客家话、潮州话)的
语音、词汇、语法和文字的水平占比

语种	等级	语音水平		词汇水平		语法水平		文字水平		总人数
		人数	占比	人数	占比	人数	占比	人数	占比	
粤语	1 级	0	0%	0	0%	0	0%	0	0%	22
	2 级	3	14%	2	9%	3	14%	2	9%	
	3 级	14	64%	13	59%	14	64%	10	45%	
	4 级	5	23%	7	32%	5	23%	10	45%	
闽南话	1 级	0	0%	0	0%	0	0%	0	0%	17
	2 级	0	0%	0	0%	1	6%	0	0%	
	3 级	10	59%	10	59%	8	47%	8	47%	
	4 级	7	41%	7	41%	8	47%	9	53%	
客家话	1 级	0	0%	0	0%	0	0%	0	0%	11
	2 级	5	45%	4	36%	5	45%	4	36%	
	3 级	4	36%	5	45%	4	36%	5	45%	
	4 级	2	18%	2	18%	2	18%	2	18%	
潮州话	1 级	0	0%	0	0%	0	0%	0	0%	4
	2 级	0	0%	0	0%	1	25%	0	0%	
	3 级	3	75%	1	25%	0	0%	0	0%	
	4 级	1	25%	3	75%	3	75%	4	100%	

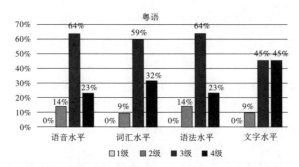
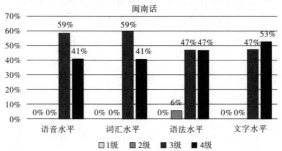
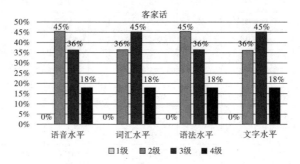
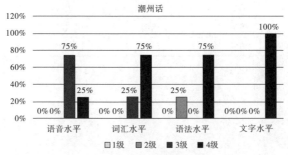

图12 华族生方言二（粤语、闽南话、客家话、潮州话）的
语音、词汇、语法和文字的水平占比

从表 12 对华族生方言二当中的海南话、大华语这两种使用人数较少的方言使用水平评测的人数和水平来看，仅各有 1 人选填，海南话水平低而大华语水平中上。海南话语音水平 1 人选填 3 级（不标准但能交流），词汇、语法和文字水平选填为 4 级（不标准故交流困难），说明该华族生的海南话用于人际交流时不顺畅甚至交流困难。相比之下，选填方言二大华语的另一人的语音、词汇、语法、文字水平均选填了 2 级（标准），可见其与人交流没有问题，说明马来西亚华族生的大华语水平较高，即使不是该生习得的第一方言，他们也仍然能够自如使用而没有交流障碍。

表 12　华族生方言二（海南话、大华语）的语音、词汇、语法和文字的水平等级及人数

语种	等级	语音水平	词汇水平	语法水平	文字水平	总人数
海南话	1 级	0	0	0	0	1 人
	2 级	0	0	0	0	
	3 级	1	0	0	0	
	4 级	0	1	1	1	
大华语	1 级	0	0	0	0	1 人
	2 级	1	1	1	1	
	3 级	0	0	0	0	
	4 级	0	0	0	0	

从表 13、图 13、表 14 中的华族生方言三各语种的选择人数来看，在前面方言一、方言二中居于首位的粤语，退居到了跟大华语、潮州话、海南话、马来语一样，都只有 1 人选择，而选方言三人数较多的是闽南话和客家话，各为 6 人。对比闽南话和客家话这两种方言，语音和词汇水平，1 级和 2 级都没有人选，3 级和 4 级两种方言都各有 50% 的人选择；语法和文字水平，闽南话选 3 级和 4 级的都各有 50%，客家话选 3 级的有 33%，选 4 级的有 67%。再看表 14 中各有 1 人选为方言三的 5 种方言语音、词汇、语法和文字的水平等级评测，大华语全部选答 2 级；粤语语音、词汇、语法为 3 级，文字为 4 级；潮州话 4 项全是 4 级；海南话语音、语法为 3 级，词汇、文字为 4 级；马来语 4 项全是 2 级。

表13　华族生方言三（闽南话、客家话）的语音、词汇、语法和文字的水平占比

语种	等级	语音水平		词汇水平		语法水平		文字水平		总人数
		人数	占比	人数	占比	人数	占比	人数	占比	
闽南话	1级	0	0%	0	0%	0	0%	0	0%	6
	2级	0	0%	0	0%	0	0%	0	0%	
	3级	3	50%	3	50%	3	50%	3	50%	
	4级	3	50%	3	50%	3	50%	3	50%	
客家话	1级	0	0%	0	0%	0	0%	0	0%	6
	2级	0	0%	0	0%	0	0%	0	0%	
	3级	3	50%	3	50%	2	33%	2	33%	
	4级	3	50%	3	50%	4	67%	4	67%	

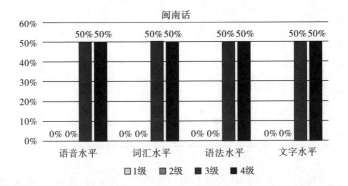

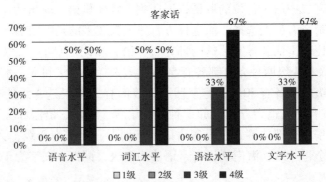

图13　华族生方言三（闽南话、客家话）的语音、词汇、语法和文字的水平占比

表14 华族生方言三（大华语、粤语、潮州话、海南话、马来语）的
语音、词汇、语法和文字的水平等级及人数

语种	等级	语音水平	词汇水平	语法水平	文字水平	总人数
大华语	1级	0	0	0	0	1
	2级	1	1	1	1	
	3级	0	0	0	0	
	4级	0	0	0	0	
粤语	1级	0	0	0	0	1
	2级	0	0	0	0	
	3级	1	1	1	0	
	4级	0	0	0	1	
潮州话	1级	0	0	0	0	1
	2级	0	0	0	0	
	3级	0	0	0	0	
	4级	1	1	1	1	
海南话	1级	0	0	0	0	1
	2级	0	0	0	0	
	3级	1	0	0	0	
	4级	0	1	0	1	
马来语	1级	0	0	0	0	1
	2级	1	1	1	1	
	3级	0	0	0	0	
	4级	0	0	0	0	

由此可见，因为马来西亚教育部门要求华族生必须学习掌握马来语、英语和华语三大语言，因此，除了英语是外国语（在此不讨论）以外，华族生的马来语和华语水平都达到了他们自测为"标准"的2级。在访谈和个人介绍中，华族生也表现了自如使用这两种语言的能力，这显示了马来西亚国家语文政策的功效。相比之下，较少华族生列为方言三的其他3种汉语方言——粤语、潮州话、海南话，语言水平评测等级全都在"不标准"的3级（不标准但能交流）和4级（不标准故交流困难）。

由表15可见，选择方言四的华族生人数极少，85名华族生中只有3名，仅占受访总人数的4%。选方言四的语种只有两种——客家话和卡达山语，而且他们的语音、词汇、语法、文字的水平全在最低程度（不标准故交流困难）

的 4 级。

表 15　华族生方言四（客家话、卡达山语）的语音、词汇、语法和文字的水平占比

语种	等级	语音水平	词汇水平	语法水平	文字水平	总人数
客家话	1 级	0	0	0	0	2
	2 级	0	0	0	0	
	3 级	0	0	0	0	
	4 级	2	2	2	2	
卡达山语	1 级	0	0	0	0	1
	2 级	0	0	0	0	
	3 级	0	0	0	0	
	4 级	1	1	1	1	

通过以上的评测分析，可知有近九成的华族生从小最早学会的第一语言是汉民族共同语普通话，并且有约 80% 的人认为自己的语言水平是标准的，余下的人第一语言填答了汉语方言和英语、马来语等。而在"母语""本族语""母方言"3 个选项中，有高达 90% 的华族生"母语"选择了汉语，其余的人分别选择了粤语（5%）、闽南话（3%）、潮州话（1%）和海南话（1%）。"本族语"66% 的人选择汉语，另有闽南话、客家话、粤语的占比依次为 11%、8%、7%，其余 8% 是海南话、潮州话、卡达山语和马来语。华族生对"母方言"的选择依次是闽南话 35%、粤语 28%、客家话 15%、汉语 11%，另有 11% 是其他语言和方言。这些数据表明大部分华族生对汉民族共同语普通话、汉语方言及华族族群高度认同。同时，本文还结合华族学生的家庭与社会语境，对其语言认知与语言态度呈现的族群认同意识进行了分析。华族学生但凡家族语言、方言结构和文化背景单纯的，族群意识明晰；但凡族群语言代际构成复杂、族群文化认知范围广的，则族群认同意识模糊。

【参考文献】

[1] 李宇明．大华语：全球华人的共同语［J］．语言文字应用，2017（1）．
[2] 廖建裕．全球化中的中华移民与华侨华人研究［J］．华侨华人历史研究，2012（1）．
[3] 施春宏．"大华语"和"全球华语"［J］．语言战略研究，2017（4）．
[4] 周清海．"大华语"的研究和发展趋势［J］．汉语学报，2016（1）．

附录一

厦门大学马来西亚分校 2016/2017 级中文系本科生
语言习得与语言学习调查问卷

问卷编号：　　　　　填答人姓名：＿＿＿＿　　学号：＿＿＿＿

时间：2017 - 10 - 01（Monday），14：00—15：00
地点：厦大马来分校教学楼 A5# G09

注："语音、词汇、语法和文字的水平如何？"
1 = 很标准，2 = 标准，3 = 不标准但能交流，4 不标准故交流困难。

1. 你的第一语言是什么？习得的起始、过程和完成时间？你通过习得获得的其他语言和方言是什么？第一语言、其他语言和方言的语音、词汇、语法和文字的水平如何？

2. 你的母语/母方言是什么？本族语是什么？通过习得还是学习获得？语音、词汇、语法和文字的水平如何？

3. 你通过学习获得的语言和方言都有哪些？学习的起始、过程和完成时间？语音、词汇、语法和文字的水平如何？

4. 以能交流为准，按照时间先后，将你习得的语言和方言排序，将你学习的语言和方言排序，再把上述所有语言和方言进行总排序。

附录二

厦门大学马来西亚分校 2016/2017 级中文系本科生
语言习得与语言学习访谈调查提纲

一、访谈目的

本次访谈调研旨在了解学生语言习得与语言学习的现状与水平,华人家族的迁移史与目前家庭语言的构成情况,以及习得与学习语言的感受和态度。

二、访谈内容

马来西亚华族生语言习得与语言学习水平的四级自我评测,历史上本族群迁移情况,对家族史的了解和族群认同,对马来西亚族群关系的认知、语境认知、语言态度。

三、访谈对象

厦门大学马来西亚分校 2016 级和 2017 级中文系本科生中马来西亚本土华人和新客华人的后代华族学生。

四、访谈提问程序和问题

1. 访谈起始语

×××同学,你好!作为授课老师,为了配合本学期的教学,我从今天开始要对班上的同学,尤其是马来西亚华族同学进行关于语言习得和学习的面对面访谈调查,以后根据我们课程的教学需要,这个学期在课下还会对大家继续进行一系列的补充调查,希望能够得到你和同学们的支持、配合和帮助,谢谢!下面是我的访谈问题。

2. 访谈问题

(1) 你家是来自哪个地方的马来西亚华族?请你在地图上找出你家在哪个州的哪个县。

(2) 聊聊你家里几代人和你自己的本族语认知和族群认同情况,谈谈你对目前马来西亚各族群关系的认识及对华族族群的认识。

(3) 你对祖籍地的方言语音、词汇、语法等的语言系统知识了解多少?对祖籍地的方言在马来西亚的源流清楚吗?对目前在马来西亚本族群方言的语言系统知识了解多少？

（4）你对祖籍地方言丰富的民间成语、俗语了解多少？对目前马来西亚本族群方言的民间成语、俗语了解多少？

（5）请你聊聊你知道的你爷爷奶奶和外公外婆以及他们子女的语言和方言状况、你的父母的语言和方言状况，以及他们跟语言和方言相关的经历和故事。

（6）说说你自己的语言习得和学习经历、现状和感受。有哪些事件和因素对你的语言习得和学习过程及效果产生了重大影响？哪些又对你的语言态度产生了重大影响？

（7）谈谈你对华语、汉语和普通话这几个概念的认知和使用情况，并举例说明在马来西亚本土化的华语，有哪些语音、词汇、语法和文字上的本土化体现。

（8）你是否知晓中国的"官话方言"的概念？你心目中的马来西亚华人所称的"方言"是什么？你知道的方言有哪些？

（9）你自己和家人作为马来西亚华族、在本国填写表格时的"种族"（bangsa/keturunan）一栏里一般填写什么？表格里关于"种族"的选项一般都有哪些？政府的各种表格哪些要求一定要填写种族，哪些不要求？你认为"种族"跟"祖籍""国籍"这些概念有区别吗？

（10）在马来西亚曾经有人提出，为了避免民族分歧和种族歧视，应该删除各种填表中的"种族"一栏，你和你的家人是什么态度？

3. 访谈结尾语

好，×××，今天的访谈就先到这里，以后我还有些相关的补充问题要再问你，我们下次再谈。谢谢你！

附录三

厦门大学马来西亚分校2016/2017级中文系本科生
语言背景相关内容课堂自我介绍

（1）你知道你的家族是从哪一代先祖迁移到马来西亚的吗？家族在中国国内的祖籍地、与祖籍地的联系、对祖籍地的了解，讲述一下你知道的情况。

（2）在马来西亚的出生地、成长地、目前的家庭所在地。

（3）你的家庭成员从爷爷奶奶、外公外婆、父母到你这一代的语言和汉语方言背景状况。

（4）你的方言习得和语言学习情况，以及相关的成长经历、记忆深刻的事件。

（5）你对母语/母方言和本族语这些概念有哪些认知？

（6）马来西亚华族的汉语方言的分布情况你了解多少？谈谈你从家庭习得的汉语方言在你家庭所在地及周边地区的使用情况。

（7）你目前可以用来进行基本交流的语言和汉语方言在家庭和社会中的使用情况，包括水平、使用语境、使用对象和使用频率。

（8）联系你知晓的马来西亚的语言政策，尤其是华文政策，谈谈你和其他华族同学在从幼稚园开始的马来西亚学校教育中语言和汉语方言的学习和使用情况。

（9）说说你在马来西亚参加的中小学考试中的中文科目情况，如小六评估考试（UPSR）、初中评估考试（PMR）和马来西亚教育文凭考试（SPM）等，或者独立中学文凭的华语统一考试（UEC）。

（10）你是否参加过马来西亚以外的其他国家的汉语水平考试（包括正式的和非正式的考试）？你参加过或了解中国的汉语水平考试（HSK）吗？

日本华裔汉语认同情况调查报告
——以暨南大学日本华裔留学生为例

孙玉卿　（日本）黄俊豪

(暨南大学华文学院)

【摘　要】 本文主要通过问卷调查的形式，考察了日本华裔留学生对"生活话题中所选择的语言问题"和"对汉语的语言态度和语言价值观"等问题的认同情况。结论是，大部分被调查者对汉语和中国的认同感还是很强。如对于"将来是否希望自己的子女学习汉语"这个问题，大部分的华裔给予了肯定的回答。不过，日本华裔生活在两种或多种文化状态之中，他们想要继续延续中华传统文化，要克服的困难还有很多。

【关键词】 关键词　日本华裔　汉语　认同感　归属感

认同问题比较复杂。人越是有自我意识，越是有多种可能，越是有选择的必要，认同就越是一个必要的问题。认同既体现着同一，也意味着差异。实际上，在越有差异的地方，认同就越成为一个问题。在当今复杂的生存环境中，新一代华裔子女如何将自身的文化认同和身份认同放置于各种冲突中来审视自己的不确定性和相对性等，通过问卷调查的形式，我们想就这些问题进行一些探讨和分析。这里的华裔是指有中国血统，但长期工作和生活在国外的人。另外，文中的汉语指普通话，不包括不同地域的方言。

一、研究对象及相关内容

（一）研究对象

本课题的研究对象是就读于暨南大学的51位日本华裔留学生，他们分别在不同的学院学习，具体是医学院16人、华文学院7人、经济学院6人、国际学院5人、国际商学院5人、外国语学院4人、管理学院4人、新闻与传播学院3人、理工学院1人。他们的年龄层是15～25岁，其中最年少的是15岁，最年长的是25岁；女性14人，男性37人。51名华裔家庭的组织结构是，父母均为中国人的有27组，其中一方为日本人的家庭有24组。51名华裔中，会使用3种语言或方言的最多,有28人;会使用两种语言或方言的居其次,有19人;还有2人会使用4种及以上的语言或方言。51名华裔中学习汉语的时间超过3年少于6年的人比较多,有37人;来日时的年龄为18~20岁的比例最大,具体见表1、表2。

表1 被调查者基本情况

调查项目	选项	比例(%)	调查项目	选项	比例(%)
性别	男	37.3	出生地	日本	32.4
	女	62.7			
年龄	15~18岁	21.6		中国	67.6
	18~20岁	45.1			
	21~24岁	27.5			
	25岁以上	5.8			
居日时长	3~5年	5.9	来日时的年龄	0~6岁	41.1
	5~8年	15.7		6~12岁	37.3
	8~10年	31.5		12~15岁	15.7
	11年以上	46.9		15~18岁	5.9

表2 被调查者的语言习得情况

调查项目	选项	人数	比例(%)	调查项目	选项	人数	比例(%)
母语	日语		68.1	学习普通话时间	少于3	10	19.6
	普通话		20.3		超过3年,少于6年	37	72.5
	英语	1	1.9				
	朝鲜语	1	1.9				
	吴语	2	3.9		6年或以上	4	7.9
	粤语	2	3.9				
会说几种语言或方言	一种	2	3.9	会说几种语言或方言	3种	28	54.9
	两种	19	37.3		4种及以上	2	3.9

（二）问卷设计

本调查问卷借鉴了诸多华裔留学生对汉语认同方面的研究成果，经过预测和重测，最终形成"日本华裔汉语言认同调查问卷"。问卷设计分为3个部分：①个人情况调查，包括汉语学习时间、家庭构成情况、家庭内的语言使用情况；②生活话题中所选择的语言调查，包括关于日常生活的话题所使用的语言情况、关于校园生活的话题所使用的语言情况、关于社会就业话题所使用的语言情况、关于不同的谈话对象时所使用的语言情况；③华裔对汉语的语言态度和语言价值观的调查。笔者将问卷分发给这些调查者，调查时间为一周。回收问卷后进行整理与统计，没有无效的调查问卷。

问卷调查中的第一个问题所用的篇幅比较多。我们在调查问卷的基础上，又重点讨论了10个家庭的语言使用情况。因篇幅所限，本文只讨论后两个问题。

（三）研究方法

本课题调查问卷的数量不是很大，采用了手动统计的方法；在调查问卷的基础上，还对3名调查者进行了访谈，地点是暨南大学图书馆。

二、不同类型的生活话题和谈话对象对汉语认同感的影响

华裔学生在中国留学期间，会依据不同的交流对象和不同类型的话题，使用不同的交流语言。该项调查的目的是，可以更清晰地了解到在哪种情况下使用汉语的频率最多、与哪些交流对象进行沟通时会使用第一语言等。（见表3）

表3　51名调查者对生活话题的语言使用情况

不同话题/语言选择	日语		汉语		英语		朝鲜语		上海语		粤语	
	人数	比例（%）	人数	比例（%）	人数	比例（%）	人数	比例（%）	人数	比例（%）	人数	比例（%）
日常生活	33	64.9	12	23.5	1	1.9	2	3.9	2	3.9	2	3.9
校园生活	21	41.2	27	52.9	3	5.9	—	—	—	—	—	—
社会就业	28	54.9	21	41.2	—	—	—	—	—	—	2	3.9

（一）日常生活话题对汉语认同感的影响

关于日常生活，我们选取了与食物、金钱、时间、交通、兼职、恋爱、学生/朋友、家庭、时尚流行、音乐、运动、购物等相关的14个话题。统计结果显示：选择使用日语进行交谈或思考的占64.9%（33人）；其次是选择汉语的，占23.5%（12人）；选择朝鲜语、吴语、粤语的各占3.9%（2人）；选择英语的仅占1.9%（1人）。日常生活与留学生息息相关，与自身关系较密切，使用的语言偏向留学生自己的第一语言的情况会较多。

（二）校园生活话题对汉语认同感的影响

关于校园生活，我们选取了与教师、课程、大学、学生/朋友、作业相关的5个话题。统计结果显示：选择使用汉语进行交谈或思考的比例最多，占52.9%（27人）；选择日语的占41.2%（21人）；选择英语的占5.9%（3人）；而朝鲜语、吴语、粤语没有被选择。其原因是在某些受到语言限制的范围里，例如，关于教师、同班同学的话题，华裔会有意识地去改变他们所使用的语言。大部分华裔到中国的目的都与学习汉语有关系，涉及周边的汉语环境，使用汉语的情况会较多。

（三）社会就业话题对汉语认同感的影响

与社会、时事、就业等相关的内容，我们选取了与留学、就业、政治经济、时事相关的4个话题。统计结果显示：选择日语的最多，占54.9%（28人）；其次是汉语，占41.2%（21人）；最后是粤语，占3.9%（2人）。这些内容与日常生活话题一样，都是与留学生本身有较密切的关系，华裔会有意识地选择自己的第一语言，即日语。

（四）不同类型的谈话对象对汉语认同感的影响

不同类型的谈话对象对汉语认同感的影响见表4。

表4　51名调查者对不同谈话对象时选择使用语言的情况

不同对象/语言选择	日语		汉语		英语		朝鲜语		上海语		粤语	
	人数	比例（%）	人数	比例（%）	人数	比例（%）	人数	比例（%）	人数	比例（%）	人数	比例（%）
大学老师	—	—	48	94.1	3	5.9	—	—	—	—	—	—

续上表

不同对象/ 语言选择	日语		汉语		英语		朝鲜语		上海语		粤语	
	人数	比例（%）	人数	比例（%）	人数	比例（%）	人数	比例（%）	人数	比例（%）	人数	比例（%）
同班同学	4	7.8	46	90.3	1	1.9	—	—	—	—	—	—
外国朋友	—	—	47	92.2	4	7.8	—	—	—	—	—	—
日本华侨	48	94.1	3	5.9	—	—	—	—	—	—	—	—
兼职员工	13	25.5	38	74.5	—	—	—	—	—	—	—	—
餐厅店员	2	3.9	48	94.2	1	1.9	—	—	—	—	—	—

从表4可以看出，与大学教师交谈时，对应老师所使用的语言选择汉语的占了整体的大部分，占94.1%（48人）；而与外国老师交谈的华裔选择英语，占5.9%（3人）。推测这是因为被调查者所选择的专业有所不同，所以课程的内容和老师的讲课方式也不一样。而与同班同学的交谈中，90.3%（46人）的华裔选择汉语，其中也有认识的日本华裔处于同一个班，所以也占了整体的7.8%（4人），选择英语进行交谈的仅占1.9%（1人）。日本华裔之间的交谈，日语占了整体的94.1%（48人），而选择汉语的仅有5.9%（3人），其他中国地方方言或英语则没有被选择。日本华裔选择的兼职，大部分是中国人的家庭教师、中国公司的记录员，或是与汉语相关的短期工作，他们所选择的语言更倾向于汉语，占整体的74.5%（38人）。另一些日本华裔选择做兼职的地方是日式料理店，选择使用日语的比例占25.5%（13人）。当日本华裔外出就餐时，因为大部分都是中国餐厅，选择使用汉语进行交谈的比例是94.2%（48人），选择用日语和英语进行交谈的只有少数，分别占3.9%（2人）和1.9%（1人）。

总之，与自己关系较密切的一些话题，如日常生活的相关话题或就业相关话题，华裔更倾向用自己的第一语言来进行沟通，并在访谈中发现交谈此类话题时的对象大部分为亲人或关系友好的华裔。与自己密切相关的校园生活的相关话题，交谈对象偏向同班同学或学校教师，他们选择的语言也从日语变为汉语。可以看出，在某些受到语言限制的范围里，华裔会有意识地去改变他们所使用的语言。在访谈中也发现，中国朋友较多的华裔留学生会比中国朋友较少的华裔留学生汉语水平高，使用汉语的频率也更高。

三、自身国籍的归属感对汉语认同感的影响

中国人移居日本落地生根,成为远离祖(籍)国的华裔。他们在努力适应日本社会文化、习俗的同时,始终怀有浓厚的中华情结,并试图保持、延续中华传统文化。第二次世界大战后,尽管加入日本国籍的华侨逐年增多,但是他们的行为准则和价值观念并不会骤然改变。实际上,他们的文化趋向存在着两种趋势,即华裔传统文化认同变化的趋势和华裔继承传统中华文化的趋势。他们的一些"文化认同的变化"是适应当地生活的需要,"继承中华文化"则是为了体现特色,是为了更好地生存和发展。中日邦交正常化以前定居日本的第一代华裔(本文中的被调查者的父母)的民族意识、乡土观念很强。他们以中国传统文化为背景,依存于华侨社会,具有很强的集团意识和团结互助精神。第二代华裔(本文中的被调查者)受其父辈影响,具有一定的民族认同性,在华侨学校及家庭又学习了中国语言和文化,又因为在日本出生长大,所以介于父辈文化和日本社会文化两者之间。

本项调查的目的是了解日本华裔认为自己是哪国人、意识到自己是中国人的情况、到中国华侨学校留学的目的、就读于中国华侨学校的优势、将来是否希望自己的子女学习汉语等问题,了解他们对汉语的语言态度和语言价值观、对中国的归属感等问题。

(一)对自身国籍认同的调查分析

1. "你认为自己是什么人"的统计分析(见表5)

表5 51名调查者对"你认为自己是什么人"的调查情况

选项	人数	比例(%)
中国人	10	19.7
华侨	23	45.0
华人	7	13.7
日本人	1	1.9
既是中国人又是日本人	8	15.6
有时也分不清	2	4.1

在51名被调查者中,回答自己是"华侨"的比例最多,占45.0%(23

人），其次是回答"中国人"的比例是19.7%（10人），回答"既是中国人又是日本人"的比例是15.6%（8人），调查者中有7人把中国国籍转为日本国籍，7人均回答自己是"华人"，其中占的比例是13.7%（7人）。"有时候也分不清"或回答自己是"日本人"的比例较小，分别占4.1%（2人）和1.9%（1人）。对"你认为自己是什么人"这个问题，回答"华侨"和"中国人"占据了比较优势的比例，可见日本华裔对中国的归属感较强。

2. "意识到自己是中国人的时候"的统计分析（见表6）

表6　51名调查者对"意识到自己是中国人的时候"的调查情况

选项	人数	比例（％）
就读华侨学校的时候	5	9.8
来自中国的亲戚或朋友到访的时候	8	15.7
在电视看到中国队在比赛的时候	3	5.9
回到中国的时候	1	1.9
就读日本人学校的时候	19	37.3
参加与中国、华侨有关的活动的时候	2	3.9
转换外国人登记证明书的时候	7	13.8
受到民族差别对待的时候	5	9.8
没有这种意识	1	1.9

日本华裔就读日本人学校的时候，与周边的日本学生不一样，例如，姓名、生活习惯、思考方式等，此时他们意识到自己是中国人的华裔较多，占整体的37.3%（19人），其次是当中国的亲戚或朋友来探访的时候，所使用的语言强制性的变回汉语，话题也是和中国相关，所占的比例为15.7%（8人），"转换外国人登记证明书的时候"所占的比例是13.8%（7人），而"就读华侨学校的时候"和"受到民族差别对待的时候"所占的比例一样，是9.8%（5人）。其中，"就读华侨学校的时候"的比例比意料中还要低，可以考虑到的理由是日本华裔分散在日本各地，而且日本很多地区都没有华侨学校，所以较少的华裔能就读于华侨学校，其他的华裔只能选择日本人学校。"在电视看到中国队在比赛的时候"占5.9%（3人），"参加与中国、华侨关系的活动的时候"占3.9%（2人），"回到中国的时候"占极少数的1.9%（1人）。其中，也有从没有意识自己是中国人的华裔存在，但只有1.9%（1人）。

3. "父母让孩子到中国华侨学校留学的目的"的统计分析（见表7）

表7　51名调查者对"父母让孩子到中国华侨学校留学的目的"的调查情况

选项	人数	比例（%）
想要让孩子确立作为中国人的意识	3	5.9
想要让孩子学习中国的传统文化	4	7.8
想要让孩子学习汉语	41	80.4
没有目的	3	5.9

对"父母为什么让你到中国的华侨学校留学"这个问题，回答"想要让孩子学习汉语"的比例占绝大部分，是80.4%（41人）；其次是"想要学习中国的传统文化"，占7.8%（4人）；而"确立作为中国人的意识"和"特别没有什么目的"的回答均占5.9%（3人）。可以看出，日本华裔来中国的理由，很大部分都是为了学习汉语，其中有父母的要求，也有本人的希望。"确立中国人的意识"和"学习中国传统文化"还是有一部分的华裔支持，可以得出大部分的被调查者对汉语和中国文化的认同感和归属感还是很强。

4. "就读中国的华侨学校的优势"的统计分析（见表8）

表8　51名调查者对"就读中国的华侨学校的优势"的调查情况

选项	人数	比例（%）
确立了作为中国人的意识	2	3.9
能学习到汉语	21	41.1
能学习到民族文化	4	7.8
培养了国际化的思维	2	3.9
获得与日本人学校同等的学习能力	1	1.9
能参与到华侨社圈的活动	4	7.8
能得到老师仔细的教导	16	31.7
没有感到优势	1	1.9

对"就读中国的华侨学校的优势"的问题，回答"能学习到汉语"的占 41.1%（21 人）；其次是"可以得到老师仔细的教导"，占 31.7%（16 人）；"能学习到民族文化"和"能参与到华侨社圈的活动"均占 7.8%（4 人）；而能够清晰了解对中国人的归属感的"确立作为中国人的意识"却只占少数，是 3.9%（2 人），另外，"培养了国际化思维"的回答占同样的比例。认为"能获得与日本人学校同等的学习能力"和"没有感到优势"仅占 1.9%（1 人）。可以看出，日本华裔认为进入中国的华侨学校最大的优势是学习汉语和得到中国教师的指导，与"日本华裔到中国华侨学校留学的目的"的结论一致，证明日本华裔在学习汉语的过程中有一种满足感和优越感，可以看出日本华裔对"自己是中国人"的意识很强。

5. "将来是否希望自己的子女学习汉语"的统计分析（见表 9）

表 9　51 名调查者对"将来是否希望自己的子女学习汉语"的调查情况

选项	人数	比例（%）
希望	48	94.2
不希望	1	1.9
无所谓	2	3.9

对这个问题，大部分的华裔回答"希望子女学习"，占 94.2%（48 人）。在访谈中，他们是这样解释的：①如今世界正趋向国际化，在世界各地掀起"汉语热"，在将来，汉语有极大的可能成为继英语之后世界第二大语言；②因为自己是中国人，所以希望自己的子女也能继承这一语言文化；③因为与中国的亲戚来往频繁，不想互相有语言障碍。有少数的华裔觉得没所谓，占 3.9%（2 人），主要的理由还是希望让自己的子女自己选择，并不想强迫子女去学习。而回答"不希望"的占了剩下的 1.9%（1 人），主要的理由是打算将子女安排在日本生活，没有什么机会接触到中国文化，所以没什么必要学习汉语。

四、结　语

日语、汉语或掌握多种语言的华裔大多是在接触到多种语言的环境下成长，接触多种语言，也受到多方面的影响，如使用多种语言的家庭结构、使用多种语言的社会生活、拥有多门外语教学的大学等。在本课题的研究中，51

名就读于暨南大学的日本华裔大部分的家庭都是使用两种或以上的语言,他们现今使用频率最多的第一语言是日语。在日常生活中,与华裔自身的生活较为关切的话题中,选择的第一语言为日语,其次是汉语;在校园生活的话题中,选择使用汉语进行交谈或思考的比例最多,其次是选择日语;在与社会、时事、就业相关的社会就业话题中,主要被选择的语言,由多到少依次是日语、汉语、粤语。而在交流对象方面也出现了明显的差异,与关系较亲近的对象,如亲人或华裔,日常生活类或就业类的话题就倾向使用第一语言来沟通。但在某些受到语言限制的范围里,如学校的老师、同班同学等,华裔所选择的语言也从日语变为汉语。在调查日本华裔对中国人的意识方面,认为自己是华侨的人最多,其次是认为自己是中国人的。而在比较"意识到自己是中国人的时候",当华裔就读日本学校的时候,意识到自己是中国人的比例最多,其次是在与中国的亲戚或朋友见面时。而在关于到中国华侨学校留学的目的,最多的比例是为了学习汉语,其次是学习中国的传统文化。另外,比较了华裔对"就读中国的华侨学校的优势"的回答,最大的优势是学习汉语和得到中国教师的教导。在深入了解华裔"将来是否希望自己的子女学习汉语"这个问题上,大部分的华裔给予肯定的回答。由调查结果可见,大部分被调查者对汉语和中国的认同感还是很强的。

　　日本华裔生活在两种或多种文化状态之中,他们想继续延续中华传统文化,要克服种种不利因素,其中家庭教育的重视程度尤其重要。华裔在接受家庭教育熏陶的同时,也汲取了所在国的文化营养,并不断地调适自身,使不同文化进行互补,在各种文化互相摩擦、融合的过程中,使文化具有自我发展的能力。

【参考文献】

[1] 陈乔之. 华人认同东南亚社会探究 [J]. 东南亚研究, 1992 (2).
[2] 郭玉聪. 日本华侨华人二、三代的民族认同管窥:以神户的台湾籍华侨、华人为例 [J]. 世界民族, 2005 (2).
[3] 韩震. 全球化时代的华侨华人文化认同问题研究 [J]. 华侨大学学报(哲学社会科学版), 2007 (3).
[4] 韩震. 全球化时代的华侨华人文化认同的特点 [J]. 扬州大学学报(人文社会科学版), 2009 (1).
[5] 鞠玉华. 日本新华侨华人状况及未来发展走向论析 [J]. 世界民族, 2006 (2).
[6] 鞠玉华. 海外新华侨华人子女文化传承状况论析:以日本新华侨华人子女为中心. [J]. 东南亚研究, 2013 (1).
[7] 鞠玉华. 日本华侨华人子女文化传承与文化认同研究 [M]. 暨南大学出版社, 2015.

[8] 山田信夫. 日本華僑と文化摩擦 [J]. 東京：厳南堂書店, 1983.
[9] 宋琰. 东南亚华裔留学生的汉语语言态度与文化认同调查研究：以华侨大学留学生为例 [D]. 厦门：华侨大学, 2015.
[10] 王爱平. 东南亚华裔学生的文化认同与汉语学习动机 [D]. 厦门：华侨大学, 2000.
[11] 周明朗. 语言认同与华语传承语教育 [J]. 华文教学与研究, 2014（1）.

海外汉语方言中的东干语

林 涛

(北方民族大学)

【摘 要】海外华人使用的汉语方言主要是粤语、闽语和客家话,少数使用吴语和官话。属于西北官话的东干语在海外使用人数虽少,但非常富有特色。东干人以族群方式集体移入中亚,建立起回民社区,传承着母语,坚守着自己的文化传统。在140多年的历史中,因受多民族语言的影响,随着双语和多语化进程的加快,东干语逐渐异化、衰变,沿着海外汉语发展的轨迹成为一种濒危语言。不过,与众不同的是,东干语在发展中形成了民族共同语,创制了斯拉夫字母拼音文字,建立起了自己的语言观和语言理论,从而彰显了它在海外汉语方言中的独特风貌。

【关键词】海外汉语 东干语

一、海外汉语方言

我国地大物博,人口众多。勤劳勇敢的中华儿女在社会历史的发展进程中,不仅创造了自己光辉灿烂的文明,而且也为其他国家的发展做出了贡献。特别是侨居于世界各地的华人更是这样。在长达2000多年的时间里,他们用自己苦难的人生、勤劳的汗水开发了所居国的土地、矿山,发展了那里的商业和贸易,繁荣了那里的经济、文化和教育,为人类社会的文明与进步贡献了力量。

我国自改革开放以来,特别是在习近平总书记提出的"一带一路"建设中,广大华人又是重要的海外资源和合作伙伴。他们在我国对外经贸关系的发展中既是受益者,也是推动者。他们利用自己熟悉所居国与祖籍国的政治、经济、法律、自然条件和深厚的人脉资源等天然优势,在推进自由贸易区建设中发挥着重要的中介作用,有力地推动了我国商业贸易空间的快速发展。

有关资料表明,我国目前约有5000万华人,分布在全世界五大洲、四大洋的160多个国家和地区(庄国土、李瑞晴,2011:7)。他们除了在海外使用所居国社会中通行的主流语言之外,大多还使用汉语(也称"华语")。海外华人使用的汉语主要是粤语、闽语和客家话,有少数使用吴语和官话。这些流通在中国以外的不同国家或地区的华人聚居区的汉语方言,被陈晓锦教授定义为"海外汉语方言"(詹伯慧、张振兴,2017:183)。

分布在中亚地区的东干语是海外汉语方言中富有特色的一种。东干人以族群集体迁徙的方式进入中亚,形成了具有方言和共同语的完整的语言体系,创制了斯拉夫字母拼音文字,建立了以"话"为中心的语言理论。尽管东干语在多民族语言的影响和渗透下逐渐异化、衰变,甚至成为一种濒危语言,但人们公认为它是人类非物质文化遗产中的瑰宝。一个多世纪以来,它引发了不少国家和地区专家学者的热情关注和研究。

二、东干语在中亚的传承

19 世纪下半叶,由于历史原因,部分回民进入中亚地区;1882—1884 年间,沙皇俄国将强占的新疆伊犁归还我国,部分甘、陕回民又迁入中亚。经过这两个阶段的集体移民,中亚大地上出现了一个新的华人穆斯林移民群体。(林涛,2012:8)他们在今吉尔吉斯斯坦、哈萨克斯坦和乌兹别克斯坦境内建立了 30 多个回民社区——东干诺夫卡。

进入中亚的我国西北回民在 140 多年的境外生活中,坚持不懈地使用汉语西北官话。学术界称之为"东干语",而他们自己则称为"大清国的话""中原语言"(优·杨善新,1860:3)或"亲娘语言",认为他们的母语就是回族的"根"。哈萨克斯坦营盘回民社区的农民诗人黑牙·兰阿洪诺夫在一首诗歌中告诫青年人:"亲娘语言叵忘哩,回族的根。"(黑牙·兰阿洪诺夫,1998:5)

中亚回民社区里,老年人和妇女是东干语忠实的传播者。老年人在家里和社区里只说东干语而不使用俄语和其他语言。所有妇女(包括异族通婚妇女)都能说一口纯正、带有浓厚中国西北方言腔调的东干语。儿童在母亲的口耳相授下,也从小就学会了东干语。

学校是东干语传承的又一重要阵地。中亚回民社区都有自己的学校。学校从一年级到十一年级都开设东干语言文学课。教学计划中,每周安排两次,每次两个学时。教学内容有东干语言和东干文学两部分。语言课程讲授东干语的语音、文字、正字法和基本语法等,目的是教会学生正确阅读和书写东干文;文学课程介绍东干族口传文学、作家文学和外国经典文学作品。

进入 21 世纪,东干语教育虽然面临着很多困难,但中亚东干族教育工作者和知识分子阶层从来不言放弃。在他们的共同努力下,一批批新的教材和语言文学书籍不断出版,不仅满足了学校教学的需要,也丰富了中亚回族的文化生活。

三、东干语的方言和民族共同语

我国西北回民进入中亚初期,使用的汉语西北官话比较复杂,有陕西的东眉话、东路话,甘肃的兰州话、河州话、沙州话、狄道话、莲花城话、张家川话,宁夏的灵州话,青海的西宁话,新疆的伊犁话等。经过大半个世纪的融合,逐渐形成了中亚东干族的甘肃话、陕西话两大方言和民族共同语。

东干语的方言正如东干族语言学家优·杨善新所说:"咱们的语言也有分隔呢。哪个地方上的回族人,他就说的哪个地方上的话。"(优·杨善新,1968:4)他把东干语划分为甘肃话和陕西话,并在他的《东干语的托克马克方言》一书中将以伏龙芝(比什凯克的旧称)为代表的甘肃方言和以托克马克为代表的陕西方言做详细的异同比较(优·杨善新,1968:35~63)。

东干语的甘肃话和我国中原官话中陇中片方言比较一致,主要分布在吉尔吉斯斯坦境内,东干族学者称为"比什凯克东干群体"。甘肃话通行于甘肃省籍回民所建立起来的社区,人口比较多的有阿列克桑德洛夫卡(骚葫芦)、米粮川、伊万诺夫卡、阿尔德克(二道沟)、卡布隆和比什凯克等。

东干语的陕西话和我国中原官话中关中片方言基本一致,主要集中在哈萨克斯坦境内,东干族学者称之为"托克马克东干群体"。他们是由回民起义领袖白彦虎带领的陕西籍回民进入中亚后,经托克马克辗转分化所形成的一些回民社区。人口比较多的有马三成(营盘)、绍尔秋别(新渠)、杜德威克及吉尔吉斯斯坦的托克马克等地。中亚还有些城市和乡村回民社区是甘肃籍、陕西籍回民混合的,但分"坊"居住,语言也有甘肃话、陕西话的区别。

任何一个民族的共同语必须有基础方言,具备完整的书面语系统。中亚的东干族在20世纪30—50年代东干文创制之后,以我国近代汉语西北方言基本词汇和语法结构为基础,以甘肃话语音(中原官话陇中片语音)为标准音,融合了中亚地区常用的俄语、突厥语族诸语言的某些语言成分和语法手段,逐渐形成了自己的共同语,东干人称之为"文学话"或"文明话"(优·杨善新,1968:5)。东干族民族共同语的形成极大地提高了民族的文化素质和地位。

四、放弃汉字,创制了斯拉夫字母拼音文字

我国西北回民进入中亚的初期,只有语言,没有文字。一般通信、记事需用书面语来表达时,就使用从我国带入中亚的"小经"。苏联十月革命胜利

后，在各民族平等发展的原则下，国家民族事务委员会发表通告，宣布政府机关、法院、学校和文化部门可以使用本民族的语言，政府还帮助没有文字的民族创制文字。1932年6月，在伏龙芝召开的学术会议上讨论和通过了拉丁字母表和文字方案，制订了拉丁字母东干文。后来，苏联的语言政策又发生了重大变化，强制推行俄语，要求把刚拉丁化了的文字改为俄文字母。

第二次世界大战结束后，东干族拉丁字母也向俄文字母过渡。1952年5月，苏联科学院主席团成立了专门委员会研究东干语斯拉夫字母方案。1953年年初，新字母方案确定后，交给东干族群众讨论，并多次组织学术研讨会进行修订。1955年，苏联科学院吉尔吉斯斯坦分院通过东干语字母方案和拼写法方案后，正式采用了斯拉夫字母拼音文字——东干文。

东干文斯拉夫字母表共有38个字母，其中33个采用俄文字母，有5个是根据东干语的音位情况新造的。东干文斯拉夫字母表里，有13个元音字母、23个辅音字母。另外，还有软音符号和硬音符号字母，在书写俄语外来借词时使用。（林涛，2012：129）用斯拉夫字母代替拉丁字母使东干族文化上了一个新的台阶，为东干族人民更快、更好地掌握俄语，并在中亚社会中获得新的发展打下了良好的基础。

东干文的成功创制不仅是开拓东干文化的一个里程碑，而且也是海外汉语发展史上的一大创举。其他海外汉语在书面上都使用华文（汉字），唯有西北官话向中亚发展使东干语有了自己独特的书面语。同时，东干文的创制理论和60多年的使用实践，也证明了汉语可以使用音素文字作为它的载体。正如德国学者吕恒力博士所说："汉语语支包括好多方言，但只有两种书面语，一是以汉字为标准的汉语普通话，一是用斯拉夫文字书写的苏联（东干）回族民族语言——回族语言。"（吕恒力，1990）这句话道出了东干文在语言学理论与实践方面的研究价值。遗憾的是，东干文没标声调，没有实行严格的词式书写，这不仅给学习和研究东干语的其他民族学者带来了极大的不便，而且容易造成语义和语法理据方面的混乱，也给东干文—汉文的转写带来了很大的困难。正如挪威皇家科学院院士何莫邪教授所说："将东干西里尔拼音文字转写为汉字时涉及东干文里缺乏声调的西里尔拼音的可理解性和有效性的问题。"（林涛，2012：12）俄罗斯科学院院士李福清教授也指出，即使最著名的东干诗人十娃子用西里尔拼音创作的诗作，也让他的诸多资深的研究者们翻译时感到疑点重重，主要因东干文缺乏声调的缘故，人们很难判断诗人十娃子想用的东干词到底是哪一个。（林涛，2012：12）

五、东干语的异化和衰变

中亚是多民族杂居的地区,光吉尔吉斯斯坦就有 90 多个民族(胡振华,2006:56),人们除了说俄语和吉尔吉斯语以外,还使用哈萨克语、乌兹别克语、维吾尔语、塔塔尔语、德语、乌克兰语等。中亚回族在与这些民族相处的过程中,也学会了他们的语言,逐渐发展出了双语和多语民族。双语和多语的影响,再加上强势语言的冲击,必然导致祖语的异化、衰变和消亡。中亚的东干语也正在沿着这个轨迹发展。

东干语的异化主要表现在外来词的借用、语音和语法层面的变化、语码混合和转换等方面。东干语里的外来借词不仅数量多,而且来源也复杂。借词以俄语为最多,据东干族学者哈娃子的统计,有数千条;其次是阿拉伯语、波斯语借词;吉尔吉斯语、哈萨克语、乌兹别克语借词,依据人口地域分布情况而呈现差异;另外还有维吾尔语、蒙语、英语借词等。中亚回族接触比较多的语言有斯拉夫语族、印度—伊朗语族、闪语族、突厥语族、蒙古语族诸语言。这些语言的语音中都有舌尖中浊颤音这个音位,随着这些外来词的借入,东干语里也增加了这个音位。东干语语法中的词类采用了俄语的分类方式,表物的名词有"数"的语法范畴,量词"个"有泛化和丢失的倾向。语句中有比较多的语序倒置现象。年、月、日的表达采用先小后大的顺序。单句里没有兼语句和双宾语句。主从复句之间经常借助于俄语中的"ЧТО"来连接。中亚回民在语言交际中,经常会将其他语言的语码混合使用,有时还会进行频繁的语码转换。这些现象在东干语的来源语中都是绝对没有的。

东干语的衰变主要表现在使用范围的急剧缩小、母语认同态度的变化和部分人群母语的消亡等方面。目前,在中亚并不是所有的回民都使用东干语。一般农村家庭还在坚持使用,但在城市或与外界社会经济、文化生活的交往中,人们都使用俄语或所在国家主体民族的语言。南京师范大学刘俐李教授 2006年在营盘、新渠回民社区调查后测算,那里东干语的综合使用频度仅为 30.8%,而俄语则为 69.2%。这个数据表明,东干语的使用范围和频度正在急剧缩小。更值得关注的是中亚回族的语言态度。1979 年,吉尔吉斯斯坦 15岁以上回族人口为 30993 人,其中,认为自己母语是东干语的占 96.1%(阿·奥鲁孜巴耶夫,1983:64),约有4%的人的语言认可态度已经发生了变化。伴随着东干语的异化和衰变,部分地区的一些人群中,东干语已经丢失或消亡。最典型的是吉尔吉斯斯坦南方奥什的卡拉松乡。这里有 3000 多个回民,他们远离了回族群体,处在乌孜别克族的包围之中,现在除了"辣子""筷子"等几个简单的词语外,已经不会说东干语了。

六、东干族学者的语言观和语言理论

中亚东干族和东干族学者从民族自我意识出发,在东干语研究中,逐步树立了自己的语言观和语言理论。他们认为东干语是自己民族的语言,是回族语言。他们所说的话并不是中国话,而是跟汉语差不多完全没有关系的"东干话"。澳大利亚国立大学葛雅达教授访问中亚东干社区后曾说:"苏三洛先生承认东干语的'根源'是中国的,但在这一百年中东干语已发展成为一个独立语言的程度。"甚至有的东干学者"硬说他们所说的两个方言已经跟中国甘肃、陕西方言没有多大相同点了"(香港中国语文学会,1987:237)。

东干族学者这种观点的产生是东干语在特殊地域环境中母语意识强化的结果。我国西北回民进入中亚后,和祖居地有了100多年的历史隔断。东干语只有他们自己使用,在中亚成了区别于其他民族的显著标志。1924年,苏联在民族识别和民族划界活动中把中亚的回族以法律的形式认定为东干族,使东干语取得了中亚民族语言的地位。特别是斯拉夫字母东干文的创制进一步拉大了东干语与祖语的差距。由于这些原因,尽管我们从语言类型、历史溯源、变异程度等方面分析论证东干语是海外汉语跨境方言,但我们也尊重东干族的民族自我意识,并从民族学角度出发,可以将东干语看作中亚东干族的民族语言。

在东干语教科书和语言学著作中,东干族学者以"话"为中心,建立了一套自己的语言学概念和术语。他们把语音中的音节称为"话节节儿",东干文书写中的移行叫作"挪话",隔音符号叫作"道道儿"。语法单位分别为"简单话""复杂话""话练子""句段儿"等。词类比较特殊的名称有"总名词""质量词""形动词""帮助动词""前置词""后置词""招往话"等。句类有"简单段""复杂段""平顺段""问题段""叫法段"。标点符号名称依次叫"住号""点儿""双点儿""多点儿""问题号""叫法号"等。东干族语言学家早期出版的辞书都称"话典",如《乌鲁斯—中原话典》《捷要的回族—乌鲁斯话典》《回族语言的来源话典》《乌鲁斯—回族语言带文学研究的术语话典》等。从以上可以看出,东干语已经形成了与现代汉语、西北官话以及其他海外汉语方言截然不同的语言理论体系。

七、结束语

海外汉语方言从本质上说,是一种边缘化了的遗产语言。它的传承目的在于保持祖籍身份，维系华人与祖籍国的联系，加强华人社区内部的沟通和交际能力，传承中华文化；从功能上说，海外汉语方言的使用范围极其有限，一般只能在家庭、社区内部使用，在外部广阔的社交场合中无法发挥它的交流作用。海外汉语的传承途径主要靠家庭的口耳相授和学校中的强化教育。但在所居国社会中通行的主流语言和多民族语言的影响、冲击、侵蚀下，海外汉语会逐渐异化、萎缩，甚至走向消亡。

海外华人中的东干人以族群方式集体迁徙，进入中亚。用大分散、小集中的格局建立起了自己的回民社区，顽强地传承着母语，坚守着自己的文化传统和风俗习惯，但仍然改变不了海外汉语的本质和发展趋势。东干语按照其他海外汉语方言的轨迹在发展。伴随着双语和多语化进程的加快，在强势语言的冲击下，东干语也在异化、衰变，成为一种濒危语言。不过，与其他海外汉语方言不同的是，东干语在发展过程中，形成了具有方言和民族共同语的完整的语言体系，创制了斯拉字母拼音文字，建立起了以"话"为中心的语言理论，彰显了它在海外汉语中独特的风貌。

随着我们国家经济的发展、国际影响力的提高，海外留学、经商等活动的持续，汉语向世界各地猛烈扩散，新生的海外汉语区还会不断产生。海外汉语方言在传承与变异、渗透与萎缩的同时，也会出现扩散与回归的新时代。（詹伯慧、张振兴，2017：183）

【参考文献】

[1] 阿·奥鲁孜巴耶夫. 吉尔吉斯人的语言生活［M］. 伏龙芝：吉尔吉斯科学院，1983.
[2] 黑牙·兰阿洪诺夫. 金色秋天［M］. 比什凯克，1998.
[3] 回族简史编写组. 回族简史［M］. 银川：宁夏人民出版社，1978.
[4] 胡振华. 中亚五国志［M］. 北京：中央民族大学出版社，2006.
[5] 林涛. 东干语调查研究［M］. 北京：中国社会科学出版社，2012.
[6] 吕恒力. 30年代苏联（东干）回族扫盲之成功经验：60年来用拼音文字书写汉语北方话的一个方言的卓越实践［J］. 语文建设，1990（2）.
[7] 优·杨善新. 中原语言的写法路数［M］. 伏龙芝：吉尔吉斯科学院，1960.
[8] 优·杨善新. 东干语的托克马克方言［M］. 伏龙芝：吉尔吉斯科学院，1968.
[9] 香港中国语文学会. 王力先生纪念论文集［C］. 香港：三联书店香港分店，1987.
[10] 詹伯慧，张振兴. 汉语方言学大词典［M］. 广州：广东教育出版社，2017.
[11] 庄国土，李瑞晴. 华侨华人分布状况和发展趋势［M］. 北京：国务院侨务办公室政策法规司，2011.

东干语的一些特殊语词和语序

——以十四儿·依斯哈尔·苏瓦佐维奇的诗集《夏天就快飞过了》为例

莫 超

(兰州城市学院西北方言研究中心)

十四儿·依斯哈尔·苏瓦佐维奇,1954年出生于吉尔吉斯共和国,是东干人的第4代后裔,文学博士,一直从事中亚回族文学、回族语言的研究和教学工作,集文学家、诗人、东干语语言教育家于一身,出版学术著作、诗集、教材多部。不少作品已被译成吉尔吉斯语、俄罗斯语、汉语等多种语言文字。《夏天就快飞过了》是他的一部东干文诗集,本文中所选的例子均出自《夏天就快飞过了》中的诗句,包括作者口语体的自述部分。

"东干"作为一个族群的指称词,大约在清乾隆时期就在新疆产生了,是维吾尔人对来自甘肃及以东的回族移民的称谓。1866年,俄罗斯公使从北京致西西伯利亚总督的信中曾写道,"东干"指中国伊犁边境的中国穆斯林。A. 库罗帕特金在《喀什噶尔历史概要》一文中说:"在喀什噶尔的中国穆斯林知道'东干'这一名称,他们进行了武装起义,称作东干起义。"19世纪后期,随着哈萨克斯坦和吉尔吉斯斯坦合并到俄国,"东干"一词逐渐被俄罗斯人知晓了。(М. Я. 苏三洛,1998:45~46)

大约140年前,东干人到达异国他乡。除了少数粗识汉字的账房先生外,绝大多数都是文盲。他们带走了汉语,却没带走汉字。这是东干人的一大缺憾,十四儿·伊也很怅然。这里以他的一首诗为证:

> 有的说的:"收掉去
> 你快把诗文……"
> 因此现在老回回
> 不懂回族文。
>
> 光是我作诗文呢
> 用父母语言
> 只要世上剩一位
> 亲回族脸面。

这首诗说的是虽然不会汉字,但他要用"父母语言",即东干语写作。在他用"父母语言"创作的诗歌中,我们找到了许多陕甘方言的特点。本文分特殊语词和特殊语序两个方面加以介绍。

一、特殊语词

(一)形容词生动式——ABB 式

形容词生动式——ABB 式,在汉语中是常用的格式,但在东干话中保留着"更土"的用法,许多不见于普通话词汇,如"红朗朗""白生生""绿生生""青生生""绿噌噌""闹森森""展嘟嘟""白刮刮""稠懋懋""肉黏黏""明叽叽""瓷登登"等普遍用于诗文,用以增强所描述事物的程度和形象性。具体例句如下:

红朗朗的热头,成一天家晒。
红朗朗的照的呢,很绒存热头。
白生生的云彩底下,活物儿转成群。
白生生的雪消吧,粉桃花开开。
绿生生的滩道里,红大袍摆浪。
青生生的草绿,森雨可发怪。
绿噌噌的树叶子,把观园儿遮住。
这个时间闭气色——味道闹森森!
展嘟嘟儿的青草草儿,黑地皮儿上长。
周围显白刮刮儿的,俊美红欤啦果果儿。
把周围原装满呢,稠懋懋的黑暗。
肉黏黏的瓣瓣儿上,露水豆儿不藏。
团圆儿白雪铺下呢,明叽叽儿地闪。
雾眼睛瓷登登的(指眼珠不动),头发带白色。

这些词语,有些还在陕甘方言中沿用,如"红朗朗""绿生生""白刮刮""瓷登登"等,但其余的已经非常罕见了。可以确定地说,东干话中保留了更多 100 多年前 ABB 式形容词的活态用法。

（二）特殊副词

汉语中的副词所表现的语法意义多样，但常用的副词数量并不算多，基本上都是常用词。但在东干话中，有几个特殊的副词，如"带改""很""去不去""下茬"4个词，使用的频次很高，且表示的意义不同。

1. 带改

"带改"大致有以下几种意义。

（1）范围副词，同"完全"。例如：

咱们带改还瓜的（真的）　那个贵时间，成一天家奇怪的　带改看不见。
就是！我带改丢掉　把贵重昨天——香甜儿童的忆念儿　在时间中间。

（2）时间副词，有"立即""最终"两个义项。前者如：

到家里，带改　掏一把黄树叶儿里——把皮包打开。（立即）
到底有的生气的，把我大声骂的呢：——你带改咽气……（立即）

后者如：

一拿紧儿在这个世上　像些跑欢的跑马。带改踪影都不留，渐渐灭掉呢。

（3）语气副词，有"的确""一点都""只是"3个义项。义同"的确"的，例如：

今年太阳带改毒，把啥都不饶。
团圆儿都像耶提目，带改很茶张，太短素常的活套，习惯的忙慌。
我把一切劲攒上，往前跨步行，行程带改重的很，劲不够，肯定。

意思同"一点都"的，例如：

从哪一带你到来，带改不知忙？
我再不信服人心，他不讲公道，有如恶害虫，带改不害臊。

意思同"只是"的，例如：

染很长指甲的呢，带改嫌细烦，成几遍价擦的呢，随便重可染。
就是！你带改失笑……啥都知不明！
家里带改，缺安稳，四季们儿骂仗，太短了俊美消停，一到晚后晌。

上述"带改"一词的用法，不见于北方话，因我们查了《现代汉语方言大词典》，只找到一个"殆乎"，在徐州方言中作副词，意为"表示非常接近于某种数量、程度等，相当于北京话的'将近''差不多'，如'他殆乎有四十了'"，与上述的几种用法关系也不大。陕甘方言中似乎也没见到过，很可能在"母体"中已消亡，却存活在东干语中。

2. 很

东干语中，"很"除了程度副词的用法外，还有"好""经常"的用法。
（1）意为"好"，例如：

这就很几十年了，命运多么苦。
大路旁里站的呢，这就很几年，一棵绿森子杏树，年年接春天。
每一个星宿的亮，因为到地面，应该过好少时节，很几百多年。

白话文中也有这种用法（见"自述"）：

现在印出来了很几本诗文书：《青年》《还长哩》《干净的心》《骚葫芦白雨下的呢》，有的诗文翻到俄罗斯、吉尔吉斯、汉族等语言上的呢。

（2）意为"经常"，例如：

河里水不很长清，因此有鱼儿呢，世上好不能永繁，因此有人呢。

"很"的上述用法，在甘肃方言中依然常用，但不见于普通话。经查《现代汉语方言大辞典》也未见一处有上述用法的"很"（或"狠"）。

3. 去不去

"去不去"在这里并非正反问形式，而是频率副词用法，意思同"时常""随时"。例如：

我……作诗文的呢，端在热心里，那个自己，去不去，往外面移呢。
我的心里去不去，贵重亲老家。往回曳落我的呢，这就整一夏。
瞎肯转成好，好，去不去，转成瞎迟早。

"去不去"的这种用法，在甘肃方言中依然常用，但未见于普通话。经查《现代汉语方言大辞典》，未见一处记载上述用法的"去不去"。

4. 下磋（ca）

"下磋"为情态副词，意为"狠劲""猛"。例如：

你脱香睡梦地呢：全天的舒坦。在你的绵心里头，叫下磋喜欢。
命运不给真回答，叫自己都知。倒多罗还欺搅的呢，下磋都配治。
光是……下磋放的血儿，巨叫跌下去，心里头有爱情呢，那塌儿在害气。

查《现代汉语方言大词典》，西北地区银川（作"下茬"）、西宁（作"下槎"）都用，意为"肯卖力气、下苦干活"。另外，武汉话中有个"下叉"，意为"动手、着手，如'叫我不好下叉'"。显然，东干话中的"下磋"跟西北地区的"下茬""下槎"有明显的关联，而跟武汉话中的"下叉"无关。

（三）特殊连词

特殊连词有两个："再么是""带"。

1. 再么是

"再么是"意为"以及、并且"。意思同"以及"的如：

在自己的作品上诗家观看秘密（神秘）尔兰（阿拉伯语：世界）的昨天、今天，再么是明天的呢。

意思同"并且"的如：

这一本诗文我许给我的父亲十四儿·苏娃子，母亲十四儿·迈洋子，姐姐雅库子·法麦，弟弟十四儿·伊司马儿，弟弟十四儿·凯利姆。如今他们在给亚买提（死而复生）呢，我祈祷胡达讨尔俩恕饶、看守再么是保护他们。

2. 带

"带"意为"和",例如:

打 1978 年上在吉尔吉斯共和国的,民族科学院的回族学带汉族学中心中间里工作的呢。先念中亚回族的先进文学的呢,研究口传文学的呢,练习教回族语言带文学活的呢。

"再么是"和"带"的上述用法,在陕甘方言口语中依然常见,普通话则没有。经查《现代汉语方言大词典》,未见一处有上述用法的"再么是"。

(四)特殊动词"作造"

在东干语中,"作造"是"创作"的意思,例如:

这一本书上诗文是作家临后几年里头作造出来的。
十四儿长时间作造亲爱巧妙文学的呢。

在陕甘方言中,"作造"是个具有消极意义的词,意为"无端害人、折磨人",如口语中说"队长那时候把我作造了好几年,我都忍了"。经查《现代现代汉语方言大词典》,未见一处记载上述用法的"作造"。

(五)特殊形容词"羞眼"

"羞眼"并无"害羞"的意思,而是指"因不住地做令人不喜欢的事而讨嫌"。例如:

热闹雨点儿——小孩子,端精脚两片儿。在湿路上跳的呢,不知道羞眼儿。
太阳的多少金光,打树叶儿中间。都活套的钻过来,在周围羞眼。

"羞眼"的这一用法,目前在陕甘偏远山区的老年人口中还可听到,年轻人则都不说了,堪称"濒危语词"。经查《现代现代汉语方言大词典》,未见一处记载上述用法的"羞眼"。

综上几种特殊语词,可以归结为两类情况。一是东干语跟陕甘方言用法相同,只是使用频率多少有别。如形容词生动式——ABB 式,副词"很""去不去""下碴"、连词"带"、形容词"羞眼"等。东干语中上述语词惯常使用,而陕甘方言中已明显萎缩,大致只有老年人使用,年轻人已经不说了。二是东干语跟陕甘方言用法不同,如副词"带改"的各种用法、动词"作造"的用法,在陕甘方言中已很难找到对应的说法。

二、特殊语序

王森曾写过一篇论东干语的语序的文章,讨论了东干语的几种语序(王森,2001)。我们在十四儿的诗文中,发现了一些相关的说法,列举出来作为印证。

①快就(zou)夏天飞过呢
　快就落到头上呢
②今儿个剩的太不多,真尔兰中间;他们放展跑的呢,不住点往前。
③把我的阿大,叫忙把幸福俩下,富余没说话?

王森指出,东干语"几个单音节词连用时,单音节形容词充当的状语往往要放在单音节能愿动词或副词前面,如'娃娃乱都喊的呢''叶叶快就出来呢'"。例①中的"快就"与此相同。又说:"表示轻度否定时,程度副词'甚'和'很'的重叠式'很很的'要放在否定词前面,如'我的窗子甚不高'。"这里举了程度副词"甚"而没举"太"的例子,但情形是一样的,即例②中的"太不多"与此相同。王森还指出,"形容词'多'要放在否定副词前,如'人老哩,一天家活多再嫑做'",但没举出双音节形容词也放在否定词前的例子。因此,例③从格式上印证了王森的说法,但双音节形容词未见于他文章中的描述。

关于"很"修饰状态形容词,一般认为,程度副词可以修饰性质形容词,而不修饰状态形容词。但在东干文中,"很"除修饰性质形容词外,也能修饰状态形容词。"很"修饰状态形容词分两种情况。

(1)"很+AABB"式,例如:

麻麻糊糊阴路上,几位人早光。得道走哪塌儿去呢,很慌慌忙忙。
一股儿笑声飞起来,很战战兢兢。打你的绵嘴唇儿上——快亲到空中。

（2）"很+ABB的"式，例如：

房里红火炽的呢，气色热腾腾；周围很乱敦敦的，我正作诗文。
团圆儿很土苍苍的，端像上午过；一群骆驼跑过去，土往下正落。

这两种用法，我们在《现代汉语方言大词典》中未曾发现；笔者问询了陕、甘、宁三省区的方言学者，都说没听到过。那么，这两种说法是原本存活在西北方言中、后来消失了，还是东干人语言生活中后起的现象，还有待我们进一步调查研究。

【参考文献】

[1] 十四儿·依斯哈尔·苏瓦佐维奇. 夏天就快飞过了［M］. 莫超，韩苗苗，译. 广州：世界图书出版广东有限公司，2019.
[2] 王森. 东干语的几种语序［J］. 中国语文，2001（3）.
[3] M. Я. 苏三洛. 中亚东干人的历史与文化［M］. 郝苏民，高永久，译. 银川：宁夏人民出版社，1998.

河州八坊话与东干语音系比较

张建军[1] 任丽花[2]

(1. 兰州城市学院文史学院　2. 甘肃方言研究所)

【摘　要】东干语离开母体语言百年有余。时至今日，若一个操中原官话或兰银官话的陕西人或甘肃人遇上东干人，他们可轻易沟通，可见东干语和汉语陕甘方言仍然保持着很大的相似性。本文就河州八坊回民话和中亚东干语甘肃话音系做一点初步的比较。

【关键词】八坊话　东干语　音系　比较

一、引　言

"河州"是甘肃临夏市古称，位于甘肃省中部西南面，是临夏回族自治州首府所在地。河州现有汉族、回族、东乡族、保安族、撒拉族、藏族、土族7个民族；有6种语言，分属汉藏语系和阿尔泰语系。

八坊地处临夏市区西南隅，其名称源于伊斯兰教8座清真寺及8个教坊，是临夏市南关一代的总称。这里是临夏市回民的主要聚居地。

东干语是东干族使用的语言，它来源于我国晚清时期的近代汉语西北回民方言。东干语分布在中亚吉尔吉斯斯坦、哈萨克斯坦和乌兹别克斯坦境内，比较集中在吉尔吉斯斯坦和哈萨克斯坦两国之间的楚河流域以及伊塞克湖周围。东干语内部有甘肃话和陕西话的分别。陕西话多集中分布在哈萨克斯坦境内，甘肃话多集中分布在吉尔吉斯斯坦境内。

东干语作为陕甘方言在境外的特殊变体，被中亚其他语言包围100多年，依然顽固地保留着其祖源地的基本特点，但同时也发生了一些变化。本文就河州八坊回民话和东干语甘肃话音系做初步的比较。

东干语甘肃话音系材料以林涛先生的《东干语音系略说》和《中亚东干语的特点、现状和发展趋势》为主，八坊回民话音系材料由笔者调查所得。

二、八坊回民话与东干语的声韵调

(一) 临夏八坊回民话声韵调

1. 声母（24个，包括零声母）

p 帮保别不	pʰ 皮怕跑盼	m 买毛女麦	f 扶放冯父	v 乌王外文
t 东到斗单	tʰ 太同掏滩	n 南年怒眼		l 兰路吕暖
ts 祖走资增	tsʰ 次从仓草		s 思桑三虽	
tʂ 知招专责	tʂʰ 吃出船测		ʂ 湿山烧色	ʐ 日认绕闰
tɕ 杰结定笛	tɕʰ 齐梯前洽		ɕ 希线虚玄	
k 哥高根街	kʰ 科开腔看	ŋ 我讹饿鹅	x 红海鞋航	
∅ 儿牙圆				

2. 韵母（31个）

ɿ 资雌思死			
ʅ 知吃师日	i 衣米地起	u 布柱固杜	y 区虚吕雨
ɯ 二儿耳			
ɑ 爬娃阿扎	iɑ 家夏洽牙	uɑ 花挂话抓	
ɤ 河蛇哥可	iɤ 铁姐野滴	uɤ 落活国索	yɤ 虐脚缺药
ɛ 盖外败爱			uɜ 快怪槐坏
ɔ 烧跑草刀	iɔ 叫小交要		
ei 飞妹贼威		uei 鬼追推碎	
ɤu 藕口丑走	iɤu 九牛休有		
æ 班安盼弯	iæ 天见棉烟	uæ 短砖闩船	yæ 恋全选圆
ɑŋ 党双光王	iɑŋ 杨良讲乡		
əŋ 根庚很温	iəŋ 新星英林	uəŋ 蹲春冬虫	yəŋ 云军群胸

3. 声调（3个）

平声 13 高开飞 穷寒鹅 得七黑 月六药 局白熟

上声　44　古水好　五老有
去声　53　盖大病　抱近厚

（二）东干语甘肃话声韵调

1. 声母（25个，包括零声母）

p 巴比包	pʰ 帕皮抛	m 帽米忙	f 风书水	v 娃绒软
t 刀单党	tʰ 滩掏汤	n 闹馕南		l 老浪兰
ts 资纸增	tsʰ 次仓槽		s 思桑生	
tʂ 知张占	tʂʰ 吃昌缠		ʂ 湿商扇	ʐ 日让然
tɕ 基江坚	tɕʰ 欺千腔		ɕ 希先香	
k 哥甘纲	kʰ 科康看	ŋ 恶鹅讹	x 合汉航	
r 拉雷勒				
∅ 衣牙夜要友言银杨鱼月园云				

2. 韵母（31个）

ɿ 资雌诗			
ʅ 治池日	i 米皮黑	u 普主书	y 女居虚
a 爸大下	ia 牙夏假	ua 瓜夸花	
ə 我婆车	iə 夜业且	uə 多过挪	ye 雪决确
ɛ 买鞋奶		uɜ 怪坏揣	
ɔ 抱毛闹	iɔ 要鸟交		
ei 杯美贼		uei 累国亏	
ou 斗口受	iou 牛流休		
æ 盘贪站	iæ 变天见	uæ 关酸乱	yæ 园捐劝
aŋ 帮仓双	iaŋ 羊良讲	uaŋ 汪光筐	
əŋ 蒙根丰	iŋ 因心星	uŋ 钟总同	yŋ 云兄俊

3. 声调（3个）

平声　24　帮奔高妈谈敲西先鸦欺膛
上声　51　绑打搞马毯瓦考喜险哑起陕
去声　44　棒大告骂炭靠细线轧气扇

三、八坊回民话与东干语的声韵调比较

（一）声母的比较

（1）从音类数量来看，八坊话有24个声母，东干语有25个声母，相差不大。但是，东干语多了一个舌尖浊颤音［r］，它已经成为东干语中固定的音位，但只出现在俄语、突厥语、波斯和阿拉伯语借词中。很明显，声母出现［r］这个音位，是受到周围民族语言影响的结果。八坊话没有这个声母，这是和东干话甘肃话最大的差异。

（2）都有唇齿浊擦音声母［v］。普通话u韵头零声母字，八坊回民话声母为［v］。例如，娃［vɑ¹³］、窝［vɤ¹³］、歪［vɛ¹³］、威［vei¹³］、弯［væ̃¹³］、温［vən¹³］、王［vɑŋ¹³］。这也是东干语的一个显著特征，但其辖字比八坊话多，还包括合口日母字。例如，绒［vən²⁴］、软［væ̃⁵¹］等。

（3）都有舌根浊鼻音声母［ŋ］。古疑母开口一等字逢开口呼韵母在八坊话中声母为［ŋ］，东干语声母也读为［ŋ］。例如，"鹅""讹""我""恶"，八坊话分别读作［ŋɤ¹³］［ŋɤ¹³］［ŋɤ⁴⁴］［ŋɤ⁵³］，东干语甘肃话分别读为［ŋə²⁴］［ŋə²⁴］［ŋə⁵¹］［ŋə⁴⁴］。

（4）中古端组声母与单韵母或介音［i］拼合时，陕西话读［tɕ］［tɕʰ］，甘肃话读［t］［tʰ］。例如：

	低	题	底	地
八坊话	［tɕi¹³］	［tɕi¹³］	［tɕi⁴⁴］	［tɕi⁵³］
东干语甘肃话	［ti²⁴］	［ti²⁴］	［ti⁵¹］	［ti⁴⁴］
东干语陕西话	［tɕi²¹］	［tɕi²⁴］	［tɕi⁵³］	［tɕi⁴⁴］

由上面的例字可以看出，八坊话和东干语陕西话一样，与东干语甘肃话不同。这种语音特点在今甘肃天水、平凉及宁夏、陕西一带中原官话中存在，而兰银官话没有。

（5）汉语中古知庄组开口二等字（江摄除外）和庄章组止摄开口字，八坊话读［tʂ］［tʂʰ］［ʂ］，而东干语读［ts］［tsʰ］［s］。八坊话这种特点与东干语甘肃话不同，这种特点与兰银官话一致。例如：

	茶	柴	炒	馋	山	纸	事
八坊话	[tʂʰa¹³]	[tʂʰɛ¹³]	[tʂʰɔ⁴⁴]	[tʂʰæ¹³]	[ʂæ¹³]	[tʂʅ⁴⁴]	[ʂʅ⁵³]
东干语甘肃话	[tsʰa²⁴]	[tsʰa²⁴]	[tsʰɔ⁵¹]	[tsʰæ²⁴]	[sæ²⁴]	[tsʅ⁵¹]	[sʅ⁴⁴]

(6) 中古知系合口呼字和宕、江两摄庄组字，八坊回民话声母读 [tʂ][tʂʰ][ʂ][ʐ]，东干语甘肃话声母读为 [pf][pfʰ][f][v]（林涛，2003：381）。如"猪""出""书""入""锥""锤""水"，八坊话分别读作 [tʂu¹³][tʂʰu¹³][ʂu¹³][vu¹³][tʂuei¹³][tʂʰuei¹³][ʂuei⁵³]，东干语甘肃话分别读为 [pfu²⁴][pfʰu²⁴][fu²⁴][vu²⁴][pfei²⁴][pfʰei²⁴][fei⁴⁴]。

（二）韵母的比较

（1）中古蟹、效等摄的字，现代汉语方言多为复元音韵母，如官话方言 [ai][au]。这些复元音韵母的"单元音化"在八坊话中很突出，东干语也有这样的显著特点。例如，买 [mɛ]、怪 [kuɛ]、抱 [pɔ]、要 [ɔi]。

（2）普通话 [uaŋ] 韵母的字，八坊话读开口呼 [ɑŋ] 字。东干语中也有此现象，据已有的材料看，其辖字较少，例如，双 [ʂɑŋ²⁴]。这种现象与陕西关中话比较一致。

（3）在八坊话除了普通话 [an] 和 [ɑŋ] 两个韵母能区别外，其他几组韵母 [ən][əŋ][in][iŋ][uən][uəŋ] 前后鼻音不分，例如，长针＝长征、引子＝影子、忠臣＝忠诚、人民＝人名，"金""斤""京"同音。这种现象也存在于东干语甘肃话中，中古深、臻、曾、梗摄在八坊话和东干语甘肃话中合流了。

（三）声调的比较

（1）八坊话和东干语甘肃话都是3个声调，即平声、上声、去声。与东干语陕西话4个声调不同。

（2）八坊话平声不分阴阳，入声归入平声，与东干语甘肃话一致。

（3）具体调值见表1。

表1　几种方言的具体调值

方言	平声		上声	去声
	阴平	阳平		
八坊话	13		42	53

续上表

方言	平声		上声	去声
	阴平	阳平		
东干语甘肃话	24		51	44
关中话（西安）	21	24	53	44
兰州话	31	53	44	13

东干语里的甘肃话有 3 类声调，平声不分阴阳，所有的入声字全部归入平声，与中原官话里陇中片的语音特点完全相同。从表 1 可以看出，在上声和去声调值来看，东干语与关中话调值基本上一致。

（四）声韵配合关系

（1）［p］［pʰ］［m］、［f］［v］、［t］［tʰ］、［ts］［tsʰ］［s］、［tʂ］［tʂʰ］［ʂ］［ʐ］、［k］［kʰ］［ŋ］［x］6 组声母都能和开口呼、合口呼相拼。

（2）舌面音［n］［l］能和开、齐、合、撮四呼相拼。

（3）舌面音［tɕ］［tɕʰ］［ɕ］能和齐齿呼、撮口呼相拼，不能和开口呼、合口呼相拼。

四、粗浅的想法

通过上面比较，我们提出一些粗浅的想法：

（1）东干语既有中原官话的成分，也有兰银官话的特征，其性质是混合的。

（2）语言是复杂的，不能简单地对号入座，把东干语和今天某一个方言对应起来。林涛先生也提到过，东亚语的口语是非常复杂的。优·杨善新在《东干语的托克马克方言》一书中说道："东干语有陕西关中话、甘肃河州话、狄道话、兰州话、莲花城话、张家川话、宁夏灵州话、青海西宁话、新疆伊犁话等。"

（3）与陕甘方言相比，东干语出现的一些变化到底是自身发展的结果，还是陕甘回民方言曾经经历的阶段？有的学者指出，东干语中的颤音［r］是从俄语借入的。杨占武（1996）认为，"在回族话中有比较明显的阿拉伯语、波斯语语音。比如'别麻尔''尼尔理提'中的'尔'，并不读汉语的 er 音，而发阿拉伯语的舌颤音［r］。可以说，保留阿拉伯语、波斯语的语音，是回族话的普遍特征"。

（4）研究东干语，应该考虑陕甘方言回汉之间的差异。

【参考文献】

［1］优·杨善新. 东干语的托克马克方言［M］. 伏龙芝：吉尔吉斯科学院，1968.
［2］杨占武. 回族语言与文化［M］. 银川：宁夏人民出版社，1996.
［2］林涛. 东干语音系略说［C］. 第十四次全国回族学学术研讨会论文汇编，2003.
［3］海峰. 中亚东干语是汉语西北方言的域外变体［J］. 语言与翻译，2007（2）.
［3］张建军. 临夏八坊回民胡的语音特点［J］. 中国语文通讯，2012（2）.
［4］林涛. 东干语调查研究［M］. 北京：中国社会科学出版社，2012.
［5］林涛. 中亚东干语的特点、现状和发展趋势［J］. 当代语言学，2016（2）.
［6］杨同军. 东干语：西北方言的"活化石"［N］. 光明日报，2018－08－12（12）.

童谣的语言与地域特征*

张盛开

(日本静冈大学)

【摘　要】 本文通过对全国各地 1900 首童谣进行类型学的初步研究，发现并总结了童谣的语言与地域特征。具体来看，童谣在语言方面有押韵（押字）、同（近）音换字、顶真接龙特征，在形式上有盘问到底的对话形式与包括顶真接龙在内的大量的内容重复形式。从地域来看，湖南、湖北、四川通行《打铁歌》《颠倒歌》的各种版本，吴语区通行《你姓什么》《押三歌》；粤语区多见"月光光，照地堂"，客语区则多用"月光光，秀才郎"；官话区通行《拍手歌》《过年歌》《小白兔》《排排坐，吃果果》。研究结果表明，各地童谣能反映各地的方言与文化特色，方言不同、距离很远的两个地方也会出现相似的童谣。客语中多见的童谣《月光光》也在湖南各地非客语方言中出现，《颠倒歌》则出现在全国各地方言中。深入研究各地童谣之间的关系与童谣的传播路径，可望探明方言的传播与接触历史。

【关键词】 童谣　类型学　语言　地域　《月光光》

一、引　言

20 世纪 70 年代在方言还算占优势的时候，方言童谣也很流行，乡下的小孩都能说上几首本地童谣。随着普通话的推广，孩子们在学校接受普通话教育，方言童谣也渐渐从人们的生活中淡去。就笔者的家乡湖南平江来说，老年人虽然会童谣，但久已不用，差不多忘光了；中年人虽然也会几首，但都成了遥远的童年时代的回忆，能记全的没有几首；青年和少年人则基本上不会了。

---

* 本文为日本学术振兴会学术研究助成基金助成金"移民语言的发展与变化之动力的结构性研究"项目（17K02720）的研究成果，亦为"湖南方言调查'響應'计划"项目的阶段性成果。本文的内容由笔者在 2019 年 9 月"'一带一路'视角下的语言文字研究海口高峰论坛"与 12 月"第七届海外汉语方言国际学术研讨会"上所做的两次报告内容综合而成。研讨会上，承蒙林涛教授提出宝贵意见并惠赠东干语童谣资料，一并致谢。

湖南其他地方甚至全国的情况都不容乐观。所以，搜集全国各地的童谣并将其保存下来的任务迫在眉睫。

笔者2005年在平江搜集过几首童谣，正式的童谣搜集于2018年开始。笔者通过田野调查搜集童谣，走访了平江好几个地区，也很难找到会童谣且能完整说的人了。两三年来，仅仅搜集到95首童谣。同时，通过前人整理的书籍和微信语音搜集到了100首左右，总共约200首。另外，最近笔者在"響應"项目的田野调查中搜集湖南临湘与常宁的资料时，意外发现这两处方言的童谣与平江的童谣有相似之处。因此，笔者开始了对全国各地童谣的搜集与研究。

虽然全国各方言地区都有童谣，各地区童谣的论文与书籍也有一些，如张嘉星（2006）对福建漳州方言的305首童谣进行了全面的研究，黄彦菁（2009）也对客家童谣《月光光》进行了详尽的研究，但是全国童谣的类型学研究尚不多见。笔者在搜集全国各地的童谣之后，发现了各地童谣之间的关联，因此，对这些童谣进行了类型学的初步研究。

二、研究对象、目的与方法

如上所述，本文的研究对象为全国各地的童谣。目的是搜集与保存各地日趋消失的童谣，并对所搜集的童谣进行详细研究，探讨童谣所表现的语言、文化与地域特征。

（一）资料搜集方法

本文的资料搜集主要利用如下几种方法。

其一，通过本地人的微信群，利用语音与文字聊天形式进行搜集。

其二，直接面对面采访摄录。笔者的田野调查资料包括湖南平江、湖南临湘、湖南常宁及台湾桃园。为笔者提供童谣的发音合作人见表1。

表1 发音合作人

发音合作人	调查点	发音合作人	调查点
李月英	湖南平汉虹桥镇	张惠珍	湖南平江三阳
胡琢玉	湖南平江虹桥镇	李朝晖	湖南平江塘坊客家
胡足够	湖南平江虹桥镇	黄春爱	湖南常宁
张敏廉	湖南平江龙门镇	罗俊	梅州丰顺客家
李访荣	湖南平江福寿山镇	陈春富	台湾桃园客家

其三，通过各种文献，进行书面的资料搜集。如平江方言童谣《萤火虫》、《漳州方言童谣选释》、"湖南方言研究"丛书，以及其他各地方言研究、歌谣童谣研究等资料。

其四，通过百度搜索关键词，如"童谣""方言"，集中搜集全国各地的童谣书面资料。利用这个方式搜集到的资料涉及北京、广东、天津、陕西、四川、江苏、浙江、河南、上海等地。

其五，利用田野调查所搜集的童谣资料。如湖南临湘童谣由曾晓虎先生提供，平江岑川童谣由彭大兴旺提供。另外，占升宁与彭淑玲帮忙转写童谣。

（二）资料概要

笔者所搜集的童谣数据见表2。如前所述，这些资料有的为笔者直接采自田野调查，也有的来自前辈学者们的田调资料与各种方言文献。还有很大一部分来自网络资料，如百度文库。资料的来源不同，所表示的地区也有差异。文献与田调资料提示的是具体的方言点，百度文库的数据多显示为大方言区，如"粤语""陕西"等。笔者计算的时候以省为单位进行统计，但是提及具体的童谣时标明地名。本研究用于考察的童谣总共为1900首。其中，湖南最多，为445首；其次为福建、四川、广东、天津等地区。样本并没有遍及全国各方言区，各地的数量也不平衡。因此，本文只能算童谣类型学研究的初步阶段性成果。

表2 资料来源

地区	数量(首)	来源	地区	数量(首)	来源
湖南	445	笔者、彭大兴旺、曾晓虎采集	北京	42	百度文库
		湖南省志、方言志，"湖南方言研究"系列丛书《萤火虫》	浙江	9	百度文库
福建	347	《漳州方言童谣选释》	客家	36	百度文库
		近现代闽台闽南语民间歌谣研究文献	客家	36	百度文库

续上表

地区	数量(首)	来源	地区	数量(首)	来源
四川	254	百度文库	重庆	21	百度文库
广东	144	百度文库	河南	15	百度文库
天津	121	百度文库	上海	13	百度文库
江苏	96	百度文库	云南	70	百度文库
台湾	9	笔者采集	山东	70	百度文库
		近现代闽台闽南语民间歌谣研究文献	陕西	66	百度文库
东干语	8	东干语调查研究文献	湖北	57	百度文库
安徽	3	宿松方言研究文献	江西	8	百度文库
合计(首)			1900		

三、考察与分析

通过对上述童谣数据进行详细的分析，可以看出童谣的语言、形式内容以及地域方面的特征。首先从语言方面的特征开始介绍。

（一）语言特征

童谣所表现的语言方面的主要特征有句末的押韵与押字、同（近）音换字（词）、词语顶真接龙3种。下面分别通过实例进行介绍。

1. 押韵与押字

押韵是汉语中最常用的突显节奏的手法，唐诗、宋词、元曲等都押韵，各地方言文化中的快板、夜歌等也需要押韵。童谣也是如此，一般都会押韵。不仅如此，童谣中还出现了比押韵更严格的押字现象。

（1）押韵。实际上，童谣的押韵与诗歌的押韵还是有区别的，有很多童谣会在每一句的末尾都押韵，这样应该是为了更容易记忆。如湖南平江的《懒婆娘》这首童谣就每句都押 [ong] 韵。

① （湖南平江）懒婆娘，困晏床，朝朝困到热头黄。听到间壁叫卖糖，双脚就蹦过墙。

下面天津与北京的两首童谣完全相同。这两个童谣也是每句都押[u]韵，有点儿像绕口令。

②（天津）一位爷爷他姓顾，上街打醋又买布。买了布，打了醋，回头看见鹰抓兔。放下布，搁下醋，上前去追鹰和兔，飞了鹰，跑了兔，打翻醋，醋湿布。

③（北京）一位爷爷他姓顾，上街打醋又买布。买了布，打了醋，回头看见鹰抓兔。放下布，搁下醋，上前去追鹰和兔。飞了鹰，跑了兔，打翻醋，醋湿布。

（2）押字。苏州、杭州、嘉兴、江阴的这几首童谣，句尾不仅押韵，声母与声调都相差无几，也就是句末用同一个字（音）。这种形式的童谣江苏省内多见，如苏州就有押"干""三"两种。除苏州以外，江浙一带的杭州、嘉兴、江阴都有押"三"的童谣。

④（江苏苏州）苏州玄妙观，东西两判官，东判官姓潘，西判官姓管；东判官手里拿块豆腐干，西判官手里拿块老卜干；东判官要吃西判官手里的老卜干，西判官要吃东判官手里的豆腐干；东判官勿肯拨西判官吃豆腐干，西判官勿肯拨东判官吃老卜干。

⑤（浙江嘉兴）今朝礼拜三，我去买阳伞，落脱三角三，打只电话三零三，回去做瘪三。

⑥（浙江杭州）上海来了小瘪三，身穿夹克衫，来到城隍山，前山不走走后山，屁股拐了三花三，打了电话三零三（后略）

⑦（江苏苏州）今早礼拜三，上海下来个小瘪三，身穿白缎衫，手拿黑阳伞，走到半路途上肚皮痛的不来山，请个医生猪头三（后略）

⑧（江苏江阴）阿三阿三，跑到半山，拾杂一把阳伞。

湖南常宁与四川则押"子"，山东押的是"头"。童谣中常宁的"子"缀词出现了11个："狮子""秧子""豆子""麦子""粽子""茄子""芋子""鸭子""叶子""构子""鸡巴子"；四川的子缀词出现了10个："口子""坛子""院子""梨子""肚子""啥子""裤子""新娘子""轿子""坨子"；山东的头缀词出现了6个："小老头""蓑衣头""小斧头""砍树头""小指头""小布头"。这说明在这些方言里，"子"缀与"头"缀词语比较常见。

⑨（湖南常宁）正月舞龙耍狮子，二月土里打秧子，三月打眼点豆子，四月莳田割麦子，五月端午呷粽子，六月长新呷茄子，七月半，化纸钱，八月中秋呷芋子，九月重阳杀鸭子，十月枫树落叶子，十一月落雪扯构子，十二月过年呷鸡巴子。

⑩（四川）讨口子，背坛子，背到一个大院子；赏你一个烂梨子，吃了拉肚子；你在做啥子，我在洗裤子！/新娘子，坐轿子，掉下来，成驼子。

⑪（山东）从南来个小老头，身上披着蓑衣头，头上戴着斗笠头，手里还拿个小斧头，上山砍树头，一不小心砍了一下小指头，撕点小布头，包包小指头。

2. 同（近）音换字（词）

同（近）音换字（词）指发音相同或相近的时候可以换成别的字或者词的现象。这说明，从某种意义上来说，童谣的语言并不严格。如湖南平江（同音："古""鼓"、"张""姜"、"苎""柱"、"挂""卦""洋""扬"，近音："州""烛"）、长沙（"自""刺"、"鲤""你"）、浏阳（"湖""壶"、"野""爷"）的童谣都有这种现象。

⑫（湖南平江）古松。么哩古？大鼓。么哩张？辣姜。么哩麻？苎麻。么哩苎？灯柱（中略）么哩挂？圣卦。

⑬（湖南平江）借你格马，走扬州。洋烛烧不燃（后略）

⑭（湖南长沙）什么水？自来水。什么自？鱼刺。什么鱼？鲤鱼。什么鲤？枪毙你！

⑮（湖南浏阳）吗哩南？湖南。吗哩湖？酒壶（中略）吗哩长？猪肠。吗哩猪？野猪。吗哩野？你家姨爷！

3. 顶真接龙

一般来说，成语接龙之类的游戏中字的接龙形式比较多见，但童谣中字的接龙并不多见。本文所说的顶真接龙指词语的接龙形式，即前一句的句末和后一句的句首用相同的词。这样的童谣各地方言中均可见。如湖南平江《满伢子学做伞》、湖南临湘《月光光》、江西瑞金《月光童童》、四川《坐排排，吃果果》、福建武平《月光光》等。

⑯（湖南平江）满伢子满，学做伞。做伞难斗把，一心学打卦。打卦难勾

腰，一心学打刀。打刀难打薄，一心学挖勺。挖勺难挖空，一心学郎中。郎中难看脉，一心学做贼。做贼难挖壁，一心学打锡（后略）

⑰（湖南临湘）跳下田，捡铭钱，铭钱薄，捡牛角，牛角尖，尖上天，天又高，捡一把刀，刀又快，好切菜，菜又深，捡一口针，针有鼻，捡一支笔，笔有杆，捡一只碗，碗有舷，捡一张船，船有底（后略）

⑱（江西瑞金）月光董董，荷担水桶，水桶半斤重，荷到广东，广东买包烟，食到烟店前。烟店前买杆笔，做官做哇出（中略）妹妹搞哩手泛红，留来做烟筒。烟筒食唔着，留来做尿杓。尿杓冰冰冷（后略）

⑲（四川）坐排排，吃果果，果果香，卖干姜，干姜辣，卖水娃，水娃短，卖花碗，花碗花，卖冬瓜，冬瓜烂，卖鸭蛋，鸭蛋黄，卖姑娘，姑娘脚脚多，嫁给泥蜗，泥蜗拱背，嫁给陶妹，陶妹逃走，嫁给毛狗（后略）

⑳（闽西武平）月光光，走四方。四方暗，照田塍。田塍尾，捡枚针。针有眼，交畀伞。伞有头，交畀牛。牛有角，交畀桌。（中略）打铁会生镥，不如学迟猪。迟猪难讲价，不如做叫花。叫花难摆筒（后略）

㉑（四川）跟到别个学，变麻雀，麻雀飞，变乌龟，乌龟爬，变粑粑，粑粑臭，变黄豆，黄豆香（后略）

（二）形式与内容特征

童谣的形式与内容方面的特征可以总结为5种：反复盘问、颠倒事实、内容重复、取笑骂人、巧用数字。反复盘问的形式反映了儿童爱动脑筋，打破砂锅问到底的普遍现象。但是为了结束无休止的提问，最后会以骂人的话来终止。从结果上来说，这不利于对儿童的教育。但是，采用一问一答的童谣形式，既生动又易于记忆。颠倒事实的童谣风趣幽默，引人发笑，体现了百姓的生活智慧。内容的大量重复，也有利于记忆，说起来朗朗上口。取笑骂人的童谣中有一部分是用来嘲笑有生理缺陷的人，作为童谣并不合适。这应该是来自儿童的自然发挥。不过，据笔者的记忆，说这种童谣一般会受到大人的批评。这也可以从反面来达到教育的目的。巧用数字则可以利用数数的方式来学习各种事物，如地名、菜名、药名等。

1. 反复盘问

这样的童谣一般以对话的形式"什么东西？"开始，之后会对对方回答的所有台词，即"什么"后面的词进行反问，并一直纠缠到底，直到对方没法回答，并生气辱骂的时候才中止提问。虽然算童谣，但是纯粹靠儿童应该达不到这样打破砂锅、问遍各种物品的水平。比如"什么饭"（湖南平江）、"（对门岭上）什么叫"（湖南平江、汨罗、新化），"什么药"（湖南长沙）、"你姓啥"（河南）等。

㉒（湖南平江）驮尾鸟，驮升米，去看阿婆，阿婆留我吃昼饭。么哩饭？鸡汤饭。么哩鸡？灶鸡。么哩灶？泥灶。（中略）么哩掛？巽卦。么哩圣？上圣。么哩上？天上。么哩天？白天。么哩白？朝天扯白。

㉓（湖南汨罗长乐）对门岭上么里叫？悬翎叫。悬翎哪地叫？肚皮教里屑叫。螺公有屑又不叫？水内里筲。（中略）茄子倒吊几筲又不叫？钉多。油鞋钉多又不叫？踩哒筲。劁猪踩哒筲又叫？懒找筲蛮人讲得。

㉔（湖南新化）么个叫？坛子鼓泡叫。泥鳅婆鼓泡又唔叫？泥巴内底格。泥巴内底咯蛤蟆又叫？嘴巴大粒格。（中略）纸做格炮又叫？有药格。药铺里咯多格药又唔叫？是诊你格背脊骨格。

㉕（湖南长沙）唉哟，扁担打哒我的脚。什么药？膏药。什么膏？鸡蛋糕。什么鸡？叫鸡。什么叫？鸭叫。什么鸭？水鸭。什么水？自来水。什么自？鱼刺。什么鱼？鲤鱼。什么鲤？枪毙你！

㉖（湖南临湘）平火哩啢，夜夜来，来搞么，来包火，包火搞么，包火寻针，寻针搞么，寻针敠袋，敠袋搞么，敠袋捡石，捡石搞么，捡石磨刀，（中略）种菜接客，接客不接我，一烟担哩挖破你个后脑壳。

㉗（河南）白胡子老头你姓啥？我姓张。张啥？张飞。飞啥？飞机。机啥？鸡毛。毛啥？毛泽东。东啥？东方红。红啥？（中略）林啥？林彪。彪啥？表（骗）你一嘴汤鸡屎（后略）

2．颠倒事实

各地童谣中有一种颠倒事实，故意说反话的童谣。这样的童谣各地说法不同，不少地区称之为"颠倒歌"。湖南平江虹桥的"奸雀崽"（和尚辫子就地拖），宁远平话（河里的石头滚上坡）、衡山（风吹麻石滚上坡）、常德（先生我，后生哥）。也有部分方言有自己的说法，湖南平江浯口《扯炮歌》，湖南平江城关、常德澧县《三十夜里》，整个童谣都是说的反话，"三十夜里大月光，瞎子看见，聋子听见"之类的，但名称上却并没有颠倒事实的表现。

㉘（湖南平江浯口）生我姐，我摇箩，收我翁妈我打锣。进门碰见牛撒子，出门撞哒马嘟窝。鸡生牙齿马生角，急水滩头鸟砌窝。（中略）哑巴地坪唱山歌，和尚辫子就地拖。从来不唱扯炮歌。

㉙（湖南平江虹桥）奸雀崽，毛又多，先生老弟后生哥。生我俚公得我打

铳，生我俚妈妈我打锣。

3. 内容重复

童谣中重复现象多见，且重复的内容所占比例也非常大。如下面的童谣中，加点之外的部分都为重复部分。内容重复跟顶真接龙也关系密切，顶真接龙的词语都重复出现，因此再加上其他的重复内容，整个童谣就有一半以上的内容是重复的，这样记起来就更容易了。

㉚（湖南平江）麻雀噴灰里滚，寄信哥哥去买粉。买哒粉不会调，寄信哥哥去买猴。买哒猴不会耍，寄信哥哥去买马。买哒马不会骑，寄信哥哥去买梨。买哒梨不会销，寄信哥哥去买椒。买哒椒又不辣，寄信哥哥去买鸭。买哒鸭不会杀，一下杀哒手指甲。哒哟俚，不寄哒信，我还是从师当徒弟。

㉛（湖南岳阳）麻雀生蛋推推滚，哥哥叫我去买粉。买哒粉来不晓得吃，哥哥叫我去买麦。买哒麦来不晓得种，哥哥叫我去买铳。买哒铳来不晓得打，哥哥叫我去买马。买哒马来不晓得骑，哥哥叫我去买犁。买哒犁来不晓得耖，哥哥叫我去买刀。买哒刀，杀他哩爷的腰。

㉜（福建武平）（前略）大锯没老婆，不如学补箩。补箩篾割手，不如学蒸酒。蒸酒酒会酸；不如学打砖。打砖砖对截；不如学打铁。打铁会生镥，不如学迟猪。迟猪难讲价，不如做叫花。叫花难撰筒；不如入泥壙。泥壙会必坼，不如钻石矿，石矿好种瓜（后略）

㉝（湖南平江客家）大月光，好种姜。（中略）学和尚。和尚难念经，学当兵。当兵难讲话，学叫花。叫花难弯笼，学丁筒。丁筒难破篾，学做贼。做贼难挖眼，学补伞。补伞难勾腰，学打鸟。鸟一飞（后略）

4. 取笑骂人

取笑骂人的童谣中，有一部分为嘲笑人的生理缺陷，如：嘲笑腿脚不利索的有湖南境内的《跛子跛》，嘲笑患黄皮肤病的：湖南、湖北、四川、江苏等地的《癞子癞》，嘲笑换牙的小孩缺牙齿有湖南与客家的《缺牙耙》。

㉞（湖南长沙）跛子跛，跛上街，捡分钱，买套鞋，套鞋二角五，跛子会跳舞，套鞋二角六（后略）

㉟（湖南常德）跛子跛，跳上街，称块肉，接奶奶。奶奶不吃跛子肉。足跛躲到床底下哭。

㊱（湖南临湘）跰子跰，跰上街，跰得半夜时不回来，你哩爷冇得呷，你哩娘冇人抚，捉起回来打屁股。

㊲（湖南平江）跰子跰，跳上街，街上毛米籴，饿俚跰子做鬼叫。

㊳（湖南平江）癞子脑，呱呱叫，半升米，三个醮，看你的夫娘要不要。

㊴（江苏江阴）癞子痢背皮箱，皮箱里头放个到样，锣鼓家什，那行敲发，痢东痢东腔。

㊵（江苏苏州）癞痢癞偷鸡杀，偷仔鸡，供菩萨，菩萨勿吃荤，合手个癞痢，哈得辣豁豁。

㊶（湖北）热包额上稀，热包过江西。江西翻了船，热包到湖南。湖南失了火，热包往夜壶里躲。夜壶一歪，热包跑上街（后略）

㊷（四川）癞儿癞，爱打牌，半夜三更不回来。鸡一叫，狗一熬，把癞儿吓得飞起式跑。

㊸（客家）缺牙耙，耙猪屎，爬到灶背捻鸡屎。/缺牙耙，耙猪屎，耙到半路哦袄屎（捻鸡屎）。

㊹（湖南平江）缺牙耙，扒猪屎，扒到庙门口，有钱就讨个红花女。毛钱就捡个的破冬瓜。

㊺（湖南长沙）缺牙齿，耙猪屎，耙一箩，送外婆，耙一担，送得外婆看，耙哒一坨热猪屎（后略）

㊻（湖南临湘）缺牙耙，耙猪屎，耙一担，送过畈，耙一箩，送过河，耙一篓，送到大地口。

另外，还有的童谣是嘲笑喜欢跟人学样的，如广东湛江、浙江嘉兴、天津、四川、湖北宜昌。这些童谣用来告诫小孩不要学人家的口舌与坏样子。

㊼（广东湛江）学口学舌，嫁只老公执木叶。

㊽（浙江嘉兴）学人家样，烂肚肠。花花剪刀剪肚肠。

㊾（四川）跟到别个学，变麻雀，麻雀飞，变乌龟，乌龟爬，变粑粑，粑粑臭，变黄豆，黄豆香，变机枪（后略）

㊿（湖北宜昌）跟着别人学，烂牙壳。跟着别人跑，烂爪爪。跟着人家走，是狗狗。跟着人家追，变乌龟。

(51)（天津）跟人学，变老猫，跟人走，变老狗。

(52)（山东）跟人学，长白毛，跟人走，变黄狗。

5. 巧用数字

四川的《丁老头》用数字把人的身体部位表现得淋漓尽致，而北京的《丁老头》则用数字讲了一个小故事。

(53)（四川）从前有个丁老头儿（鼻子），养了两个儿（眼睛），三天不吃饭（额头），围到锅边转（脸），买了三跟葱（头发），用了三毛三（耳朵），买个大冬瓜（身体），用了八毛八（扣子），买了两根油条（脚），用了六毛六（手）。

(54)（北京）一个老丁头，欠我俩球，我说三天还，他说四天还，我说去你妈个蛋，他说三天就三天，再加三把韭菜，五颗葡萄，一个倭瓜，两根油条，十个黑枣，一共欠我六块六。

巧妙利用数字的童谣还见于山东、苏州、杭州、四川、广东广州、湖南、云南以及福建漳州等地。山东的数字歌中出现八路军与蒋介石，明显是近代歌谣。苏州的数字童谣利用地名与菜名，杭州也利用了地名。云南昆明的《十麻子》讲的是10个麻子的故事，湖南湘乡《十怕歌》总结的是10种人的10个害怕对象。北京与天津的《拍手歌》则是拍手数数的游戏童谣。

(55)（山东）一，一个苹果一个梨。二，二加二。三，三只小狗转三圈。四，四个人写大字。五，武松打老虎。六，六个包子六块肉。七，小骑兵，八，八路军。九，喝杯酒。十，打垮蒋介石！

(56)（江苏苏州）一人弄，二门口，三茅观巷，司（四）前街；吴（五）趋坊，陆（六）家巷，戚（七）姬庙弄，北（八）街上；九胜巷，十全街。

(57)（江苏苏州）一品锅，良（二）乡栗子，三节橄榄，四喜肉；五香排骨，乐（六）得吃；切（七）切咸肉，剥（八）剥长生果，韭（九）芽炒肉丝，实（十）在好滋味。

(58)（浙江杭州）一线天，二凉亭，三郎庙，四眼井，五公山，六和塔，七星亭，八卦田，九里松，石（十）屋洞。

(59)（浙江杭州）一只鸡，二会飞，三个铜板买来滴，四川带来滴，五颜六色滴，骆驼背来滴，七高八低的，爸爸买来滴，酒（九）里浸过滴，实（十）在没有滴，骗骗伢儿滴。

(60)（天津）一二三，爬上山；四五六，翻跟头；七八九，拍皮球；伸出两只手，十个好朋友！

(61)（天津）一个毽子踢八踢，马兰开花二十一。二五六，二五七，二八二九三十一。三五六，三五七，三八三九四十一。四五六，四五七，四八四九五十一。五五六，五五七，五八五九六十一。六五六，六五七，六八六九七十一。

㉒（广东广州）一二三，炒花生。四五六，炒牛肉，七八九，饮烧酒，新娘黎到某知丑。

㉓（云南昆明）大麻子死，二麻子病，三麻子买药，四麻子煨，五麻子买板，六麻子钉，七麻子抬，八麻子埋，九麻子上山哭一台，十麻子说："好好呢抬，好好呢埋，不要挨老大呢屁股露出来，拿床席子盖起来。"

㉔（湖南湘乡）冰雪怕日（一）皇帝怕贰（二），车子怕山（三）人怕放肆（四），扒手怕舞（五）学生怕留（六），小姐怕觑（七）脚怕趴八（八），等人怕久（九）考生怕试（十）。

㉕（湖南常宁）（前略）一啊一，一个相公摸支笔，两啊两，两个娃娃打八张，三啊三，三个姑娘提花篮，四啊四，四个姑娘绩幼丝致，五啊五，华龙床，过端午，六啊六，看见早禾看见粟，七啊七，杨梅酸枣杨梅骨，八啊八，麻圆花根顶好呷，九啊九，花生豆子好咽酒，十啊十，天晴落雨卖豆豉。

㉖（天津）我拍一，你拍一，一个小孩坐飞机，你拍二我拍二，二个小孩卖破烂儿，你拍三，我拍三，三个小孩，吃饼干。你拍四，我拍四，四个小孩写大字。你拍五，我拍五，五个小孩敲大鼓（后略）

㉗（湖北宜昌）（前略）你拍六，我拍六，公共卫生要爱护。你拍七，我拍七，千万别吃烂东西。你拍八，我拍八，每天洗脸要刷牙。你拍九，我拍九，饭前便后要洗手。你拍十，我拍十，个人卫生要落实。

陈凤艺（2007）总结的福建泉州的数字食品、地名、药名谣及厦门的《一一一》也都巧妙地利用了数字。

㉘一枝春，二锅头，三合面，四色菜，五香包，六栩菜酸，七珍梅，八宝饭，九重粿，十杂菜汤，百寿龟。

㉙一峰书，二郎巷，三圣宫，四脚亭，五塔巷，六井腔，七里庵，八尺岭，九史巷，十字街，十八挖，廿四间，百源川。

㉚一见喜，二陈汤，三仙丹，四物汤，五味子，六神丸，七厘散，八卦丹，九久熟地，十全大补丸，百寿丹。

㉛一一一，树尾一支笔。二二二，亲家煮鸡卵。三三三，脱裘换薄衫。四四四，功夫茶好味。五五五，三五好嫁图。六六六，庄火烧借角。七七七，落雨上菜市。八八八，穷人琳涪糜。九九九，到老只二口。十十十，好胭像入木。

（三）地域特征

童谣的地区特征很有意思，一个县内同一首童谣都有好几个不同的版本，而相隔很远，方言也不同的几个地方却出现相同的童谣。这其中的原因是童谣的传播比方言的传播容易，还是童谣是通过文字传播，尚不得而知。

1. 各地类似的童谣

各地类似的童谣主要有如下这些。

点人定顺序的童谣《点点拙拙》（湖南平江）与《点子点波罗》（湖南常宁），解释各种物体的叫与不叫之原因的《什么叫》（湖南平江、常德、新化、衡山，广东湛江）。歌颂月光明亮的《月（亮）光光》（客家、粤语、赣语、湘语、西南官话、土话）。介绍手纹的《十胴》（湖南平江、长沙浏阳、长沙、宁远平话，广东潮汕地区，湖北宜昌，江苏江阴、常州，福建漳州）。讲解懒人学艺的《学艺歌》（湖南宁远平话、平江；客家梅州丰顺、台湾；闽语福建武平、漳州），嘲笑小孩的《哭哭笑笑》（湖南临湘、浏阳、平江，浙江嘉兴，四川，重庆；粤语、客家）。《萤火虫》（湖南岳阳、临湘、平江、邵阳，江苏江阴，山东，四川；粤台客家），颠倒事实的《颠倒歌》（湖南平江、衡山、常德、浏阳、常宁、江华、宁远，湖北，四川，陕西，江苏江阴），《三岁孩子穿红鞋》只见与湖南境内（平江、临湘、长沙、益阳），给姐姐打剪刀的《打铁歌》更是分布于全国各地。

（1）《排排坐》。众所周知，客家人爱唱山歌，这从童谣也能得到旁证。别的地方四川、上海、江苏、湖南、广东都是"排排坐，吃果果"，只有客家梅州在"排排坐"的后面却是一家人"唱山歌"。如此看来，客家人会唱山歌都是从小培养的童子功。其他地区的小朋友还在"吃果果"的时候，客家的小朋友已经在学山歌了。

⑫（天津）排排坐，吃果果，你一个，我一个，弟弟在睡觉，给他留一个。/排排坐，吃果果，幼儿园里朋友多，朋友多，好唱歌，唱起歌来真快乐。

⑬（四川）排排坐，吃果果，你一个，我一个，弟弟回来留一个。/排排坐，吃果果，幼儿园里朋友多，你一个，我一个，大家吃得笑呵呵。

⑭（上海）排排坐，吃果果，侬一只，我一只，还拨妹妹吃一只。

⑮（四川）坐排排，吃果果，果果香，吃辣姜；排排坐，吃果果，妹妹睡了留一颗。排排坐，吃果果，猪拉柴，狗点火，墨鱼担凳姑婆坐，坐烂屎忽无赖我。/坐排排，吃果果，果果香，卖干姜，干姜辣，卖水娃，水娃短，卖

花碗，花碗花（后略）

⑯（湖南浏阳）排排坐，吃果果，果果甜，买黄连。黄连苦，买鸡肚。鸡肚香，买辣姜。辣姜辣，买枇杷。枇杷软，买个碗。碗又深，买个针。针又尖，抛上天。天又高，落把刀。刀又快，好切菜。菜又甜，杀个猪儿好过年。

⑰（江阴）排排坐，吃果果，爸爸转来割耳朵，吃一半，剩一半，还有一半斋罗汉，罗汉勿吃荤，拖毛猪头囵囵吞。就剩一只小猢狲，步槛肚里滚嘞滚。（东乡）/你一个，我一个，姐姐家来割耳朵。称称看，两斤半，烧烧看，两大碗。吃一碗，剩一碗，门角落里斋罗汉，罗汉勿吃荤，豆腐面筋囵囵吞。（南乡）

⑱（粤语）排排坐，食粉果，猪拉柴，狗烧火，猫儿担凳姑婆坐，坐烂个屎窟唔好赖我，赖翻隔篱个二叔婆。

⑲（客家梅州）排排坐，唱山歌，爷打鼓，子打锣。心白（媳妇）灶背炒田螺。田螺壳，刺到家官（公）脚。家官呀呀叫，心白哈哈笑，家娘骂佢冇家教。

(2)《打铁歌》。打铁歌流行于西南官话区（四川成都、重庆、湖北宜昌）与湖南地区的平江、岳阳、邵阳、益阳、常德、临湘、常宁、长沙等地。百度文库的四川方言童谣指出《打铁歌》流行于渝西。百度文库的闽南童谣指出闽南童谣比较有代表性的还有《打铁歌》，在台湾也念成《打手刀、剪铜锣》，流行地域广泛，内容形式也比较多样化。

"张打铁，李打铁，打把剪刀送姐姐。姐姐留我歇，我不歇，我要回去学打铁"以这种形式开头的最为多见。这么多地区都流行同一个形式的童谣，确实比较少见。从笔者所考察的资料来看，其他童谣都没有这么大的影响。而且除了四川有一个"打把刀儿送伯伯"之外，其他打的都是剪刀，送的都是姐姐，为何会如此统一，那就是这些童谣来自同一个地方的可能性非常大，或许跟时代与社会关系密切。

⑳（湖南平江）东打铁，西打铁，东家留吃饭，西家留我歇，我不歇，我要回去打毛铁，打把刀子快又快，割哒婆婆九蔸菜，婆婆去告状，撞哒老和尚，老和尚念经，撞哒观世音，观世音打鼓，撞哒一只老虎，老虎张开口，撞哒一只黄狗，黄狗打个屁，打哒你的肚子蒂。

㉑（湖南平江）张打铁，李打铁，打把剪刀送姐姐。姐姐留我歇，我不歇，我要回去学打铁。

(82)（湖南长沙）张打铁，李打铁，打把剪刀送姐姐，姐姐留我歇，我不歇，我要回克学打铁。

(83)（湖南临湘）张打铁，李打铁，打把剪子送姐姐，姐姐留我半个月，我要回去打夜铁。打到张家哩门口买茶叶，茶也香，酒也香，十个鸡蛋摆过江。

(84)（湖北宜昌）张打铁，李打铁，打把剪刀送姐姐。姐姐留我歇，我不歇，我要回去打毛铁。毛铁没打起，妈把我耳朵揪个缺。毛铁打了三斤半，娃娃婆娘都来看。

(85)（四川）张打铁，李打铁，打把刀刀儿送伯伯。伯伯留我歇，我不歇，我要回家去学打铁。张来看，李来看，一睃睃斗个抱鸡婆，抱鸡婆，下个蛋，拿跟妈妈下稀饭，妈妈不吃臭盐蛋，拿在锅头铲两转（后略）

(86)（四川成都）张打铁，李打铁，打把剪刀送姐姐，姐姐喊我歇，我不歇，我要回切打毛铁。毛铁打了三斤半，娃娃崽崽都来看。

(87)（四川）张打铁，李打铁，打把剪刀送姐姐，姐姐起来打鞋（hai）底，婆婆起来蒸糯米，糯米蒸得喷喷香，敲锣打鼓接姑娘，姑娘矮矮，嫁给螃蟹（hai），螃蟹（hai）脚多，嫁给白鹤，白鹤嘴尖（后略）

(88)（湖南常宁）钉打钉，铁打铁，打把菜刀送姐姐，姐姐留我歇，我不在咯歇，我呵金古佬歇，金古佬有身毛，鲇拐子水里泡，鲇拐子两根须，泥鳅珠咯珠，泥鳅爱钻眼，蚂蟥水里撢，蚂蟥总爱缠（后略）

(89)（四川）张打铁，李打铁，打把剪子送姐姐，姐姐留我歇，我不歇，我在桥洞里歇，桥洞里有根花花蛇，把我耳朵咬成两半节，回去爹也嗟，妈也嗟，嗟得我心里过不得，杀个鸡，我不医，杀个鹅（后略）

(90)（四川）东打铁，西打铁，打个剪刀送姐姐；姐姐要我歇，我不歇，我在桥脚歇；桥角有条乌梢蛇，把我耳朵咬半截；杀个猪儿补不起，杀个牛儿刚补起！

(91)（四川）张打铁，李打铁，打把茅镰送姐姐，姐姐留我歇，我不歇，忙起回去割大麦，割一箩，喂鸭婆，割一斗，喂母狗。

(92)（重庆）张打铁，李打铁，打把剪刀送姐姐。姐姐留我歇，我不歇，我要回去割燕麦。割一把，满坡撒，割一升，喂岩鹰，割一角，喂麻雀。

(3)《摇篮曲》。《摇篮曲》流行于湖南平江、益阳、邵阳、衡山、涟源、常宁，闽南，浙江嘉兴、杭州，江苏苏州、常州，上海，江西都昌，湖北宜昌，山东，天津。湖南平江与涟源讲的都是将孩子摇大了可以去捡柴烧（即帮家里做事），是从成人的利益出发的。湖南衡山、苏州、常州、嘉兴、上海、天津的《摇篮曲》则从小孩的角度出发，说的是摇到外婆桥，外婆给

"我"好吃的糖和糕。闽南的《摇篮曲》则描写了爷爷奶奶抱着孙子的幸福景象。

㉝（湖南平江）摇最摇，摇奶毛，摇大奶毛捡柴烧。一日捡一担，十日一礁，又有卖，又有烧，又有银子进荷包。

㉞（湖南涟源）摇摆摇，摇摆摇，摇者满伢唧捡柴烧，一日捡一道，十日捡一交，天晴捡柴买，落雨买柴烧。

㉟（湖南衡山）摇啊摇，摇到外婆桥。外婆叫我好宝宝，糖一包，果一包，一只馒头一块糕。

㊱（浙江嘉兴）摇啊摇，摇啊摇，摇到外婆桥。外婆叫我好宝宝，一块馒头一块糕，吃仔就要跑。

㊲（浙江杭州）摇啊摇，摇到外婆桥，外婆请我吃年糕。糖蘸蘸，多吃块；盐蘸蘸，少吃块；酱油蘸蘸没吃头。

㊳（江苏常州）摇啊摇，摇到外婆桥。外婆叫我好宝宝，外公叫我哭死宝，妈妈叫我现眼宝，一宝一宝又一宝。

㊴（上海）摇啊摇，摇啊摇，摇到外婆桥，外婆叫我好宝宝，我叫外婆蚕宝宝！一只馒头，一块糕，吃仔就要跑。

㊵（天津）摇啊摇，摇到外婆桥，外婆夸我乖宝宝，糖一包，果一包，又是饼，又是糕，吃不完，就打包。

㊶（江苏苏州）摇啊摇，摇到外婆桥，外婆叫我好宝宝，一只馒头一块糕。/摇啊摇，摇啊摇，摇到外婆桥，一只馒头一块糕，宝宝闭眼睛快困觉，醒了以后吃糕糕。

㊷（山东）摇，摇，摇，摇到外婆桥。外婆上山采枇杷，枇杷园里刚开花（后略）

㊸（闽南）摇仔摇，摇仔摇，小弟仔坐椅桥，安妈抱着微微笑，安公抱着吱吱叫，共伊放甲一身尿。

㊹（湖南常宁）摇啊摇，摇到太龙桥，百米馍馍，米汤淘淘，大人呷哒找事做，细家几呷哒摇摇。

㊺（湖北宜昌）竹摇窝，两头翘，窝里睡个小宝宝。摇啊摇，摇啊摇，我的宝宝快睡觉；鸡子鸡子你莫喊，狗子狗子你莫叫。摇啊摇啊摇摇摇，我的宝宝睡着了。

㊻（江西都昌）嗬嗬 hai^{214}，摇老乖，摇喔哪！uaI^{214}，崽要鼾＿哦！崽睡 lia^{33}，宝听话 lia^{33}，shang^{344} 气 lia^{33}，鼾＿哦！等下嘚猫来嘚哈咬崽摇哦哪 uaI^{214} 哟，我个肝肠要鼾＝哦！（后略）

(4)《虫虫飞》。"虫子飞来飞去,飞到菜园里、竹山上,大山里,捡到一颗蛋,回来给小孩做下饭菜。"这是基本模式。湖南平江、涟源、临武、邵阳以及四川都有基本模式。这也可以算是原始状态,过去放养的鸡鸭鹅都是随地下蛋的,在各种地方能捡到蛋也不算是怪事。现在农村都很少放养了,这种现象也不多见了。同时,这些地方指蛋的儿童用语都为"勃勃蛋",虽然汉字不同,但都是不送气双唇音,这也是一个很有意思的语言现象。

⑩⑦(湖南平江)虫喷虫喷飞,飞到菜园里。捡个剥剥蛋,把伢喷派朝饭。伢喷吃得饱,身体长得好。

⑩⑧(四川)斗虫虫,虫虫飞。飞到家婆菜园里,捡个簸箕蛋,拿给家婆下稀饭。叮叮当,卖麻糖。麻糖甜,好过年;麻糖香,结婆娘。麻糖蚀了本,回去按到婆娘。/虫虫飞,飞到大山里,捡个卜卜蛋,回来咽冷饭,冷饭多做一锅,冷饭少,做一口。/虫虫儿虫虫儿飞哟,飞到家婆门口来,家婆门口有棵菜,吃得家婆喊乖乖。/虫虫飞,飞到果果园,捡到一个饽饽蛋(鸡蛋),不拿给嘎嘎(外婆)看。

⑩⑨(湖南涟源)点点虫虫飞,飞到竹山里,捡个爆爆蛋,拿赐某某伢唧咽早饭。

⑩⑩(湖南临武土话)虫虫飞,咬壁里,壁里生只蛋,挨我宝宝送冷饭。

⑪⑪(湖南邵阳)虫虫飞,飞到婆婆园,婆婆留我吃餐饭,帮我打只饽饽蛋,把我扒餐饭。

发展篇把虫子比喻成自己,飞到外婆家,外婆不给"我"好吃的,"我"就生气要回家。湖南岳阳、临湘两地相连,内容相似。这两个来源也差不太远。岳阳、临湘还有虫虫斗嘴的版本。

⑪⑫(湖南岳阳)点点虫虫飞,飞到家家屋里去,家家不杀鸡,扯到虫虫的衣。家家不杀鸭,扯到虫虫的袜。

⑪⑬(湖南临湘)虫虫点点飞,飞到家家哩去,家家不杀鸡,外外要回去,家家不杀鸭,外外要么哩呷,家家不杀牛,外外不要你留,家家不买饼,外外上哒岭。

⑪⑭(湖南临湘)点点飞,飞到家家竹园哩,细来子呷个娘个甜甜奶,大嗒穿个娘个绣花衣,红荷包,绿撒须,哥哥带我玩把戏,哥哥打我三耳巴,我要回去透姆妈,(后略)/点点飞,嫁竹鸡,竹鸡矮,嫁螃蟹,螃蟹八只脚,嫁鸦鹊,鸦鹊尾巴长,嫁姨娘,姨娘吃个么哩饭,红米饭,姨娘吃个么哩菜,鲫

鱼宴。

⑮（湖南常德）虫虫虫虫飞，两个虫虫斗嘴嘴。大的跟娘走，小的要背背。背一个，抱一个，屋里还有十三个。

⑯（湖南岳阳）虫虫飞，两个鸟鸟斗嘴嘴，大的跟娘走，小的要娘背。

广州则是虫虫飞到荔枝树下，这与当地盛产荔枝有关。

⑰（广东广州）点虫虫，虫虫飞，飞到荔枝基，荔枝熟，摘满屋，屋满红，陪住个细蚊公。

⑱（江苏常州）抖抖虫，虫虫飞，飞到高高山上吃白米。

⑲（湖南长沙）点点虫虫飞，山上捉一对，捉对花花虫，咬哒手背背。

(5) 月亮。以月亮开头的童谣有很多，如《月光光》《月亮巴巴》《月亮亮》《大月亮，小月亮》《月亮走，我也走》等。

在与月亮有关的童谣中，以《月光光》分布的地区最为广阔。湖南各地有《月光光》，客家地区也有很多方言点有《月光光》，粤语中也有。

湖南省平江城关地区的《月光光》有好几种版本，基本上都是指月亮出来，照亮了四面八方，池塘里的鲤鱼都看得清清楚楚，能捡得到了。之后就是对所捡到的鲤鱼进行分配。头部、腰部、尾巴、肠和胆都分配得有条有理。作为一家之主的爸爸，要吃最重要的部分——鱼头。童谣之中也显示了爸爸的权威，儿子只能吃腰部。捡到的东西除了鲤鱼之外，还有刀、崽（儿子）、针。捡到的物品不同，之后的结局也有差别：捡到刀之后，切菜，直接过年；捡到针之后，则做好衣裳给小孩子穿了走亲戚；捡到鲤鱼一般是自己吃，但是有一个版本是将鲤鱼卖掉，再买回家里所需的盐与糖，该版本中的鲤鱼有"扁担长"，可以算是稀有的特大号鲤鱼了，或许这也是鲤鱼被卖掉的原因。

⑳月光光，照四方，四方暗，跳下塝，捡只鲤鱼三斤半，爷吃脑，崽吃腰，留个尾巴（把毛伢喷）做三朝。

㉑月光光，照四方，四方暗，照下塝，下塝脚里一口塘，捡只鲤鱼扁担长，爷吃脑，崽吃腰，留下尾巴做三朝。

㉒月光光，照四方，四方暗，跳下塝，捡只鲤鱼三斤半，爷吃脑，崽吃腰，留个尾巴做三朝，留根肠，送干娘，留个胆，送老板。

㉓月光光，照四方，四方暗，照田塝，田塝高，捡张刀，田塝矮，捡个崽。伢喷伢喷你莫哭，我带你去看新屋。新屋哩一口塘，捡只鲤鱼三斤半，爷

方音传异域，与析有同声
第七届海外汉语方言国际学术研讨会论文集

吃脑，崽吃腰，留个尾巴做三朝，留根肠，送奶娘，留个胆，送老板。

⑫④月光光，照四方。四方暗，照田塍。田塍高，捡把刀。刀又快，好切菜。菜又甜，好过年。菜又苦，好过端阳二十五。

⑫⑤月光光，照四方，四方暗，跳下塍，塍又深，捡包针，针又长，做衣裳，做块衣裳花又花，毛毛穿着走人家。

⑫⑥月光光，照四方，照见塘里水汪汪，塘里鲤鱼扁担长，捉哒鲤鱼街上卖，<u>买回盐来买回糖</u>。

湖南平江的《月光光》跟福建武平的《月光光》的开头4句只差了一个字——"月光光，照/走四方，四方暗，照田塍"。有意思的是，武平县也是捡到针，不过跟平江版不同的是，捡到的是一枚针，而不是一包，而且结局也不同。武平版在捡到针之后，开始了懒人学艺的故事，变成了学艺歌。粤语《月光光》表达了父母希望孩子早点儿长大帮忙干活的愿望。河源与衡山的《月光光》中也出现了针，跟湖南平江的捡针版本又连到一起了。

⑫⑦（福建武平）月光光，走四方。四方暗，照田塍。田塍尾，捡枚针。针有眼，交畀伞。伞有头，交畀牛。牛有角，交畀桌。桌有桄，交畀罂。罂有口，交畀狗。狗有尾，交畀鸡。鸡有髻，两子同年绷大锯。<u>大锯没老婆，不如学补箩。补箩篾割手，不如学蒸酒。蒸酒酒会酸，不如学打砖。打砖砖对截，不如学打铁。打铁会生镴，不如学迟猪。迟猪难讲价，不如做叫花。叫花难摆筒，不如入泥窑。泥窑会必坼，不如钻石罅，石罅好种瓜。种个瓜子大，不如拿来买</u>；种个瓜子细，拿来喽大细；种个瓜子黄，留来喽婿郎。

⑫⑧（粤语）月光光，照地堂，虾仔你乖乖瞓落床，听朝阿妈要赶插秧咯，阿爷睇牛佢上山冈。虾仔你快高长大，帮手阿爷去睇牛羊。月光光，照地堂，虾仔你乖乖瞓落床，听朝阿爸要捕鱼虾，阿嫲织网要织到天光。虾仔你快高长大，划艇撒网就更在行。

⑫⑨（湖南衡山）月光光，照四方，桫椤树，满山冈。东一拜，西一拜，拜到明年好世界。世界恶，杵牛角。牛角尖，尖上天。天又高，买把刀。刀又快，好切菜。菜又深，买根针。针又秃，买只鹿。鹿又花，买只瓜。瓜又圆，买只船。船又漏，好装黄豆。黄豆发叮芽，接起姑娘回来晒早茶。早茶晒起不好吃，打口估坛子罐子冒一只。

⑬⓪（河源客家）月光光，照四方。四方矮，照老蟹，老蟹王，跌落塘。塘东心，有枚针；塘壁下，有条蛇，吓死先生俩子爷。

⑬①（临武土话）月光光，照津江，月圆圆，照西垣。西垣女子槌白衫，槌

得白松松,西垣女子嫁老公。唔要媒人唔要轿,拿块帕子吊下吊。三支香,两支烛,打串铳子就入屋。

湖南(临湘、江华、宁远平话、浏阳)以及四川、成都还有《月亮光光》。四川的《月亮光光》之后的内容为芝麻大姐烧香,而湖南的宁远平话、浏阳是姐妹同拜,两者差别很大。

⑬㉜(四川成都)月亮月亮光光,芝麻芝麻烧香,烧死麻大姐,气死幺姑娘。幺姑娘,不要哭,买个娃娃打鼓鼓。鼓鼓叫唤,买个灯盏;灯盏漏油,买个枕头;枕头开花,接个干妈;干妈脚小,一脚踩到癞疙宝。/月亮月亮光光,芝麻芝麻烧香。烧死麻大姐,气死幺姑娘。幺姑娘,矮又矮,嫁给盘海。盘海脚多,嫁给八哥。八哥嘴尖,嫁给犁辕。犁辕笑死,扯根头发来吊死!

⑬㉝(四川)月亮月亮光光,芝麻大姐烧香,烧死麻大姐,气死幺姑娘,幺姑娘,不要哭,买个娃娃打鼓鼓。鼓鼓叫唤,买个灯盏,灯盏漏油,买个枕头,枕头开花,结个干妈。干妈脚大,打个胜卦;干妈脚小,一脚踩到癞疙宝。/月儿光光,姐妹烧香,烧死麻大姐,气死幺姑娘,幺姑娘,会包脚,一包包个弯牛角。牛角弯,弯上天;天又高,好耍刀;刀又快,好切菜;切到手,不要怪。

⑬㉞(湖南江华)月亮光光,月亮球球,江边乃仔养水牛,水牛过沟,踩死泥鳅,泥鳅告状,告到和尚。和尚念经,念到观音。观音担水,碰到海鬼。海鬼摸鱼,摸到团鱼。团鱼生个蛋,留到明日做朝饭。

⑬㉟(湖南临湘)月亮光光,骑马张张,张在何处,张在壪里,壪里打鼓,撞到老虎,老虎瘦牙,撞到蛤蟆,蛤蟆撑脚,撞到鹦哥,鹦哥生蛋,生个鹅蛋,鹅蛋抱崽,抱只蛹崽,蛹崽过河,跶死个老婆婆。(贺畈)/月亮光光,骑马装香,骑到何处?骑到畈里,畈里打鼓,撞到老虎,老虎瘦牙,撞到蛤蟆,蛤蟆撑脚,撞到乌梢,乌梢尾巴长,下屋哩嫁姑娘。(桃林)

⑬㉟(湖南宁远平话)月亮光光,火烧毛山,三粒大姐,出来装香,你一拜,我一拜,拜出 lian[214] 年好世界,世界银子多又多,买粒好煜锅,煜锅要勿着,归来叫"哎哟"。

⑬㊲(湖南浏阳)月光光,夜光光;桫椤树上好装香。两个姑唧同拜,上拜拜,下拜拜,拜到明年正月有世界;世界不奈何,捡只金珠坨;金珠坨上开花,有女莫对张家;张家柴又远,水又深,外婆炒菜,pan[11]开锅哩(后略)

⑬㊳(浙江嘉兴)月亮亮,家家囡囡出来白相相。拾着一只钉,打管枪;凿杀官人吃肚肠。肚肠还勒枪头浪,老鸦啄去做道场。

《月亮走，我也走》见于四川、湖南常德、山东、河南与陕西等地。四川与湖南常德的内容都是说3个姐姐。苏州的《月亮荡荡》也与此类似。山东、河南则是跟着月亮走了去买东西。

⑬⁹（四川）月亮走，我也走，我跟月亮打烧酒。烧酒辣，卖黄蜡；黄蜡苦，卖豆腐；豆腐薄，卖棱角；棱角尖，尖上天；天又高，好耍刀；刀又快，好切菜；菜又青，好点灯；灯又亮，好算账，一算算到大天亮，桌子底下有个小和尚。/月亮走，我也走，走到我娘家门口。我娘倒杯油，大姐梳个分分头，二姐梳个妹妹头；只有三姐不会梳，黄毛辫子甩悠悠（后略）

⑭⁰（湖南常德）月亮走，顽也走，顽跟月亮提笆篓。笆篓洞里三斤油，顽要姑儿梳油头。大姐梳的盘龙髻，二姐梳的插花头，三姐不会梳，梳一个螺蛳鬏。大姐抱的金娃娃，二姐抱的银娃娃，三姐不会抱，抱一个癞蛤蟆。哇呀哇，开开后门 ya¹³ 呀它。

⑭¹（江苏苏州）月亮荡荡，姐妹双双，大姐嫁在上塘，二姐嫁在下塘，三姐无人要，一顶花花轿，抬到和尚庙，和尚看见甩虎跳，道士急得双脚跳，你养伲子我来抱。/月亮月亮荡荡，姊妹姊妹双双，大姐配了上塘，二姐配了下塘，三姐配了海滩上，四姐配来配起无人要，爹爹转来寻人家，寻着洞庭山上第一家，方砖皮皮石子家，歪角水牛养两排，大小米屯堆不光，爹爹看自哈哈笑！

⑭²（山东）月亮走我也走，我给月亮赶牲口，买只鸡啄豌豆，买个猴翻跟头，买个棒槌打滴溜，买个柿子一吸溜，七十二条街走遍，喝碗清汤往回走。

⑭³（河南）月亮走，我也走，一走走到马山口，买个鸡儿叨豌豆，买个猴儿栽跟头儿，一栽栽倒嫂子门里头。

⑭⁴（陕西）月亮月亮跟我走，一下走到场门口，场门口，一斗麦，送到碾子没人推，公鸡推，母鸡簸，剩下鸡娃拾麦颗，老鼠擀面猫烧火，（麦娃）坐在炕上捏窝窝！

《月亮巴巴》仅仅见于湖南（岳阳、长沙、平江、浏阳）。浏阳之外的3个地方的童谣内容基本相同，而且3个地方都跟平江交界，平江有可能是该童谣的发源地。但从平江境内只有跟长沙交界的地方有这个童谣，其他的大部分地区通行前面所说的《月光光》来看，平江应该不是《月亮巴巴》的发源地。从长沙发出，通过平江传到岳阳也有可能。

⑭⑤（湖南岳阳）月亮巴巴，里头坐个妈妈，妈妈出来买菜，碰倒奶奶。奶奶绣花，绣块糍粑。糍粑落在井里，变只蛤蟆。蛤蟆抻脚，变只喜鹊。喜鹊上树，变只斑鸠。斑鸠咕谷咕，打他的狗屁股。

⑭⑥（湖南长沙）月亮巴巴，肚里坐个爹爹，爹爹出来买菜，肚里坐个奶奶，奶奶出来装香，肚里做个姑娘，姑娘出来绣花，绣只糍粑，糍粑跌得井里，变只蛤蟆，蛤蟆伸脚，变只喜鹊，喜鹊上树，变只斑鸠，斑鸠咕咕咕，和尚喫豆腐，豆腐一蒲渣，和尚喫粑粑。粑粑一蒲壳，和尚喫菱角。菱角溜溜尖，和尚上哒天。天上四个字，和尚犯哒事。事又犯得恶，抓哒和尚砍脑壳。

⑭⑦（湖南平江）月亮巴巴，里面坐个爹爹，爹爹出来买菜，里面坐个奶奶。奶奶出来绣花，绣个娃娃。娃娃跌到井里，变只蛤蟆。蛤蟆出来伸脚，变只喜鹊。喜鹊叫唧唧，变只野鸡，野鸡草里伏，变只斑鸠，斑鸠咕咕咕，捉哒和尚打屁股。

⑭⑧（湖南浏阳）月亮粑粑，到我门前吃腊渣，腊渣脆，跟娘去，娘上街买青菜，爷下浦带信来，多带绫罗少带花，打发妹妹送人家。人家婆婆做得丑，碓堂舂米碓堂守。糠也量，米也量，赖我偷米送爷娘。爷娘不是穷爷娘，金打柱头银打梁（后略）

对自然物体使用亲戚称呼是汉语方言中常见的现象，如"太阳公公"。月亮也有亲戚称号。山东、四川有"月亮奶奶""月亮婆婆"，湖北则有"月亮哥"，陕西用的是"月亮爷"。

⑭⑨（陕西富平）月亮爷，明晃晃，我在河里洗衣裳。洗得白，捶得光，打发娃娃上学堂。读诗书，写文章，一考考上状元郎。喜报送到你门上，你看排场不排场。

⑮⑩（陕西）月明爷，亮晃晃，开开城门洗衣裳。洗得干干净净的，捶得邦邦硬硬的，打发哥哥穿整齐，提上馍笼走亲戚。

⑮①（湖北）月亮哥，跟我走，走到南山卖巴篓，巴篓巴，卖琵琶；琵琶软，卖竹匾；竹匾高，打把刀；刀又快（锋利），好切菜；菜又苦，好过端午；菜又甜，好过年。

⑮②（山东）月亮奶奶，好吃韭菜，韭菜hou辣，想吃黄瓜。

⑮③（四川）月亮婆婆，买把锄头，锄头落了，外婆捡到，外公告状，告到和尚，和尚偷牛，偷到黄牛，黄牛耕地，耕到沙地，沙地点麦，点到大麦，大麦喂猪，喂到母猪，母猪下儿，下到葩儿，葩儿叫唤，给妈妈看看。

"大月亮,小月亮,哥哥学木匠(篾匠),嫂嫂……"这是基本模式。四川是哥哥嫂嫂忙活准备迎接回娘家的姑娘,湖南长沙接的却是姨娘;湖南临湘则说的是嫂嫂虐待哥哥,做好的米饭不给哥哥吃的故事。

⑭(四川)大月亮,小月亮,哥哥起来学篾匠,嫂嫂起来蒸糯米,蒸的蓬蓬香,打起锣鼓接姑娘,姑娘接到门口田坎上,栽高粱,高粱不结籽,栽茄子,茄子不开花,栽冬瓜,冬瓜不长毛,栽红苕,红苕不牵藤,饿死他妈一家人。/大月亮,小月亮,哥哥起来学木匠,嫂嫂起来打鞋底,婆婆起来蒸糯米,蒸的蓬蓬香,敲起锣儿接姑娘,姑娘矮矮,嫁给螃蟹,螃蟹脚脚,嫁给白鹤,白鹤嘴尖,嫁给白鲢,白鲢滑滑,她就是你妈妈。

⑮(湖南长沙)大月亮,小月亮,哥哥起来做木匠,嫂子起来煮茶饭,茶饭煮得喷喷香,打锣打鼓接姨娘。姨娘掉了红丝带,哥哥捡来作袜带。

⑯(湖南临湘)大月亮,细月亮,哥哥在堂屋里学篾匠,嫂嫂在厨屋蒸淘饭,淘饭蒸得喷喷香,不把得哥哥呷,不把得哥哥尝,背起包袱跑他哩娘。一跑跑到谢家塘,谢家塘,狗哩恶,咬巴嗒哥哥个脚,回来敲笪箩,笪箩敲断嗒把,回来呷腈把把,腈把把有放油,把哥哥胀得屁直流。

(6)《十胴》。《十胴》出现在湖南各地、湖北宜昌、江苏以及广东潮汕地区。(见表3)手纹(胴)的数量与人的命运有关,很多地方都有此说法。湖南、湖北之间的"十胴"说法也有细微差别。湖南、湖北都是一穷二富,而江苏是五、六胴定穷富,福建漳州则是七胴为富。三、四胴有卖豆腐与开当铺之分,五、六胴花样更多,有卖柴与打草鞋、开当铺、挑箱过河、做乞食等。大部分地区为九、十胴当官,而湖北宜昌却是七、八胴当官,湖南平江的七、八胴为讨饭。同样为开当铺,湖南平江与长沙是三、四胴,而湖北宜昌为五、六胴。同为讨饭,福建漳州为六胴,湖南平江是七、八胴,潮汕也是八胴,而江苏江阴则是无胴。打豆腐或卖豆腐都比较统一为三、四胴。九、十胴都比较好,不是有钱就是有权,具体表现为"享清福、当官中状元、当财主、金子银子打秤砣、起大厝"。同为一手箕,湖南平江可以捏金刀,湖北宜昌为有饭吃,江苏江阴讨饭吃,福建漳州为缺衣缺食。胴的数量与命运的关系在各地说法不一,人们也就不必为此而自找苦恼了。

童谣的语言与地域特征

表3 各地童谣《十胭》比较

地区		一胭	二胭	三胭	四胭	五胭	六胭	七胭	八胭	九胭	十胭	十一胭	一手笃
湖南	平江	穷	富	开当铺		捡柴卖		背长袋		有官当			捏金刀
湖南	宁远平话	穷	富	卖豆腐		挑箱过河		开箱卖货		金子银子打秤砣			
湖南	浏阳	穷	富	打豆腐		骑马过河		叉鸡叉鹅		财主婆婆			
湖南	长沙	穷	富	开当铺		担柴卖		贩狗崽		骑马上阶基			
湖北	宜昌1		富	住瓦屋		打草鞋		挑屎卖		赚大钱	中状元		
湖北	宜昌2	穷	富	住瓦屋		打草鞋		挑屎卖		当天官	中状元		有饭吃
湖北	宜昌3	穷		卖豆腐		开当铺		把官做		享清福			
江苏	江阴	巧	折	拖棒头	钱不识	穷	富	座长工	骑白马	坐官船			讨饭
江苏	常州	巧	笨	捐棒头	开当铺	富	穷	挑粪桶	做长工	骑白马	坐官船		
广东	潮汕	坐飞飞	走脚皮	有米煮	无米炊	五田庄	百心肠	七益益	做乞食	九安安	做大官		免赚就无钱
福建	漳州	一咧咧	走骸鸡	有米煮	有饭炊	五厌厌	做乞食	富	楼仔起大厝	十图十新妇	卖某做大舅		欠食又缺衣
福建	漳州	走飞飞	行相缀	有轿坐	有女简缀	五厌厌	做乞食	七富富	起大厝	九空空	做手工		

（7）《过年》。《过年》童谣反映了各地的过年习俗。重庆、山东、成都、天津等地的《过年》童谣中有过年的字眼，也详细介绍了过年的热闹景象；而安徽宿松、苏州、河南没有用过年的字眼，仅详细描述了年前年后的具体日程安排。

⑮⑺（重庆）红萝卜，蜜蜜甜，看到看到要过年，娃儿要吃肉，大人没得钱。

⑮⑻（四川成都）红萝卜，蜜蜜甜，看到看到要过年，大人吃饱三顿饭，娃儿要拿挂挂钱。/金瓜瓜，银瓜瓜，红萝卜，明明甜，看到看到过年。娃儿要吃肉，老汉没得钱。

⑮⑼（山东）小孩儿小孩儿你别馋，过了腊八就是年；腊八粥，喝几天，哩哩啦啦二十三；二十三，糖瓜粘；二十四扫房子；二十五，冻豆腐；二十六，去买肉；二十七，宰公鸡；二十八，把面发；二十九，蒸馒头；三十晚上熬一宿；初一、初二满街走。

⑯⓪（天津）小孩小孩你别哭。过了腊八就杀猪。小孩小孩你别馋，过了

腊八就是年。小孩小孩你别哭,过了腊八就杀猪。小孩小孩你别馋,过了腊八就是年。腊八粥,喝一天哩哩啦啦二十三二十三。糖瓜粘二十四,扫房子二十五（后略）

⑯(安徽宿松)天呐天,莫欺风,二十四里接祖宗。二十五打豆腐,二十六剁年肉。二十七做粑吃,二十八杀鸡杀鸭。二十九样样都有。三十夜讲好话,初一初二不驮骂。

⑯(河南)二十三儿炕火烧儿,二十四扫房子,二十五杀年猪,二十六嚯豆腐,二十七杀灶鸡,二十八把面发,二十九扎清酒,三十儿捏篦儿,初一弓脊儿。

⑯(江苏苏州)腊八粥,喝几天,哩哩啦啦二十三;二十三,糖瓜粘;二十四扫房子;二十五,冻豆腐;二十六,去买肉;二十七,宰公鸡;二十八,把面发;二十九,蒸馒头;三十晚上熬一宿;初一初二满街走。

(8)《问答歌》。《问答歌》有两种,即"什么歌"与"为什么叫/不叫"。两种都用一问一答、一问到底的形式。"什么歌"见于重庆、四川、湖北以及湖南各地。

⑯(重庆)踩到我的脚,哪个说,进医院,七八角,医生说巴膏药,啥子膏?牙膏。啥子牙?豆芽。啥子豆?豌豆。啥子豌?台湾,啥子台,抬你妈妈进棺材。

⑯(四川)生了病,要吃药。啥子药?膏药。啥子膏?牙膏。啥子牙?豆芽。啥子豆?豌豆。啥子湾?台湾。啥子台?抬你滚下崖。

⑯(湖北)三岁的伢,会放牛。么牛?水牛。么水?糖水。么糖?麻糖。么麻?苋麻。么苋?鞋子线。么鞋?缎子鞋。么缎?鸡蛋。么鸡?雄鸡。么雄?狗熊。么狗?豺狗。么豺?劈柴。么劈?斧头劈。么斧?豆腐。么豆?(后略)

⑯(湖南长沙)唉哟,扁担打哒我的脚。什么药?膏药。什么膏?鸡蛋糕。什么鸡?叫鸡。什么叫?鸭叫。什么鸭?水鸭。什么水?自来水。什么自?鱼刺。什么鱼?鲤鱼。什么鲤?枪毙你!

⑯(湖南浏阳)啄木鸟,啄上塬,啄只鲤鱼三斤半,喊吖上屋哩婆婆吃饭。吗哩饭?红米饭。吗哩红?胭脂红。吗哩烟?茶烟。吗哩茶?山茶。吗哩山?竹山。吗哩竹?南竹。吗哩南?湖南。吗哩湖?酒壶。吗哩酒?(后略)

⑯(湖南衡山)一把锄头打哒我只脚,哎哟,麻个药,膏药,麻个膏,羊羔,麻个羊,太阳,麻个太,老太太,麻个老,豆腐老,麻个豆,豌豆,麻个

豌，台湾，麻个台，戏台，麻个戏，影子戏，麻个影，电影，麻个电（后略）

⑰（湖南涟源）月光光，夜光光，油麻山里好装香，三个 io（揖），齐者拜，拜到明年子好世界，世界好，捉只鹅，看外婆，外婆哪里去哩？背底山里摘茶去哩。么子茶？细茶。么子线？苎线。么子柱？（后略）

"为什么叫/不叫"见于湖南平江、汨罗、新化与广东湛江。湖南平江与汨罗交界，内容类似不奇怪。而新化、广东湛江离得很远，童谣中的相似之处也非常多。如都出现了犁头嘴尖、米筛眼多、铜锣卷弦等说法。不同的是，湖南的童谣都以被问者骂问者来结束，而湛江却是以被问者最终被问倒才得以结束。

⑰（湖南平江）对门岭上么哩叫？蝉叮叫。蝉叮咯么里/辇啦叫？肚皮脚力咯厣叫。螺丝有厣又不叫？水浸咯。/螃蟹有厣又不叫？它是水生水养咯。蛤蟆水浸咯又叫？口大。皮箩口大又不叫？竹做咯。笛子竹做咯又叫？眼多。米筛眼多又不叫？转哒舷。铜锣转舷又叫？铜铸咯。水烟筒铜铸咯又不叫？生铁写咯。吊钟生铁写咯哟子又叫？倒吊咯。茄子倒吊咯哟子又不叫？它是兜菜。葫芦是菜哟子又叫？它肚里空。生哒崽肚里空哟子又不叫？它有水哪。筒车有水哟子又叫？它中间有根轴。石磨中间有轴哟子又叫？它押住哒哪。阉猪押住哒哟子又叫？缝住你咯嘴巴就不叫。不同你话哒，你是条犟牛，横出哒屎！

⑰（湖南汨罗）对门岭上么里叫？悬翎叫。悬翎哪地叫？肚皮教里厣叫。螺公有厣又不叫？水内里简。蛤蟆水内里简又口又叫？口大。皮撮口大又不叫？篾做简。箫篾做简又叫？眼多。米筛眼多又不叫？转唧弦简。铜锣转唧弦简又叫？铜倒简。烟箪铜倒简又不叫？颈长。鹭鸶颈长又叫？扁嘴。犁头扁嘴又不叫？生铁倒简。钟生铁倒简又叫？倒吊几简。茄子倒吊几简又不叫？钉多。油鞋钉多又不叫？踩哒简。劁猪踩哒简又叫？懒找简蛮人讲得。

⑰（湖南新化）么个叫？坛子鼓泡叫。泥鳅婆鼓泡又唔叫？泥巴内底格。泥巴内底咯蛤蟆又叫？嘴巴大粒格。筅箕咯大格嘴巴又唔叫？竹仔做倒格。竹仔做倒格笛子又叫？有眼更格。米筛咯多眼更又唔叫？有边边格。铜锣有边其又叫？是铜打倒格。铜打倒格锁有唔叫？是有须格。羊牯有须有叫？嘴巴尖粒格。犁头嘴巴尖又唔叫？是铁打格。铁打格钟又叫？挂的高粒格。日头咯高又唔叫？有仙气格。有仙气格雷公又叫？有灵气格。菩萨有灵气又唔叫？是木雕倒格。木雕格木鱼又叫？内底是空格。灯笼是空格有唔叫？是纸做格。纸做格炮又叫？有药格。药铺里咯多哥。药又唔叫？是诊你格背脊骨格。

⑰（广东湛江）问：天上乜野喊？答：雷公喊。地下乜野喊？朕谢（蝉）喊。朕谢边处喊？屠喊。田螺有屠为乜有喊？水深泥涩青蛙都在。水深泥涩为乜喊？因为口阔。油缸口阔为乜有喊？泥捏火烧。泥捏火烧的鸡哨又喊？两头通气。火筒两头都通气为乜有喊？竹做。横箫竹制的又喊？多眼。米筛多眼又有喊？反沿。铜锣反沿又喊？铜做。门锁系铜做的又有喊？有须。羊咩有须又喊？四脚到地。方台四脚到地又有喊？木做。大鼓系木做的有喊？有皮扣。脚趾有皮扣又有喊？有甲。鸡咀有甲又喊？咀尖。犁头嘴尖又有喊？铁打。你有系铁打的又喊？我……呵？

（9）《颠倒歌》。《颠倒歌》是利用说反话的形式来表现幽默的童谣。如湖南江华的"六龄皇帝招驸马"、衡山的"干塘浸死老鸭婆"、常德的"恩娘养我我喂粥"、平江的"生我姐姐我摇箩"。童谣本身也会出现"古怪""扯炮""倒唱歌"等关键词语。《颠倒歌》见于湖南各地、四川、江苏、陕西、湖北等地。其中，四川的《颠倒歌》有好几个版本。

⑰⑤（湖南江华）高山石壁出嫩草，塘肚早塘出茜草。我也讲句笑白话，挑担石灰半崖撒。笑死虾公和螃蟹，杀死麻怪脚直直。竹篙晒蛋晒得下？六龄皇帝招附马。十个手指九个叉，问你世上有不有？

⑰⑥（湖南衡山）风吹麻石滚上坡，黑水塘里鸟砌窠，鲤鱼撒子在枫树上，后背干塘浸死老鸭婆。

⑰⑦（湖南常德）黑鸡婆，尾巴陀，恩娘出嫁我打锣，恩娘养我我喂粥，哥哥十五我十六。

⑰⑧（湖南常宁）长命百岁三十多，荣华富贵捡田螺，眼尖脚健沿壁摸，子孙发达两公婆。

⑰⑨（湖南平江）急水滩上鸟砌窝，齐水洼里起旋涡，退格水泡，涨格水鸡。急坏了河里的眯水鸡。

⑱⑩（湖南平江）生我姐姐我摇箩，收我姆妈我打锣。出门撞哒牛打滚，进门碰到马卸窝。鲤鱼撒子高山上，风吹麻石滚上坡。急水滩头鸟砌窝，干塘浸死麻鸭婆。菜篮提水上高山，鸡生牙齿马生角。和尚辫子就地拖，从来不唱扯炮歌。

⑱⑪（湖南宁远）倒唱歌，顺唱歌，河里咯石头滚上坡，昨天我走你外婆门前过，看到你舅舅摇多婆。

⑱⑫（湖南浏阳）这个年头古怪多，平地岩头滚上坡，万里青山鱼信子，那急水滩头鸟起窠。这个年头古怪多，也有牧童包小脚，牯牛上树盘脚坐。猫儿

背（竹吕）捡田螺。

⑱㊂（四川）外婆园里菜吃牛，芦花公鸡撵毛狗，姐在门外头梳手，爷十三，娘十四，哥哥十五我十六，外公娶外婆，我抬轿子哥打锣。

⑱㊃（四川）刺梅花，顺墙爬，搭起梯子看婆家，公公年十九，婆婆年十八，大姑才学走，女婿还在爬，但愿女婿早长大，结了莲蓬谢了花。

⑱㊄（四川）花公鸡尾巴多，周岁娃娃会唱歌，先生我，后生哥，生了爸爸生婆婆。横梭子横梭子横上坡，直梭子直梭子直下坡，河滩里螃海多，夹了鹭鸶的脚。

⑱㊅（四川）红鸡公，爱唱歌，先生我，后生哥，生了妈妈生婆婆。妈妈嫁，我抬盒，抬到外婆门前过，外婆还在坐笃笃，舅舅还在摇外婆。

⑱㊆（四川）马史恨儿，开黄花。先有我，后有妈。娶家婆，我打锣；娶舅娘，我帮忙，娶表嫂，我拜堂。

童谣《三十夜里》说聋人听见、哑巴会喊，这是另一种形式的颠倒歌，见于湖南常德澧县、湖南平江、湖北与四川。

⑱㊇（湖南平江）三十夜里大月光，门前田里贼偷秧。瞎子看见，聋子听见，哑子一喊，跛子快赶。一赶赶到山㟖上，几个五弄鬼打脑傍。

⑱㊈（四川）三十晚夕大月亮，贼娃子起来偷尿缸。聋子听到脚步响，瞎子看到翻院墙，拜子跟到撵一趟，哑巴高声喊得昂，爪手儿抓手一把来抓住，呆子升堂问端详。

⑲㊀（湖北）一个黄昏的早晨，一个年轻的老人，骑着一匹飞快的跛马，拿着一把闪亮的锈刀，杀了一个亲爱的仇人，被瞎子看见了，被跛子追上了，被哑巴告密了，被聋子听见了。

江苏、沙溪的颠倒歌则是利用打乱语序来表现幽默的童谣。如"狗咬人"说成"人咬狗"，"拿起砖头来打狗"说成"拿起狗来打砖头"，"被狗咬"说成"被砖头咬"。

⑲㊁（江苏江阴）满天亮月一颗星，关关夜饭吃大门，听见外头人咬狗，拾起狗来坑石头，反拨石头咬一口。

⑲㊂（江苏常州）天娘一个钉，地娘一个星。关关夜饭吃大门，听见外头人咬狗，拿起狗来得砖头，反拨砖头咬一口。我从来勿说丁倒话，老鼠咬着猫米巴。

⑲㉓（陕西富平）说白话，聊黑话，犍牛下了个乳牛娃。吃驴奶，跟马走，一哈走到十字口，碰见一个人咬狗。拾起狗，打砖头，却被砖头咬了手。上杏树，掰柳条，哈来拿的干枣条。

（10）其他。上述是全国各地多处可见的类似的童谣，下面介绍的是通行区域相对小的童谣。这样的童谣也有不少。《三岁小孩会唱歌》是说一个3岁的聪明小孩儿自己学会了唱歌的故事，只见于湖南各地（江华、新化、攸县、临湘、平江）。

⑲㉔（湖南江华）鸡公倪，背驼驼，三岁小孩会唱歌，不是爷娘教会我，自己聪明会唱歌。

⑲㉕（湖南新化）雄鸡公，尾驼驼，三岁伢唧会唱歌。冇是爷娘告诉我，自己出门捡只歌。

⑲㉖（湖南攸县）红毛黢鸡尾拖拖，三岁倈唧会唱歌，不是爷娘教起咯，自己聪明学到咯。

⑲㉗（湖南临湘）黄鸡婆，尾巴拖。三岁伢，唱好歌。不要爷娘告诉我，是我自己咬学咯。（羊楼司）

⑲㉘（湖南平江）白鸡婆，尾巴拖，三岁伢喷会唱歌。日里唱碗白米饭，夜里唱个花枕头，唱支歌喷把姆妈解忧愁。

《先生教我三字经》《先生教偠人之初》和《三岁小孩上私塾》讲的都是师生关系的童谣。前一首是先生教"我"知识，"我"教先生实际的生活本领，这首童谣只见于湖南平江与客家。后一首讲的是未到上学年龄的小孩去学校，被老师说笑的事情，见于湖南平江、四川、湖北，只不过四川童谣中的人物是小妹妹和老师，是新时代的童谣，而湖南平江和湖北为男孩和私塾先生，是旧时代的产物。

⑲㉙（湖南平江）先生教我三字经，我教先生扯皮筋。先生教我人之初，我教先生晒茴丝。先生教我性本善，我教先生捉黄鳝。先生教我读幼学，我教先生诊臭脚。

⑳⓪（客家）先生教我人之初，我教先生打山猪。山猪漂过河，跌得先生背驼驼。

⑳①（湖南平江）三岁伢喷穿花鞋，摇摇摆摆上学来，先生先生莫笑我，回家吃口奶济就来。

⑳²（湖北）三岁的伢，穿红鞋，摇摇摆摆上学来，先生先生不打我，我回家吃口妈（奶）了来。
⑳³（四川）三岁妹妹穿红鞋，摇摇摆摆上学来，老师说她年纪小，回家吃点儿奶奶来！

《放屁歌》很夸张，表扬了放屁的人，并说放屁放得好可以当官、当教授，很符合儿童的心理。

⑳⁴（湖南长沙）一二三四五六七，欢迎上台来打屁。打得响，有钱奖。打得臭，有官做。打得又响又带臭，赏你二两腊八豆！
⑳⁵（浙江嘉兴）谁放的臭屁，震动了大地。大地的人民，拿起了武器，赶走了美帝。
⑳⁶（天津）你扛枪，我扛棍儿。我拉粑粑，你闻味儿。放屁响的当校长！放屁臭的当教授！
⑳⁷（客家）一二三四五，上山打老虎。老虎不在家，放屁就是他。
⑳⁸（陕西富平）一碟辣子一碟酱，谁放屁，沟门涨。

《一哭一笑/又哭又笑》用于逗弄哭哭笑笑的小孩，只是哭与笑之后都出现了狗（湖南各地、四川、重庆），原因有待详查。

⑳⁹（湖南平江）又哭又笑，逗狗上灶，又笑又哭，逗狗上屋。
⑳¹⁰（湖南临湘）一哭一笑，黄狗拜灶。灶一倒，黄狗吓得辽跑。
⑳¹¹（湖南浏阳）一时哭，一时笑，黄狗 tʰa¹¹ 尿，tʰa¹¹ 到巴山坳，捡顶烂毡帽，戴三年，狗都不要；我俚伢崽戴叮嘿嘿子笑。
⑳¹²（四川）一哭一笑，黄狗彪尿，乌龟打铁，黄狗抬轿，抬成三圣庙，捡个烂草帽，一个戴一号。
⑳¹³（重庆）又哭又笑，黄狗飙尿。鸡公打锣，鸭子吹号。
⑳¹⁴（客家）又叫又笑，食笃猪嫲尿！
⑳¹⁵（浙江嘉兴）一歇哭，一歇笑，两只眼睛开大炮。一开开到城隍庙，城隍老爷开口笑。
⑳¹⁶（粤语）又喊又笑，乌蝇打醮，蟮蟝濑尿，老鼠行桥，行到西门口，畀人打啰柚。

《白鹭鸶》只见于湖南平江及其邻县浏阳以及汨罗市，说的都是出嫁之后回娘家时被嫂嫂嫌弃的女儿发下的毒誓（铁树开花、鸡生牙齿再回来）的故事。三地相邻，这首童谣应该是同一个起源。

㉗（湖南平江岑川）白老仙，脚又尖。担担酒，走娘边。娘接到，哭啼啼，爷接到，笑眯眯。哥哥接到寻姊妹，嫂嫂接到皱眉头。有娘有爷走一度，毛娘毛爷再不来。金轿接我不来，银轿接我不来，要等鸡长牙齿马长角，最后回来看哥哥。

㉘（平江）白老仙，脚脚尖，担担酒，过河边。娘鞭打，哭泪泪，爷鞭打，笑嘻嘻。哥哥接到亲姊妹，大嫂接到对门回。一不管二不来，斩断门站再不来。哥哥你要何时回，要等铁树开花我再回。石头生草马生须，线鸡生蛋我再归。/白老仙，脚尖尖，挑担水桶到河边。娘鞭打，哭啼啼，爷鞭打，流眼泪。哥哥抱着亲姊妹，嫂嫂扯着进屋里。哥哥你松开手，嫂嫂你扯么里。等到铁树开了花，石头生草马生须，线鸡生蛋我再回。

㉙（湖南汨罗）白鹭哩鲜，脚脚尖，挑担水，走娘边，娘接到哭漓漓，爷接到笑眯眯，哥哥接到亲姊妹，嫂嫂接到皱眉头。嫂诶嫂，你皱什么眉头殴什么嘴，我一不是回来分田地，二不是回来分屋场，我是回来看爷娘，有娘有爷走一度，无娘无爷再不来，要等鸡生牙齿马生角，扁担开花回来看哥哥，磨脑壳哩长草回来看嫂嫂，铁树开花回来看爸爸。

㉚（湖南浏阳）白鹭唧，提壶酒，回娘家，娘接叮，心欢喜，爷接叮，笑哈哈，哥哥接叮，亲姊妹，嫂嫂接叮，丛眉毛。嫂啊嫂，不要丛眉毛，我一不是回来分家器，二不是回来分田地，是 ko^{44} 人回来看娘爷。娘爷在，一年回三届，娘爷不在，三年回一届。

《点点斗斗/斑斑》在游戏中用于确定顺序，见于云南、江苏、湖南、江西、浙江，点了之后不约而同地都出现了"南山"。这个"南山"指的是什么不得而知。

㉛（云南昆明）点点斗斗，南山咳嗽，张飞骑马，拿刀就挨剐！（后略）

㉜（江苏苏州）点点脚板，跳过南山，南山勿倒，水龙掼掼。新官上任，旧官请出，莫做贪官，百姓称赞。

㉝（湖南平江）鼎鼎斑斑，脚上南山，红线绿线，猪婆马箭，猫最捉老鼠哦。/点点斑斑，斑上南山；南山告告，告到吾告；牛皮马皮，火射射俚。红线绿线，张公射箭。

㉞（湖南岳阳）点脚斑斑，斑在南山，南山大斗，一石二斗，猪蹄马蹄，

为人缩脚一只。

㉕（江西都昌）点竹斑斑，跳过南山。南山不见，牛头马面。

㉖（浙江嘉兴）田田畈畈，翻过南山。南山北斗，水津潼关。狸猫合煞，杨柳直脚。

2. 各地童谣的相关性

各地区的童谣有各自的语言与地区特征。不同地区的童谣之间也有密切的关联。可以总结为4点：题材相同、概念相似、形式相通、意义相近。以下分别举例介绍。

（1）题材相同。《月光光》《虫虫飞》《摇篮曲》《三岁伢儿》《打铁歌》《十腒》等是一组全国不同地区同时出现的主题与题材相同的童谣。《月光光》《虫虫飞》从月亮的光亮说到捡鱼与蛋，这说明全国各地过去的生活方式相同，农村都是放养鸡鸭的方式，这样才可能随便捡到蛋。《摇篮曲》都是一摇要到摇到外婆家，外婆夸"我"好宝宝。《打铁歌》则是弟弟为了给姐姐打剪刀而学打铁。这些童谣分布在全国各地，且类型相似，内容相近。

从素材看，动物比植物出现的频率高，如公鸡、虫子、燕子、蝴蝶等。动物对儿童来说是活生生的，也是比较容易亲近的题材，这在全国各地都是相通的。

自然现象中，太阳比月亮出现的频率低，可以看出月亮比太阳更受欢迎。

（2）概念相似。各种童谣中不约而同地出现了不受欢迎的和尚，以及令人讨厌的亲家母。至于和尚不受欢迎的理由却不得而知。亲戚关系中多用外婆，而不是奶奶。这跟传统生活中跟奶奶同住的生活方式有密切关系。对小孩来说，令人向往的是去外婆家，而不是奶奶家。所以，外婆（外公）出现在童谣中的频率非常高，如《虫虫飞》《摇篮曲》，而奶奶（爷爷）出现的频率则极低。《颠倒歌》中是反自然现象的并列，《白鹭鸶》则说明嫂嫂与小姑子的对立关系，而《打铁歌》则表现了姐弟的友爱。这些内容在不同地区的童谣中同时得到体现。

（3）形式相通。语音方面，有运用押韵、押字和同（近）音字换字（词）、顶真接龙的手法。内容形式则表现为反复盘问、颠倒事实、内容重复、取笑骂人、巧用数字。这些都能在各地的童谣中得到体现。

（4）意义相近。童谣的意义都在利于用童谣来对小孩进行教育。例如，"什么叫、为什么叫或者不叫"等童谣主要教会小孩各种物品的名称，各种物品叫与不叫的理由，虽然有些理由非常勉强。如湖南平江的《驮尾鸟》从看外婆，外婆留我吃饭，吃什么饭开始，一直问下去，通过一问一答来学习各种食物的名称。此外，湖南平江塘坊客家的《学艺歌》，湖南平江龙门的《满伢子学做伞》，闽西武平、台湾桃林客家的《月光光》讲的都是一个懒人的学艺过程，结果是学什么都坚持不下去，最后一事无成的状态。这样的童谣用来教育小孩要勤快，无论做什么事情，都要有恒心与毅力，需要学一样爱一样。湖南的《学艺歌》是开门见山地直说学艺，而客家的《学艺歌》是从《月光光》开始，慢慢引出学艺，是《学艺歌》与《月光光》的结合。福建漳州的《十艺九不成》则多了一个尾巴，什么都学不成被骂为"饭桶！"

㉗（湖南宁远平话）咿呀咿，老头子学卖米，卖米没的得人要，老头子学抬轿（后略）

㉘（湖南平江）满伢子满学做伞。做伞难斗把，一心学打卦。打卦难勾腰，一心学打刀。打刀难打薄（后略）

㉙（台湾桃园）（客家）月光光，好种姜，（中略）学打棉，棉线断，学打砖，砖断脱，学打铁，铁生镥，学迟猪，猪会走。

㉚（湖南平江塘坊客语）大月光，好种姜。姜一大，孙子偷哒卖。卖哒两吊钱，学弹棉。棉弓断，学做砖，砖对截。学打铁。打铁难扯炉，学打油。打油难肩撞，学和尚。和尚难念经，学当兵。当兵难讲话，学叫花。叫花难弯笼，学丁筒。丁筒难破篾，学做贼。做贼难挖眼，学补伞。补伞难勾腰，学打鸟。鸟一飞，肩把铳子照路归。

㉛（福建武平）月光光，走四方。四方暗，照田塅。田塅尾，捡枚针。针有眼，交畀伞。伞有头，交畀牛。牛有角，交畀桌。桌有枕，交畀罂。罂有口，交畀狗。狗有尾，交畀鸡。鸡有髻，两子同年绷大锯。大锯没老婆，不如学补箩。补箩篾割手，不如学蒸酒。蒸酒酒会酸，不如学打砖。打砖砖对截，不如学打铁。打铁会生镥，不如学迟猪。迟猪难讲价，不如做叫花。叫花难摆筒，不如入泥窟。泥窟会必坼，不如钻石罅，石罅好种瓜。种个瓜子大，不如拿来卖；种个瓜子细，拿来喽大细；种个瓜子黄，留来喽婿郎。

㉜（福建漳州）一只鸟仔乌吟吟，恁公叫我学读经。读经无经文，叫我学驶船；驶船啪啪吼，叫我学刣狗、刣狗肉獪芳，叫我学雕匼、雕匼雕獪成，叫我学磨镜；磨镜磨獪光，叫我学铺砖、铺砖铺獪平，叫我学担楹、担楹轻重头，叫我学弄猴、弄猴无骹步，叫我学种芋；种芋大小个，叫我学嗑螺；嗑螺嗑啊啊，叫我学做衫、做衫长短裾，叫我学刣猪；刣猪大小腿，叫我学叫鬼，叫鬼叫獪应，叫我学钉秤、钉秤无秤花，叫我学种瓜、种瓜獪结籽，恁公气甲半小死。看破转来去，互阮母仔骂半死："十艺九不成，确实是饭桶疕！"

四、结　语

本文通过对全国各地 1900 首童谣进行类型学初步研究，总结出了童谣的语言与地域特征。具体来看，童谣在语言方面有押韵（押字）、同（近）音换字、顶真接龙的特征，在形式上采用盘问到底的对话形式，包括顶真接龙在内的大量的内容重复。从地域来看，湖南、湖北、四川通行《打铁歌》《颠倒歌》的各种版本；吴语区通行《你姓什么》《押三歌》；粤语区多见"月光光，照地堂"，客语区则多用"月光光，秀才郎"；官话区通行《拍手歌》《过年歌》《小白兔》《排排坐，吃果果》。

以上的研究结果表明，同一首童谣在一个县内流传，都有好几个版本。但是相隔很远的地方，却有同样的童谣出现。这不仅仅是巧合。概念类似可能是巧合，但是像《打铁歌》《十朘》《虫虫飞》这样全国各地都可见的童谣，就无法说都是偏巧相似了。是因为这些童谣在方言还没分开之前就流传下来了，还是因为它们通过书面形式来扩散？这个问题有待查证。

各地童谣能反映各地的方言与文化特色，方言不同、距离很远的两个地方也会出现相似的童谣。深入研究各地童谣之间的关系能够反映各自的方言的传播与接触历史。笔者今后的课题是搜集更多的地方童谣，做更加深入全面的研究与探索。

【参考文献】

[1] 鲍厚星. 东安土话研究［M］. 长沙：湖南教育出版社，1998.

[2] 鲍厚星，崔振华，沈若云，等. 长沙方言研究［M］. 长沙：湖南教育出版社，1999.

[3] 陈晖. 涟源方言研究［M］. 长沙：湖南教育出版社，1999.

[4] 陈山青. 汨罗长乐方言研究［M］. 长沙：湖南教育出版社，2006.

[5] 陈艺凤. 近现代闽台闽南语民间歌谣研究［D］. 福州：福建师范大学，2007.

[6] 储泽祥. 邵阳方言研究［M］. 长沙：湖南教育出版社，1998.

[7] 崔振华. 益阳方言研究［M］. 长沙：湖南教育出版社，1998.

[8] 贺凯林. 溆浦方言研究［M］. 长沙：湖南教育出版社，1999.

[9] 黄彦菁. 台湾客家童谣以《月光光》起兴作品研究［D］. 桃园："中央"大学客家语文研究所，2009.

[10] 湖南省地方志编纂委员会. 湖南省志　第二十五卷　方言志：上下册［M］. 长沙：湖南人民出版社，2001.

[11] 李维琦. 祁阳方言研究［M］. 长沙：湖南教育出版社，1998.

[12] 林涛. 东干语调查研究［M］. 北京：中国社会科学出版社，2012.

［13］罗好生. 萤火虫：平江民谣集［M］. 岳阳：平江县文艺学术界联合会，2010.
［14］罗昕如. 新化方言研究［M］. 长沙：湖南教育出版社，1999.
［15］彭泽润. 衡山方言研究［M］. 长沙：湖南教育出版社，1998.
［16］沈若云. 宜章土话研究［M］. 长沙：湖南教育出版社，1999.
［17］唐爱华. 宿松方言研究［M］. 北京：文化艺术出版社，2005.
［18］吴启主. 常宁方言研究［M］. 长沙：湖南教育出版社，1998.
［19］夏剑钦. 浏阳方言研究［M］. 长沙：湖南教育出版社，1998.
［20］杨蔚. 沅陵乡话研究［M］. 长沙：湖南教育出版社，1999.
［21］曾毓美. 韶山方言研究［M］. 长沙：湖南师范大学出版社，1999.
［22］张嘉星. 漳州方言童谣选释［M］. 北京：语文出版社，2006.
［23］张晓勤. 宁远平话研究［M］. 长沙：湖南教育出版社，1999.
［24］郑庆君. 常德方言研究［M］. 长沙：湖南教育出版社，1999.
［25］30首方言童谣，重温江阴旧时光［EB/OL］.（2017-06-23）. http：//www.sohu.com/a/151311136_ 770507 20190913.
［26］Highyun. 童言无忌：昔日粤语童谣全集［EB/OL］.（2008-09-30）. https：//wenku.baidu.com/view/c6c5a01b6bd97f192279e9c8.html 0190913.

后　记

第七届海外汉语方言国际学术研讨会于 2019 年 12 月 28—31 日在岭南师范学院举行，经过多方努力，会议论文即将结集出版。时间过去了一年多，回顾这一经历，还是记忆犹新，感慨良多。

海外汉语方言国际学术研讨会是由暨南大学陈晓锦教授和香港中文大学张双庆教授联合发起的一项重要的学术活动，其宗旨是以会议的形式来展示海外汉语方言研究的成果，培养海外汉语方言研究的新生力量。该会议于 2008 年首次召开，其后每两年举办一次，第六届是 2018 年在甘肃兰州城市学院举行的。岭南师范学院在接会的时候，陈云龙教授认为湛江的冬天气候宜人，海鲜肥美，建议将会议时间提前到 2019 年下半年举行。这个建议得到与会者的一致赞同。从这个意义上说，本次研讨会是打了"催产素"催熟的。

岭南师范学院承办这次会议意义重大。一方面，承办会议可以有效地推动本校方言研究的发展。岭南师范学院处于祖国大陆的最南端，地理位置偏僻，交通闭塞，信息落后，虽然本校的粤西汉语方言的研究工作起步较早，但是相较于本省其他地区和全国，差距仍然巨大。举办本次会议可以进一步加强本校与兄弟院校的联系，提高岭南师范学院的知名度，为学校的发展积蓄力量；同时，专家学者的到来，为本学科的发展传经送宝，可以进一步推动本校方言研究的发展。另一方面，会议可以有效地推动雷州半岛的海外汉语方言研究。湛江是沿海开放城市，是海外汉语传播的前沿，雷州半岛的雷州话在东南亚也是一种很重要的域外汉语方言。据统计，雷州籍华侨华人在南洋华人族群中的总人口排第七位，是东南亚华人中的一支重要的力量。东南亚目前仍有 5 个以雷州命名的华人会馆——马六甲雷州会馆、柔佛州雷州会馆、万里望雷州会馆、新加坡雷州会馆和砂拉越古晋雷州公会。马来西亚马六甲有一个海外雷州村——丁赖村。该村有 1000 多名雷州裔华人聚居，非常有特色。此外，湛江市还有一个东南亚归侨农场——奋勇华侨农场（现为奋勇高新区）。该农场有来自13个国家和地区的归侨，人数有3800多人。这些语言资源需要有更多的人来关注和研究。

举办学术会议，我们有一些经验，但是这次在办会的过程中遇到了一些困难。首先是经费问题。原本我们的岭南濒危方言研究科研平台每年有20万元的经费，我们最初的方案是不收与会学者的会务费的，但是由于本校近年的申硕工作，学校财政非常紧张，2019年的科研平台经费暂停发放，前两年未使用的经费在11月份也将被收回。这样，会议的费用一下子就没有了着落。同时，学校的学术活动风向也发生了变化，学校倡导"以会养会"，学术会议的费用不能全部由学校承担。其次是会议的审批流程复杂。2018年年底，我们就向学校提交了办会备案。2019年6月第一次申请办会审批，但是到9月份开学了还没见动静，经过多方打听，最后只得重新申请。由于是国际会议，学校的各个部门都非常重视，审批过程也非常认真，稍有问题就要仔细审核，缺少的材料一件不少必须补齐才能往下办理。这个审批的过程非常漫长，多次把人折磨得几近崩溃。此外，还有一个非常不利的情况是陈云龙老师身体不适。开始筹备会议时，陈老师突然生病了，他委托本人负责办会事宜，确实有问题他再出面帮忙。有好多次审批流程不顺，都是陈老师拖着带病的身体去找主管部门的领导解释才过关的，最后也是他直接出面去找校长，才解决了经费的问题。在好几次遇到困难的时候，陈老师都反复强调："这个会我们接下来了，就算我们自己掏钱，我们也一定要把它办好！"从9月22日开始申请，到12月23日才完全通过学校的OA审批，这个过程整整耗费了3个月时间。

虽然筹备的过程遇到了困难，但是同人们支持的力度不减。本次参会的学者一共46人，分别来自日本、马来西亚，以及中国内地（大陆）、香港和台湾地区的21所高校和科研院所。由于会期紧接元旦，往返湛江的交通紧张，与会学者们都克服了困难前来参会。特别让人敬佩的是中国社会科学院的张振兴教授和台湾清华大学的陈淑娟教授，他们从第一届会议开始，每一届都坚持出席。张振兴教授年近八旬，仍然饱含热情；2019年台湾地区领导人选举，两岸形势严峻，陈淑娟教授突破重重困难，如期出现在会场上。他们对学术的执着精神让人感动！

本次会议的会期为4天，举办了两场大会报告和3场分组讨论，主要研讨

了如下的问题：①海外汉语方言与濒危语言研究，②海外汉语方言与境内汉语方言比较研究，③海外汉语方言与汉语国际教育。与会学者宣读了自己的论文，同时，就当前的热点问题展开了热烈而深入的讨论。这次研讨会是一场思想大碰撞的精神大餐。

本文集的出版，首先要感谢暨南大学甘于恩教授和暨南大学汉语方言中心的大力支持，汉语方言研究中心负担了全部的出版经费；其次要感谢暨南大学陈晓锦教授，她对会议的顺利举办和文集的出版做了很多很好的指导；再次要感谢中山大学出版社的编辑，他们为论文的编校花了很多心血。我的同事谢明亮和叶洁艳两位老师为会议的筹备也做了很多的工作。此外，还有很多为会议默默奉献的老师和朋友们，在此一并感谢。

黄高飞

2021年3月9日于湛江